압록강 아리랑

최범산의 항일 유적 답사기

압록강 아리랑

최범산의 항일 유적 답사기

최범산 지음

달과소

책머리에

압록강아리랑은 우리들이 왜곡하고 축소한 항일독립전쟁, 우리들이 버린 항일유적들, 우리들에게 잊혀 간 독립투사들의 처절한 외침이며, 조국과 민족을 사랑한 항일영웅들의 기록이다.

나는 만주에서 보았다.
국권상실의 암울한 시기, 민족탄압과 수탈의 일본침략자들에 맞서 분연히 궐기한 독립투사들이 조국광복을 위해 목숨을 걸고 싸웠던 항일독립전쟁의 역사적 현장에서 강대하고 숭고한 애국애족정신을 보았다.

압록강에서,
두만강에서,
민족영산 백두산에서,
잃어버린 항일전쟁 역사, 잊혀 간 독립투사, 버려진 항일유적들을 바라보며 처절한 비애과 분노를 느꼈고, 가시덤불과 잡초에 덮인 독립투사들의 무덤, 옥수수밭으로, 저수지로, 아파트 단지로 변해버린 유적지에서 나는 무심한 국민, 무기력한 조국을 슬퍼해야 했다.

신흥무관학교, 대한독립단, 대한독립청년단, 의열단, 의성단, 광복군총영, 북로군정서, 서로군정서, 백서농장, 대한통의부, 신민부, 정의부, 참의부, 국민부, 조선혁명군, 대한광복군의 항일독립전쟁 유적지에서, 기념탑이나 충혼비는커녕 안내팻말 하나 서 있지 않은 역사의 현장에서 나는 순국선열의 영령 앞에 고개를 떨구고 무너지는 가슴으로 눈물을 삼켰다.

안중근 의사, 남자현 의사, 편강렬 의사, 이명하 의사, 권기일 의사 등 헤아릴 수 없이 많은 항일열사들의 묘지, 유해조차 찾지 못하고 있는 부끄러운 나라, 국민으로 억장이 무너지고 목이 메여 순국선열들의 이름을 부를 수조차 없었다.

섬나라 오랑캐들의 국권침탈과 억압으로부터 조국과 민족을 구하기 위해 목숨을 바쳐 싸웠던 36년간의 독립전쟁은 친일사학자들에 의해 '독립운동'으로 격하되었고, 세계사에서도 그 유례를 찾아볼 수 없이 잔혹한 일제에 맞서 투쟁했던 항일독립투사들의 위대한 업적과 숭고한 정신은 친일식민사관 추종자들에 의해 철저하게 유린당하고, 왜곡, 축소되어 민족정의와 역사적 진실마저 은폐된 채, 한국근대사의 귀퉁이에 초라하게 기록되었다.

1945년 8월 15일, 36년간 피 흘려 싸우며 그토록 염원했던 광복을 맞았다. 그러나 이승만과 친일파들의 방해와 역사왜곡, 남북분단과 6·25전쟁으로 인한 중국과의 대립, 관련 기관의 무지와 무관심 등으로 항일독립전쟁의 역사와 유적은 남의 나라, 남의 땅, 동북공정의 소용돌이 속에서 왜곡되고, 훼손되고 짓밟히며 소리 없이 사라지고 있었다.

역사를 잊은 민족에게 미래는 없다.
조국과 민족을 위해 목숨을 바쳤던 순국선열들의 숭고한 정신을 기리고, 역사를 기억하고, 항일유적을 충심으로 보존하고 숭모하지 않는다면, 조국과 민족이 또다시 절체절명의 위기에 처했을 때 누가 나라와 겨레를 위해 목숨을 바쳐 싸울 것인가.

올바른 역사인식과 민족정신의 고양이 애국애족의 길이며, 우리민족이 영원히 지녀야 할 지고지선의 가치라는 신념에서 나는 남의 나라 남의 땅 만주에서 힘들고 고통스러울 때마다 이를 악물고 배낭을 다시 곧추 메곤 했다.

대한민국의 올곧은 시대아침을 열어갈 젊은이들에게 항일유적 답삿길은 조국과 민족을 가슴에 품는 길이며, 대한국인의 긍지와 자부심을 일깨우는 산교육의 광장이라 굳게 믿었기에, 나는 지난 5년 동안 만주에서의 고초와 시련을 이겨낼 수 있었다.

우리는 잊지 말아야 한다. 항일독립전쟁의 순국선열들이 있었기에 오늘의 우리가, 오늘의 대한민국이 있다는 사실을 영원히 기억해야 할 것이다.

조국과 민족의 미래를 이끌어갈 대한의 젊은이들이여.

압록강아리랑을 읽으며 위대한 대한국인(大韓國人)의 역사가 살아있는 만주로 가라. 그리하면 올곧은 대한민족의 역사이야기를 들을 수 있고, 위대한 대한민국의 미래를 열어갈 지용(智勇)과 반드시 대면하게 될 것이다.

2012년 6월 15일, 항일유적연구소에서
崔 凡 山

| 차 례 |

책머리에 • 5

1장
항일독립투쟁의 봉화를 올리다—단동

우리 민족의 한(恨)이 서려 있는 압록강 철교 • 18
대한민국임시정부 안동교통국과 이륭양행(怡隆洋行) • 24
독립투쟁의 통신본부, 안동교통국 • 26
이륭양행을 찾아서 • 26
푸른 눈의 독립투사, 조지 쇼우 • 33
우리 민족의 영원한 녹두꽃, 정정화 의사 • 36
안동임시의사회와 대한독립청년단 • 38
잊을 수 없는 항일투사 • 41
의성단 단장, 편강렬을 기억하는가 • 43
남만주 무장투쟁, 의성단 • 44
편강렬 의사의 묘지를 찾아서 • 49
독립군 비밀기지, 비현정미소 • 51
압록강변에서 순국한 이명하 의사 • 52

2장
항일무장 투쟁의 성지 — 관전현

우리는 대한의 청년이다 – 대한독립청년단연합회 유적을 찾아서 • 64
대한독립청년단 연합회 유적지에 가다 • 69
잊혀진 독립투사, 함석은 • 72
1920년대 항일무장투쟁의 중심지, 향로구(香爐溝) • 76
남만주 항일무장투쟁의 본부, 상해임시정부 광복군 사령부 • 84
광복군 총영 창설지 관전현 안자구(安子溝)를 가다 • 87
대한독립의 정당성을 세상에 알리다 • 97
임신한 몸으로 일본경찰의 심장에 폭탄을 던지다 • 100
광복군 총영을 다시 찾아가다 • 101
광복군 총영장이며 정의부 총사령관, 오동진 장군 • 107
독립투사 검거에 앞장 섰던 악덕 친일경찰 김덕기 • 111
항일의병장 이진룡 장군의 유적지를 찾아서 • 114
항일의병장 이진룡 장군 • 119
고구려의 기상이 서린 혼강변에 항일투쟁의 큰 별이 지다
– 조선혁명군 사령 양기하 장군 순국지를 찾아가다 • 126
하산 양기하(梁基瑕)는 누구인가 • 130
3·1 만세운동, 국내진격작전 독립군 기지, 초황구 • 136

3장
역사의 도시 환인현의 항일유적을 찾아서

고구려의 천년고도(千年古都), 환인현으로 • 146
항일투쟁의 도시, 환인현 • 154
단군의 이름으로 학교를 세우다 – 동창학교 • 160
여성의병장 윤희순의 노학당을 찾아서 • 162
대한통의부 창설지를 찾아서 – 환인현 마권자 • 167
대한통의부 의용군 사령관, 신팔균 장군 • 170

독립운동가의 제2의 고향이었던 환인현 횡도천 • 172
백하(白下) 김대락 선생 • 186
안동독립투쟁의 성지, 내앞마을을 찾아서 • 187
육군주만참의부 본부, 환인현 이붕전자(二棚甸子) • 189
참의부 4대 참의장 희산(希山) 김승학은 어떤 인물인가 • 191
고구려의 첫 번째 수도, 홀본성(忽本城) • 193

4장
여성의병장 윤희순 의사의 유적을 찾아서

윤희순 의병장의 기념비를 찾아서 • 204
우리 안사람도 의병에 나서야 한다 • 211
가족을 이끌고 만주로 망명하다 • 214
환인현 괴마자에 노학당 분교를 세우다 • 217
해성시 묘관둔 • 220
윤희순 기념비가 있는 북산에 가다 • 223
안산시 옥불사원(玉佛寺院) • 227
고구려의 숨결이 살아있는 백암성 • 230

5장
남만주 항일투쟁의 횃불을 들다 ─ 대한독립단

중국 길림성의 성도(省都) 장춘(長春)에서 • 242
남만주 항일독립전쟁의 성지, 삼원포를 가다 • 252
길림성 유하현 삼원포 • 265
대한독립단 창설유적지, 대화사 가는 길 • 267
항일무장투쟁에 횃불을 들었던 대한 독립단(大韓獨立團) • 274
대한독립단 도총재, 박장호 • 280

6장
신흥무관학교 유적지를 찾아서

항일무장투쟁의 성지(聖地)를 찾아서 • 290
신흥무관학교 창설 100주년에 즈음하여 • 292
항일투쟁의 성지, 신흥무관학교를 찾아서 • 298
간도의 눈물로 설립한 합니하 신흥무관학교 • 310
남만주 독립전쟁의 총본부, 유하현 삼원포 • 317
항일독립운동을 위한 비밀결사단체, 신민회(新民會) • 319
독립투쟁의 선봉에 섰던 언론인 우강(雩岡) 양기탁의 생애 • 321
항일투쟁을 위해 만주로 망명한 사람들 • 326
영원한 자유인, 아나키스트 우당(友堂) 이회영 • 336
애국지사들의 고난과 시련 • 346
임시정부 초대 국무령, 석주(石洲) 이상룡(李相龍) • 352
신흥강습소 설립 유적지, 이도향 추가가 대고산(大孤山) • 357
남만주 한인자치단체, 서간도 한족회(韓族會) • 360
신흥학우단(新興學友團), 별칭: 다물단(多勿團)과 백서농장(白西農庄) • 364
만주의 호랑이, 일송 김동삼 장군 • 369

7장
조선혁명군 총사령관 양세봉 장군의 유적을 찾아서

양세봉(梁世鳳)은 왜 낯선 이름의 독립투사였을까 • 382
세상은 아는 만큼 보인다 • 385
조선혁명군 총사령관, 양세봉 장군 • 387
양세봉, 항일투쟁의 전선에 서다 • 388
일본의 만주침략과 흥경사변 • 394
한·중 연합군을 결성하다 • 397
양세봉의 발자취를 찾아서 • 404

조선혁명군의 항일투쟁 유적지 • 414
신빈현 왕청문 일대 항일유적 • 417
남만주 항일무장투쟁의 큰별이 지다 • 425
양세봉 장군 순국지를 찾아가다 • 430

8장
육군주만참의부 항일유적을 찾아서
—고구려의 수도 길림성 집안시(集安市)

대한민국임시정부 육군주만참의부(陸軍駐滿參議府) • 438
참의부 유적답사를 떠나다 • 441
초대 참의장 백광운의 유적을 찾아서 • 454
초대 참의장 백광운 장군 • 459
고마령 전투(古馬嶺戰鬪) 유적을 찾아가다 • 460
최석순 참의장의 발자취를 따라 • 471
집안시 참의부 유적을 찾아서 • 473
참의부 본부 화전자 가는 길 • 479
참의부 유적을 발굴하고 보존하라 • 482

9장
항일투쟁의 도시 단동에서
광복절 기념식과 항일유적 사진 전시회를 열다 • 491

중국 동북삼성지역의 항일역사 유적 사진전 • 510

1장
⋮
항일독립투쟁의 봉화를 올리다
—단동

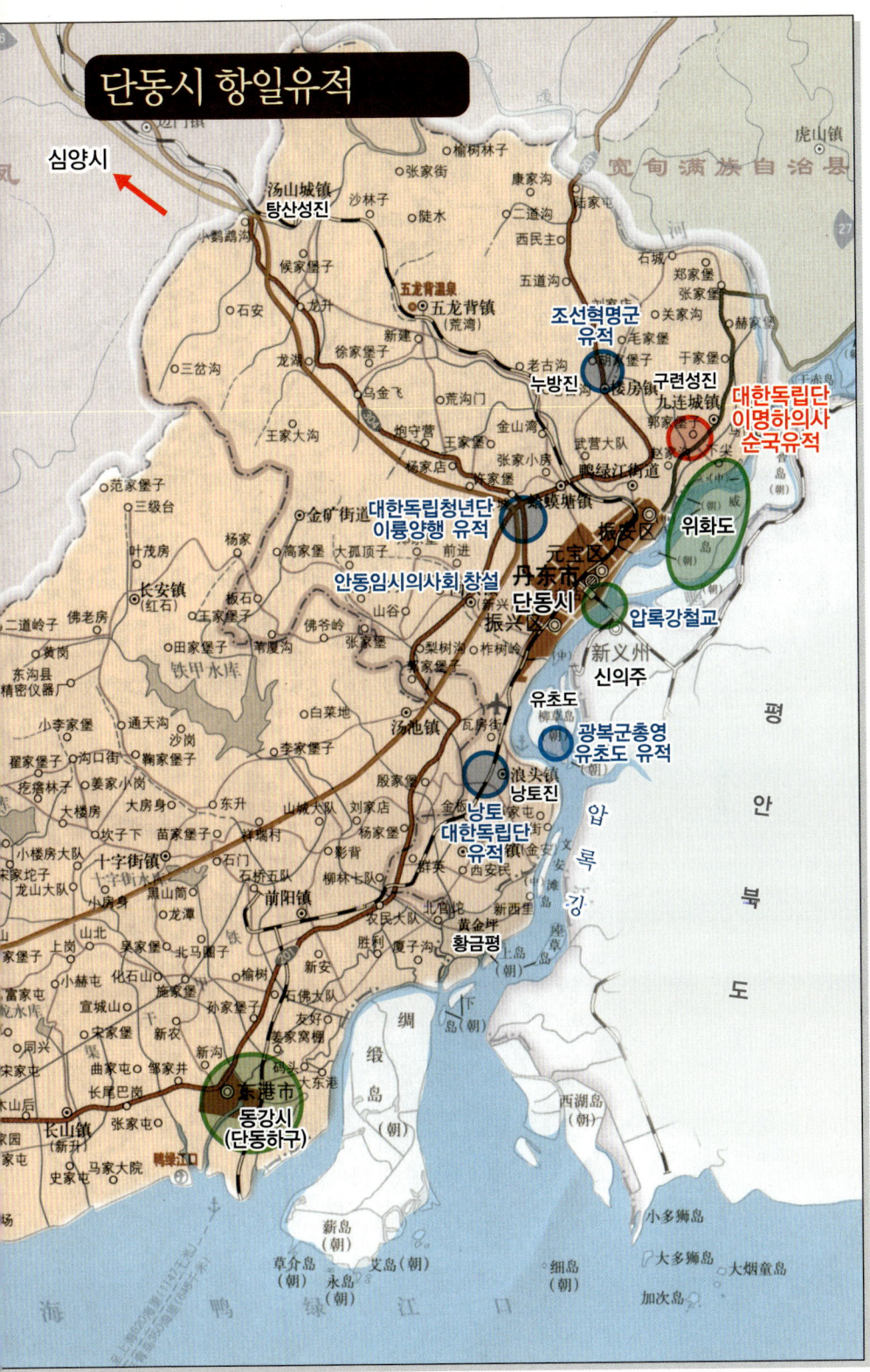

중국 요녕성 단동시 전경

우리 민족의 한(恨)이 서려 있는
압록강 철교

중국 단동(丹東)과 북한의 신의주를 연결하는 압록강 철교는 1909년 5월에 조선통감부 철도국이 착공하여 한일강제병합 후 1911년 11월에 준공했다. 철교의 중앙에는 단선 철로가 부설되어 있고, 그 양쪽에 인도(人道)가 설치된 현대식 교량으로 총 길이는 944m이다.

압록강을 항해하는 선박들의 통행을 자유롭게 하기 위해서 다리의 중앙에 회전식 교량을 설치, 큰 배가 오갈 때마다 중간 교량이 90도 회전하여 선박의 통행을 가능하게 했다.

일본 제국주의의 대륙 진출을 목적으로 건설되었던 압록강 철교는 1950년 6·25 전쟁 때 미군 폭격기에 의해 파괴될 때까지 한반도와 중

단동철교

1910년대 압록강 철교   압록강 부두

국 동북지방을 연결하는 중요한 교통로였다.
  압록강 철교는 조국의 독립을 위해 만주로 망명했던 독립투사들이 왜놈들의 감시를 피해 가슴을 졸이며 건넜던 분노의 다리였으며, 포승줄에 묶인 채 감옥으로 끌려가던 통한의 다리였다.

일제치하 35년.
섬나라 오랑캐들의 잔악한 억압과 착취.
민족말살, 언어말살로 점철된 오욕의 역사.
암울한 시대.
오로지 조국의 독립을 쟁취하기 위하여 눈보라가 몰아치는 만주 벌판에서 온몸으로 항거했던 독립투사들의 고귀한 투쟁.
잊고 살았다.
지금까지 사죄하지 않는 섬나라 오랑캐들의 파렴치한 작태를 보면서도 분노하지 않았다. 언제나 찻잔 속의 태풍처럼, 양은 냄비처럼 끓다가 금방 사그라지는, 수치스런 역사를 자각하지 못하는 세상에 묻혀서 살아왔다.

'아는 만큼 보인다.' 는 말이 있다. 처음 만주지역을 여행했을 때 항일유적을 본 것이 청산리전투 유적과 윤동주 시인의 생가 등 몇 곳에 지나지 않았다.

항일투쟁역사에 대한 지식이 별로 없었던 나로서는 누구나 알고 있는 유적지를 찾아볼 수밖에 없었던 것이다.

우리 민족을 구원하기 위해, 조국광복을 쟁취하기 위해 자신의 목숨을 초개같이 던졌던 열사들의 항일투쟁사, 독립투사들이 일본군과 싸웠던 항일유적들이, 무지하기만 했던 나의 눈에 보일 리가 없었다. 아는 것이 있어야 눈에 보이는 게 있을 것 아닌가.

남만주 지방을 여행하던 어느 날이었다. 연변 역사학자 김 교수의 안내로 독립투사의 묘지를 찾아갔다. 잡초만 우거진 채 폐허처럼 무너져버린 무덤을 바라보다가 나도 모르게 눈물이 핑 돌았다. 눈물을 삼키려고 하늘을 쳐다보는 순간 갑자기 피가 거꾸로 솟는 듯한 분노를 느꼈다.

죽일 놈들.

아무도 돌보지 않는 독립투사의 묘지.

부끄러웠다.

아직도 구천을 떠돌고 있는 순국선열의 영령들이 망국의 치욕과 수탈의 역사를 까맣게 잊고 살아가는 우리들에게 만주벌의 피어린 항일투쟁사를 돌아보라고 소리치는 듯했다. 너 같은 놈을 위해서 피를 흘려

신의주 전경

싸운 것이 아니라고 당장 호통을 치실 것만 같았다.

나는 항일유적을 찾아 스스로 나선 적이 없다.
잊히고, 훼손되고, 사라져가는 항일유적들이, 순국선열의 영혼이, 빈곤하고 고통스런 삶을 살아가는 독립투사의 후손들이, 나로 하여금 만주지방의 항일유적을 찾아다니게 만들었던 것이라 나는 믿고 있다.
내가 오늘도 압록강 철교를 바라보며 독립투사들을 떠올리는 것은 잊혀 가고 버려진 항일유적들이 아직 만주 땅에 많이 남아 있기 때문이다.

2007년 7월이었다. 내가 중국 요녕성 단동시에 처음 도착했을 때 가장 놀랍게 느꼈던 것은 평화로운 국경의 모습이었다. 임진강 휴전선에서 느꼈던 긴장감이 없었고, 그 흔한 철조망도 없었다. 매서운 눈초리로 국경을 감시하는 무장군인들도 보이지 않았고, 비방용 대형스피커도 보이지 않았다. 그저 평화롭고 아름다운 도시가 압록강변에 펼쳐지고 있었던 것이다.

단동(丹東)은 1965년 이전까지는 안동(安東)이라고 불렸으나 중국 국가주석 모택동이 방문하여 "붉은 기운이 동쪽으로 뻗어가는 곳"이라 명명한 뒤부터 단동으로 개명했다고 한다. 지리적으로 북한과 맞닿아 북한과의 무역이 가장 활발하게 이루어지는 도시로 평양까지의 거리는 불과 220km 떨어져 있고 서울까지 거리도 420km이다. 서울에서 부산

현재 압록강 철교

가는 거리보다 가깝다. 이러한 지리적 여건 덕분에 북중 교역의 중심지로 발전하게 된 것이다.

단동은 우리 민족의 항일투쟁사에서 빼놓은 수 없는 역사적인 도시였다. 상해임시정부의 주석이었던 김구를 비롯하여 안창호, 이상룡, 이회영, 김원봉 등 헤아릴 수 없이 많은 항일투사들이 단동을 거쳐서 상해나 만주로 망명했으며, 대한독립청년단, 임시정부 안동교통국, 안동임시의사회, 대한독립단, 의열단, 조선혁명군, 한중항일연군 등이 활발하게 항일투쟁을 전개한 곳이었다.

압록강 철교 야경

대한민국임시정부
안동교통국과 이륭양행(怡隆洋行)

단동지역에서 나의 첫 번째 답사는 대한민국 임시정부 안동교통국의 비밀기지가 있었던 이륭양행(怡隆洋行)이다. 영국 태고선박무역회사의 안동사무소였던 이륭양행은 아일랜드계 영국인 조지 엘 쇼우(George. L. Show)가 운영하는 무역회사로 한국인의 독립투쟁을 은밀하게 지원했던 곳이다.

쇼우는 일본 경찰의 위협과 방해공작에도 아랑곳하지 않고 상해임시정부, 대한독립청년단, 안동임시의사회, 의열단, 대한독립단 등의 수많은 항일투쟁 단체들을 도왔고, 상해 임시정부 주석이었던 김구를 비롯하여 김가진, 이동휘, 오동진, 김원봉, 안병찬, 오학수, 함석은 등 헤아릴 수 없이 많은 독립투사들의 항일투쟁을 적극적으로 지원했던 사람이다.

쇼우는 항일투쟁가를 돕는다는 이유로 일본영사관 경찰에 체포되어 감옥에 갇히게 되었을 때에도 이륭양행의 직원들을 통해 독립운동을 지원했다. 영국정부의 강력한 항의로 풀려난 쇼우는 단동지역 한인들과 함께 일본정부의 식민지 정책과 탄압을 규탄하는 집회를 열기도 하였다.

친일반역행위를 일삼는 왜놈 앞잡이들이 피를 나눈 동족을 억압하고 착취하던 암흑의 시대에, 인종을 초월하여 우리 민족의 독립투쟁을 적극적으로 지원했던 쇼우의 위대한 삶에 나는 무한한 감동을 느끼지 않을 수가 없었다.

이륭양행 건물(위), 흥륭가 거리(아래)

독립투쟁의 통신본부,
안동교통국
⋮

　　　　　　　　　1919년 4월 13일 대한민국 임시정부 의정원의 의결에 따라 교통부령이 발표되었다. 상해임시정부는 독립투쟁 단체들의 긴밀한 연락을 유지하기 위해 통신연락기관의 설립이 절실하게 필요했다. 1919년 당시 중국은 교통이 발달하지 못했을 뿐 아니라 통신시설도 열악한 상태였다. 그래서 임시정부는 상해와 국내 연락이 가장 용이한 안동(安東: 현재 단동시)에 쇼우의 적극적인 지원을 받아 이륭양행 2층에 교통국을 설치하여 극비리에 활동을 시작했던 것이다.

　　안동교통국은 임시정부와 국내 항일단체나 애국지사들과의 각종 통신업무, 독립자금 모금활동, 각종 정보 수집과 전달, 교통국 조직의 확충과 독립투쟁을 위한 지원활동, 독립군의 무기, 탄약을 운반하는 등의 역할을 담당하는 중추적인 기관이었다.

이륭양행을
찾아서
⋮

　　　　　　　　　나는 이륭양행의 유적을 찾아다니던 2007년 여름을 잊을 수가 없다.

　　단동은 몇 십 년만에 찾아온 폭염으로 도시 전체가 불가마처럼 달궈져 있었다. 압록강변에는 더위를 식히려는 인파가 몰렸고, 밤잠을 설치던 시민들이 늦은 시간까지 거리에 나와 있었다.

금방 찾을 수 있을 것이라 생각했던 이륭양행은 의외로 쉽게 모습을 드러내지 않았다. 내가 가지고 있던 이륭양행 관련자료는 빛바랜 건물 사진과 흥륭가 25번지란 주소뿐이었다.

이륭양행은 단동사람들에게 잊혀 간 역사의 현장이었다. 단동시 한인회, 여행사, 조선족 단체를 찾아가 문의해 보았지만 이륭양행을 아는 사람이 없었다. 언어가 다르고 지리도 익숙하지 않은 단동에서 사진 한 장과 주소만을 들고 이륭양행을 찾아다니는 것은 솔밭에서 바늘 찾는 격이었다. 팔월의 태양이 강렬하게 내리쬐는 도시를 더 이상 무작정 헤매고 다닐 수도 없었다. 나는 나 자신의 어리석음을 탓하며 숙소로 돌아올 수밖에 없었다.

나는 다음날부터 이륭양행의 건물을 찾는 것을 잠시 미루고 1919년에 대한독립청년단이 결성되었던 장소, 풍순잔(豊順棧)을 찾아다녔다. 1920년대 이 지역에 살던 사람들은 거의 다 세상을 떠났고 옛날 건물들이 도시개발로 철거된 이후 새 아파트들이 들어섰다. 그러나 아직도 풍순잔이 남아 있을지도 모른다는 생각에 구시가지를 찾아나섰던 것이다. 만약에 건물이 철거되었다면 장소라도 찾아내야 한다고 생각했다.

내가 구시가지에 도착했을 때 옛 건물은 하나도 보이지 않았다. 가난한 사람들이 많이 살았던 구시가지는 철도변 동네라서 철도를 확장하며 건물이 철거되었고, 1980년 개방 이후 중국 내에 불어닥친 도시개발 바람에 옛 건물들이 거의 다 사라지게 되었다고 한다.

때는 이미 늦은 것이다. 물질만능의 세상은 역사유적들을 품기보다는 개발이란 실리를 선택하게 만들었다.

1920년대 단동시

　고가도로를 설치하기 위해 독립문을 옮기고, 천년 고도의 유적을 아파트가 차지하고, 도로를 넓히고 빌딩을 세우려고 서울성곽을 헐어버렸던 대한민국의 어리석은 모습은 중국에서도 현재 진행 중이었다. 물질만능의 사회는 그렇게 역사를 외면한 채 경제적 발전만을 외쳐대고 있었다.

　단동 시내 구시가 일대를 이 잡듯이 돌아다니던 어느 날 도로 안내판을 살피다가 흥륭가(興隆街)의 이정표를 발견했다. 이륭양행 건물을 찾을 수 있다는 기쁨에 가슴이 뛰기 시작했다. '하늘의 무지개를 보면 가슴이 뛰노라.'라고 노래했던 에머슨의 기쁨이 이보다 더했을까.

현재의 단동시내 구시가지 모습

순간, 불안감이 머리를 스친다.

이륭양행 건물이 이미 철거된 것은 아닐까.

나는 주위를 둘러보았다. 비교적 오래되고 몹시 낡은 건물들이 있었다. 나는 빠른 걸음으로 길을 건넜다. 그리고 건물마다 붙어있는 번지수를 확인하며 걸었다.

흥륭가 25.

건물 입구에 작은 팻말이 뚜렷하게 걸려 있었다. 정면에 걸린 '단동시 건강관리소' 라는 간판이 보였다. 내가 보물처럼 간직하고 있었던 자료 사진과 일치했다. 비록 낡고 퇴락한 모습이었지만 100년의 비바람을 견디며 아직까지 철거되지 않고 꿋꿋하게 버티고 있는 것이 너무나 기쁘고 반가웠다. 나는 이륭양행 건물에 다가가 가만히 손을 대고 그 옛날 아니 90여 년 전의 항일투사들의 체온을 느끼기라도 하듯 쓰다듬었다.

나는 요녕대학에서 역사학을 전공하고, 중국소수민족위원회에서 오랫동안 근무했던 역사학자 박 선생(조선족·75세)을 만나러 갔다. 내가 찾은 이륭양행의 건물에 대한 자문을 구하기 위해서였다.

그 건물이 정확하게 이륭양행 건물인지를 알고 싶었다. 그는 한국에서 역사학자들이 올 때 이륭양행 건물을 안내했었다고 하면서 기꺼이 함께 가 확인해 주겠노라고 했다.

그런데 그가 나를 안내한 곳은 흥륭가 25번지의 건물이 아니었다. 흥륭가의 입구에 자리 잡고 있는 해달상점이란 건물이었다. 그는 이곳에 이륭양행이 있었는데 이 건물을 건축하느라고 10년 전에 헐어버렸다는 것이었다. 그렇다면 내가 그토록 고생을 해가며 찾은, 독립기념관 항일

흥륭가와 이륭양행 건물

유적 목록에 버젓이 등록되어 있는 저 건물은 무엇이란 말인가.

내가 찾았던 건물로 박 선생을 안내했다. 그는 갑자기 태도를 바꿔 이 건물이 이륭양행일 수도 있을 것 같다고 말했다. 단동에서 오랜 세월을 지내며 항일유적을 찾아다녔다는 그분 역시 정확한 이륭양행의 위치를 모르고 있었던 것이다.

2009년 9월 대한민국임시정부 90주년 학술회의의 주제발표자로 나선 대련대학 유병호 교수가 이륭양행의 당시 위치와 건물 사진을 새롭게 공개했다.

유병호 교수는 "중국 단동시 당안국(문서관리부서)이 2006년 비공개로 펴낸 심조단동선위인지적역사(尋調丹東鮮爲人知的歷史)의 내용

대련대 유병호 교수가 이륭양행 건물이라고 제시한 사진

을 입수한 결과 이륭양행이 단동시 해관(海關·무역 세관) 인근에 있었으며 1945년 이후 단동시의 제1경공업국으로 사용된 건물인 것으로 확인됐다"고 발표한 것이다. 그가 말하는 이륭양행의 위치 역시 흥륭가에 있었지만 건물의 모습은 전혀 달랐다.

단동의 역사학자 박 선생이 말했던 자리와 유 교수가 이륭양행이라고 주장하는 건물들이 모두 흥륭가라는 공통점을 가지고 있다. 그러나 두 건물은 이미 철거된 상태였고, 내가 찾았던 건물만이 아직까지 흥륭가에 남아 있었다.

현재까지 분명하게 밝혀진 것은 상해임시정부 안동교통국의 비밀기

흥륭가 옛 모습이 남아 있는 거리 모습

지였던 이륭양행의 위치는 단동시 흥륭가라는 사실이다. 이륭양행과 안동교통국 건물의 실존 여부와 정확한 위치를 규명하는 일은 이제 역사학자를 비롯한 전문가들이 앞으로 더 많이 연구해야 할 과제로 남게 되었다.

푸른 눈의 독립투사,
조지 쇼우
:

이륭양행의 운영자이며 한국독립운동의 열렬한 후원자였던 영국 국적의 아일랜드 사람 조지 엘 쇼우. 그가 항일독립운동가들을 지원했던 사실은 한국독립운동사와 독립운동가의 회고록 등에 많이 기록되어 오늘에 전하고 있다.

백범 김구는 1919년 3·1운동 직후 삼천리 강토에 불어 닥친 왜놈들의 무자비한 검거와 탄압을 피해서 압록강을 건넜다. 그는 조국광복의 원대한 꿈을 품고 상해로 망명하는 15명의 동지들과 함께 단동에 무사히 도착하였다.

단동에서 일주일을 지낸 후 이륭양행의 계림호를 타고 상해로 떠나게 되는데 이때 김구 일행이 겪었던 망명의 순간을 《백범일지》에서는 다음과 같이 적고 있다.

조지 쇼우 가족(위), 백범 김구 주석(아래)

나는 중국인의 인력거를 불러 타고 바로 큰 다리 위를 지나서 안동현의 어떤 여관에서 변성명하고 좁쌀 장수라 표방하고 일주일을 묵은 뒤 이륭양행의 배를 타고 상해로 출발하였다. 황해 해안을 경과할 시에 일본 경비선이 나팔을 불고 따라

오며 정선을 요구하나 영국인 함장은 들은 체도 아니하고 전속력으로 경비구역을 벗어나 4일 후에 무사히 상해 황포강 나루에 닻을 내렸다. 배에 함께 탄 동지는 도합 15명이었다.

조선총독부 경비선의 정지 명령을 무시하고 백범 일행을 상해로 탈출시켰던 영국인 함장은 쇼우였다. 그는 일본인 아내와 살고 있었음에도 불구하고 일본을 무척이나 싫어했다. 약소민족을 무력으로 침탈한 일본에 대한 그의 적개심은 아일랜드가 오랫동안 영국의 지배 아래 갖은 탄압을 다 받았던 사실과 무관하지 않을 것이다.

백범 김구 효창동 묘역

'상해 임시정부의 어머니'라고 불렸던 여성독립운동가 정정화의 《장강일기》에도 이륭양행과 조지 쇼우에 대한 기록이 나온다.

시아버님(1919년 상해로 망명한 동농 김가진 선생) 일행은 무사히 압록강을 건너 안동현에 도착했다. 그곳에는 우리 독립운동가들을 돕는 에이레 출신의 쇼오라는 사업가가 있었다. 에이레도 영국의 식민통치에 대항하여 오래도록 싸워온 나라이므로 자연 우리 민족운동에 깊은 동정을 가졌고, 쇼오는 여러모로 우리 독립운동가들을 도왔다. 쇼오는 이륭양행이란 회사를 경영했는데, 영국계 태고선박공사의 안동현 대리점을 맡고 있었다. 시아버님 일행은 이륭양행이 대리하는 계림호 편으로 10월 말에 상해에 도착했다.

김가진 일가의 상해 망명으로 상해 임시정부의 활동은 더욱 더 활기를 띠게 되었고, 해방이 될 때까지 김가진, 김의한, 정정화가 항일투쟁을 전개할 수 있도록 도왔던 사람이 바로 조지 쇼우였던 것이다.

정정화가 독립자금 모금을 위해 10여 차례 이상 국내로 잠입하고 상해로 돌아갈 때도 쇼우의 적극적인 지원을 받았다.

백범 김구 주석 동상

우리 민족의 영원한 녹두꽃, 정정화 의사

여성독립투사 정정화(鄭靖和)는 1900년 8월 3일 서울에서 태어났다. 본명은 정묘희(鄭妙喜)이며, 아호는 수당(修堂)이다.

대한제국 말 고위 관료로서 귀족 작위를 갖고 있었던 동농 김가진의 맏아들 김의한과 결혼한 정정화는 시아버지 김가진과 남편을 따라 1919년 상하이로 망명했다.

정정화는 일제의 감시를 비교적 적게 받는 여성이라는 점을 최대한으로 이용하여 10여 년 간을 임시정부의 독립운동 자금 모금활동을 하였고, 국내와 상해 정부와의 비밀연락책으로 활동하여 김구로부터 '한국의 잔다르크'란 칭송을 듣게 되었다.

동농 김가진

1940년 한국혁명여성동맹(韓國革命女性同盟)을 조직하여 간부를 맡았고, 임시정부가 중경(重慶)으로 옮겨간 후에는 독립투사들의 자녀들을 모아 3·1 유치원을 설립하여 민족의식을 고취하고 독립정신을 가르쳤다.

1943년 중경에서 김순애, 최소정, 권기옥 등과 함께 대한애국부인회를 결성하고 애국부인회 강령을 선포하였다.

"국내외 부녀는 총단결하여 전민족해방운동과 남녀평등이 실현되는 민주주의 신공화국 건

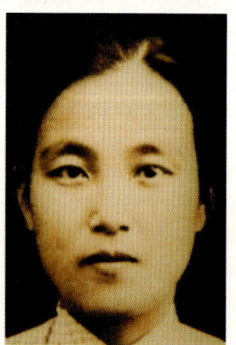

정정화 의사

대한민국 임시정부 부설 3·1유치원

설에 적극 참가하여 분투하자."

정정화는 애국부인회의 훈련부장이 되어 임시정부의 활동을 적극적으로 도왔으며, 임시정부의 궂은일을 도맡아 하는 그야말로 어머니 역할까지 했던 것이다.

1945년 8월 15일 정정화가 그토록 바라던 광복이 되었다. 중경 임시정부 사람들과 함께 모여 대한독립만세를 외치며 조국으로 돌아갈 준비를 서둘렀다.

그러나 광복 후 미군정의 홀대 속에 대한민국임시정부 요인들은 개인 자격으로 귀국할 수밖에 없었다. 1946년 개인자격으로 귀국한 뒤 광복된 조국에서 맞이하게 된 정정화의 인생행로는 결코 순탄치가 않았다. 오랫동안 임시정부에서 함께 활동했던 김구가 특무대장 김창룡의 지시를 받은 육군소위 안두희에게 암살되었고, 남편 김의한은 안재홍,

조소앙 등과 함께 북한으로 갔다. 남한에 홀로 남게 된 정정화는 공산주의자로 몰려서 투옥되는 등 갖은 고초를 겪어야만 했다.

정정화는 장강일기, 녹두꽃 등의 저서를 남기고, 1991년 파란만장한 인생을 마감했다. 최근에는 한평생 조국과 민족을 위해 살았던 정정화의 일대기를 다룬 '아! 정정화' 장강일기가 연극으로 공연되고 있다.

안동임시의사회와 대한독립청년단

1919년 3·1 만세운동 후에 중국으로 망명해 온 애국지사들이 안동현(安東縣)에 있는 조지 쇼우의 집에 모였다. 김승만(金承萬), 김시점(金時漸), 오동진(吳東振), 주석환(朱錫煥) 등은 항일구국

대한독립청년단 창설, 단동시 시내

투쟁에 투신할 것을 결의하고 안동현임시의사회(安東縣臨時議事會)를 조직하게 된다. 이때 쇼우는 김승만 등이 안동일본영사관 경찰의 감시를 받고 있다는 사실을 알면서도 그의 집을 근거지로 제공하여 안동임시의사회의 결성을 도왔고, 그들이 항일투쟁을 전개할 수 있도록 지원했던 것이다.

그리고 쇼우는 안동임시의사회 회원들이 전국적인 조직으로 추진하는 대한독립청년단 결성에도 참여하였다.

1919년 4월 초 단동시의 구시가지 풍순잔에서 대한독립청년단을 결성하기 위해 조재건, 함석은, 오학수, 김시점, 김승만 등이 모였을 때, 항일독립운동을 전개할 수 있도록 독립자금 모금, 무기의 구입, 지부 확장 활동을 적극적으로 후원했다. 조지 쇼우는 이때부터 일본경찰의 탄압과 검거를 피해 중국의 남방지역으로 이주해 갈 때까지 대한독립청년단 단원들에게 가장 든든한 힘이 되어 주었다. 그들에게 있어 쇼우는 믿을 수 있는 후원자이자 동지였던 것이다.

대한독립청년단에 참여한 투사들이 초기에는 30여 명 정도였으나 점차 인원이 확대되어 전국적으로 수만 명에 이르렀다. 대한독립단 창설 멤버들은 대부분이 3·1운동에 참가했다가 일본의 감시를 피해 만주로 망명한 젊은이들이었으며 신학문을 배운 당대 엘리드들이었다.

대한독립청년단의 창설회의에서 안중근 의사의 변호인을 지원했던 안병찬(安秉瓚)을 총재로 추대하고, 단장에 함석은, 서기 장자일, 간사 박영우가 임명되었다.

대한독립청년단은 상해임시정부에 독립운동 자금을 조달하고 '대한청년보'라는 신문을 발행하여 대중들에게 독립의식을 고취하는 활동을 전개하였다. 그리고 항일무장투쟁을 위한 무기 구입, 친일반역자 처단,

대한독립청년단이 활동했던 단동시내 영안가(永安街)

대한독립청년단 비밀회합 장소 금강산 공원

독립투쟁 단체 연락 등의 활동을 적극적으로 전개해 나갔다.

1919년 9월, 안동현의 일본경찰에 청년단의 조직과 활동상황이 탐지되어 안병찬을 비롯한 간부와 회원들이 붙잡힘으로써 활동이 일시 중단되기도 하였다. 11월 안병찬이 중국 관전현장(寬甸縣長)의 도움으로 석방되어 청년단으로 다시 돌아온 후, 김승만(金承萬)과 관전현 홍통구에서 대한독립청년단연합회를 조직함으로써 대한독립청년단은 더욱 거대하고 전국적인 독립투쟁 단체로 발전하게 되었다.

잊을 수 없는 항일투사

한국인들의 항일투쟁의 후원자요, 파란 눈의 투사였던 조지 쇼우는 1920년 7월에 단동에서 일본 영사관 경찰에게 체포되었다. 한국인들의 항일투쟁을 지원하고 있는 그를 못마땅하게 여기던 조선총독부는 안동경찰대에 지시를 내려 그를 전격적으로 체포한 것이다.

영국영사관에서는 즉각 쇼우를 풀어줄 것을 요구하였다. 그러나 일본영사관이 이를 거부하고 서울로 이송하려 하자, 영국정부가 직접 나서서 항의하기 시작했다. 일본경찰은 쇼우에게 '단동을 즉시 떠나지 않으면 목숨을 보존할 수 없을 것이다.' 라는 협박을 들이댄 다음에 석방하였다.

쇼우는 단동으로 돌아온 후 영국인과 조선인들을 모아 일제의 만행을 규탄하는 대규모 집회를 열었다. 일본의 감시가 날로 심해지고 노골적인 방해공작으로 자신의 사업을 더 이상 지속할 수 없는 긴박한 상황이었지만, 그는 일제를 규탄하는 대회를 열어 일본경찰의 불법적인 탄압을 세상에 알렸던 것이다. 규탄대회 소식을 들은 상해임시정부는 그를 초청하였다. 1921년 1월 26일에 상해로 건너간 조지 쇼우는 임시정부가 베푼 환영연에 참석하였고, 상해임시정부에서는 그에게 훈장을 수여하여 그의 공로를 치하했다.

일본 경찰의 집중적인 감시 속에서도 이륭양행 화물선은 변함없이 독립투사를 싣고 상해를 오고 갔고, 이륭양행 직원들은 중국 내의 합법적 신분을 이용하여 한국인들의 항일투쟁을 변함없이 지원했다.

쇼우는 영국인이란 점을 최대한으로 활용하여 독립투쟁을 도왔지만, 중국에서 일본의 영향력이 점점 커지던 1922년 8월 이륭양행을 더 이상 운영할 수 없는 상황에 이르게 되었다.

그는 일본영사관의 압력과 감시가 없는 중국 남방지역의 복주(福州, 푸저우)로 가서 임시정부와 독립투사들을 후원하는 활동을 계속하였으나 중국 남부 지방까지 일본군이 쳐들어온 이후에 그의 행적은 거의 알려지지 않고 있다.

우리나라 항일투쟁사에 빛나는 업적을 남긴 푸른 눈의 후원자, 독립투사들의 영원한 동지. 조지 쇼우에게 우리 민족은 큰빚을 지고 있는 것이다. 대한민국 정부나 관련기관에서는 그의 업적발굴에 더욱 관심을 가지고 연구하기를 기대해본다. 그리고 조지 쇼우의 후손들을 찾아내어 그가 우리 민족에게 베풀었던 지원에 대한 고마움을 전해야 할 것이다.

우리나라가 자신의 모든 것을 바쳐가며 항일독립운동에 기여했던 쇼우의 업적을 기억하지 않는, 고마워할 줄도 모르는 나라로 그의 후손들의 가슴에 새겨질까 두렵다.

의성단 단장, 편강렬을 기억하는가

:

> 내가 죽거든 유골을 만주땅에 묻어줄 것이요,
> 조국이 독립되기 전에는 고국으로 이장하지 말라.
> –편강렬 의사의 유언

애사(愛史) 편강렬(片康烈)은 1892년 2월 28일 황해도 연백군 봉서면에서 편상훈의 4남매 중 셋째로 태어났다.

편강렬이 호서창의대장 이강년(李康秊) 의병진에 참가하여 항일의병투쟁에 나선 것은 16세 되던 해였다. 1908년에 전국의 의병이 경기도 양주에 집결하여 13도 창의대진소(倡義大陣所)를 결성하고 서울 진공작전을 결행하게 되자, 편강렬은 중군장 허위(許蔿)의 의병대에서 동대문 밖 30리 지점까지 진출하여 일본군과 싸웠으나 부상을 입고 고향으로 돌아갔다.

의성단 단장 편강렬 의사

이강년 의병장

의병전쟁에 참전했던 편강렬이 집으로 돌아오자 끈질기게 따라다니는 일본경찰의 감시를 피하여 평양의 숭실학교에 진학하였다.

학업에 전념하고 있던 편강렬은 1910년 나라가 경술국치를 당하자 비분강개하여 학업을 중지하고 조국의 광복투쟁에 나섰다.

국권회복을 위해 조직된 비밀결사단체인 신민회(新

허위 의병장

民會)에 가입한 편강렬은 황해도지회에서 은밀한 활동을 전개하고 있던 중에 일제가 날조한 소위 「데라우치(寺內)총독 암살모의사건」 즉 105인 사건에 연루되어 1911년 제1심에서 징역 6년을 받고 복역하게 되었다. 1913년 3월 20일 경성복심법원에서 무죄 석방될 때까지 2년 동안을 서대문 감옥에서 온갖 고문과 압박을 겪는 옥고를 치러야 했다.

출옥 후에도 나라를 구하겠다는 편강렬의 의지는 조금도 변함이 없었다. 영남 일대의 동지들과 함께 대한광복회(大韓光復會)에 가입하였다. 편강렬은 일제 주구를 처단하고 일본관청을 폭파하는 결사대와 선전반을 조직하여 맹렬한 항일투쟁을 계속하다가 경찰에 잡혀 또다시 투옥되기도 하였다. 그러나 그러한 고초를 겪으면서도 편강렬은 독립투쟁의 의지를 꺾지 않았다. 1921년 극도로 쇠약해진 몸으로 출옥한 편강렬은 고향으로 돌아왔으나 이미 가족들은 일제의 탄압으로 뿔뿔이 흩어졌고, 가산은 일제에게 모두 탈취당한 뒤였다. 편강렬은 분노와 울분을 토하며 무장독립운동에 투신하기로 결심하고 중국으로 망명했다.

편강렬은 북경과 상해 등지에서 동지를 규합하고 조국광복을 위한 무장항쟁을 준비하였다.

남만주 무장투쟁, 의성단

편강렬은 1923년 10월경 요녕성 산해관(山海關)에서 강진지(姜震之)·양기탁(梁起鐸)·남정(南正) 등과 의성단(義成團)을 조직하였다. 편강렬이 단장, 양기탁이 군무총장에 추대되었다.

의성단 독립투사 양기탁 군무총장

의성단은 주로 만주 공주령(公主嶺)으로부터 장춘(長春)에 이르는 철도 연선의 양측 2백여 리 지역에서 무장투쟁을 전개해 나갔다. 그리고 250여 명의 단원을 무장시켜 장차 다가올 항일독립전쟁을 대비하는 군사력 양성에 주력하며 국내로 진격할 수 있는 항일거점을 구축하여 나갔다.

1924년 편강렬은 단원들과 함께 창춘시내의 일본 영사관을 습격, 7시간에 걸친 교전 끝에 적 60여 명을 살상하는 큰 성과를 거두었으며, 대낮에 봉천(현재 요녕성 심양시) 시내 일본군의 만철병원(滿鐵病院)을 습격하여 다수의 적을 사살하는 전과를 올리기도 했다. 이러한 의성단의 무장투쟁은 동북지역 중국인들에게 항일정신을 고양시키는 계기가 되었고, 일본의 강압통치 아래서 신음하는 이천만 동포들에게 조국광복의 희망을 심어주었다.

의성단 결성지 요녕성 신해관

편강렬은 1924년 7월 길림(吉林)에서 전만통일의회주비회(全滿統一議會籌備會)의 개최를 주도하여 서로군정서, 길림주민회, 광정단, 대한독립단, 통의부, 노동친목회 등의 대표들과 함께 독립군 조직의 통합을 논의하였다.

편강렬은 하얼빈으로 들어가서 독립운동 단체의 대표들과 만나 통일회(統一會)를 조직할 계획이었다. 그러나 평안북도 경찰국에서 일제앞잡이 노릇을 하던 김덕기가 이끌고 들어온 왜경들에게 포위를 당했다. 동지들과 탈출을 시도하며 장시간의 총격전을 벌였으나 끝내 중과부적으로 체포되고 말았다.

편강렬은 1924년 8월 22일 신의주로 압송되어 신의주 형무소에서 친일경찰 김덕기에게 온갖 고문을 당하게 되었고, 1925년 3월 30일 신의주 법원에서 징역 7년형이 확정되었다.

의성단 활동지였던 장춘 시내

일본인 판사의 판결언도가 내려지자 편강렬은 판사를 향하여 크게 웃으며 의연하게 돌아서 일본재판관과 방청객들을 놀라게 하였다. 편강렬은 신의주 감옥에서 높은 창 너머로 떠오른 달을 보며 시를 한 수 지었다.

양양한 압록강수는
밤낮으로 흘러가는 곳 어데이뇨
유유한 나의 심사(心思)
너를 따라 거지없다.
흘립천장(屹立千丈) 높히 서기
깁흔 담장 안 너 그리워
탄식하는 너의 넷 주인(主人)
나를 네 보느냐
창공에 밝아있는 저 명월(明月)
아 누구를 위하야서
교교히 빗치는 철창(鐵窓)에
깁흔 한(恨)은 망국혼(亡國魂)이 늑기워라
언제나 언제나
붉은 담 붉은 옷 버서나
사랑하는 너를 질길소냐?

- 편강렬이 신의주 감옥에서 지은 시

편강렬이 일본경찰과 간수들의 계속된 고문과 옥고로 피골이 상접하여 거의 죽음에 이르게 되자 악랄한 일제법정도 1926년 9월 28일 병보석으로 석방하였고, 선천 미동병원에 입원하도록 허가했다. 그러나 의

편강렬 의사가 치료를 받던 신의주 모습

료시설이 엉망인데다가 독립투사를 제대로 치료해줄 리가 없었다. 편강렬은 장기간의 입원에도 불구하고 그의 건강은 회복되지 않았다. 편강렬의 병마가 골수까지 파고들어 생명이 위중해지자 가족과 친지들이 의료시설이 구비된 일본인 병원으로 옮길 것을 권고했다.

"내가 이대로 죽어도 왜놈에게는 절대로 치료를 받지 않겠다."

편강렬은 가족의 권유를 단호하고 완강하게 거절했다. 왜놈들에 대한 증오로 강고한 민족정신을 가졌던 편강렬은 일본인 병원에 가서 자신의 생명을 유지하고 싶지 않았던 것이다.

편강렬의 상태는 더욱 악화되었다. 1928년 9월 6일 동생 편덕렬이 살고 있는 만주의 단동(丹東)으로 옮겨 4개월 동안 극진한 간호를 받았으나 병세는 조금도 나아지지 않았다.

편강렬은 1929년 1월 16일 나라를 찾기 전에는 고국으로 이장하지 말라는 유언을 남기고 한 많은 일생을 마감했다.

편강렬 의사의 묘지를 찾아서

압록강 유역에 있는 항일유적지를 답사하기 위해 단동에 머무를 때마다 내 머릿속을 떠나지 않는 것이 있었다. 항일의병장이며 의성단 단장이었던 편강렬의 묘지를 찾는 일이다.

편강렬의 무덤은 단동시내의 북쪽에 있는 금강산 공원의 뒷산에 있는 것으로 알려져 있었다. 2009년은 편강렬 의사가 순국하신지 80년이 되는 해다. 그때까지도 편강렬의 무덤을 찾지 못하고 있었던 것이다.

금강산(錦江山)은 해발 200m가 조금 넘는 야산으로 놀이공원과 산책로가 조성되어 있어 단동시민들이 즐겨 찾는 휴식공간이다.

나는 남만주 지역 답사를 끝내고 단동으로 돌아오면 금강산에 뒷산인 장군봉을 오르며 편강렬의 무덤을 찾아다니곤 했다.

1992년 한중수교 전까지 편강렬의 무덤을 찾거나 관리하는 사람이 없었고, 1995년 편강렬 의사를 기억하고 있던 사람들이 그의 무덤을 찾아보려 했지만, 오랜 세월이 지난 뒤라서 묘지를 찾을 수가 없었다.

편강렬 의사의 묘지가 있었던 것으로 알려진 금강산 일대.

　그의 묘지에는 '애사 편강렬지묘'라는 비석이 세워졌다고 한다. 나는 그의 비석을 찾을 수만 있다면 무덤도 찾을 수 있다는 희망을 가지고 여러 번 금강산 일대를 돌아다녔다. 금강산 지리를 잘 알고 있는 사람들을 동원하여 샅샅이 수색해 보았지만 비석이나 묘지를 찾지 못했다.
　아주 오래전에 조성한 묘지라 이미 봉분은 거의 다 무너졌을 것이다. 거기다가 1965년부터 10년간 중국 전역에 몰아쳤던 문화혁명 당시에 한국사람들의 묘비나 무덤이 많이 훼손되었다고 하니 안타까울 따름이다.
　나는 편강렬의 무덤을 찾는 일을 잠시동안 멈출 수밖에 없었다.
　앞으로 편강렬 의사의 묘비와 묘지를 찾을 수만 있다면 그의 무덤 앞에 엎드려 삼천리 강산에 흐드러지게 피어있는 무궁화꽃 한 송이 올려 놓고 싶다.

독립군 비밀기지, 비현정미소

단동시내에서 금강산 쪽으로 가다 보면 제법 깊은 골짜기가 단동시 칠도구이다. 이곳은 1910년 경술국치 후에 평안도 사람들이 압록강을 건너와 정착하여 농사를 지으며 살던 마을이었다. 이 마을에는 평안북도 의주군 비현면에서 이주한 김재엽이 경영하던 정미소가 있었다. 겉으로는 평범한 방앗간이었지만 단동지역 독립투사들의 은신처이며 비밀기지였다. 비현정미소는 대한독립단, 광복군 사령부, 대한청년단의 비밀연락 장소이기도 했다.

비현정미소는 단동지역 한인들의 벼를 도정해주며 왜경들의 감시를 피해 독립군 무기를 숨겨두었고, 국내에서 만주로 망명하는 애국지사들의 은신처였으며, 상해임정으로 보내는 독립자금의 보관처였다.

대한독립단 대표와 참의부 참의장을 지냈던 김승학의 한국독립운동사를 보면, 비현정미소는 국내에서 모금한 독립자금을 전달하고 무기를 구매하여 보관한 뒤 대한독립단이나 광복군 사령부(관전현 홍통구)로 전달하였다고 기록하고 있다. 그리고 그의 회고록에 보면 비현정미소에 대한 내용이 나온다.

내가 상해에서 이륭양행 배편으로 단동에 도착하여 한복을 갈아입어 노동자 행색으로 차리고, 이옹(李翁)을 인로자(引路者)로 하여 안동현 칠도구(七道溝) 비현정미소(枇峴精米所)로 갔더니, 주인 김재엽(金載燁)이 밖으로 나와서 하는 말이 왜경들이 십여 일 째 매일같이 와서 내가 상해에서 나왔다고 야단을 하는 터이니, 다른 데로 피하라고 한다.

비현정미소가 있었던 단동시 칠도구

　비현정미소 위치는 정확하게 알려지지 않았지만 칠도구에 세워졌던 것만은 사실이다. 현재는 칠도구에 조선족 교회가 있어 조선족 동포들이 일요일마다 모여 예배를 보는 동네이다.

압록강변에서 순국한
이명하 의사
⋮

　　　　　　　　　　항일의병장이며 대한독립단원 이명하 의사가 일본경찰과 전투에서 순국한 장소는 단동시내에서 동북쪽으로 25km 떨어진 구련성 애하(靉河) 강변이었다.

이명하 의사   이명하 의사의 묘

　나는 단동에서 버스를 타고 구련성 애하 강변에 내렸다. 애하의 하구 쪽으로 압록강이 보였고, 그 너머로 북한의 의주시내가 가깝게 눈에 들어왔다. 이명하 의사와 보합단원들이 일본 영사관 경찰과 전투를 벌였던 애하강변에서 나는 이명하 의사의 파란만장한 생애를 떠올리며 고요히 고개 숙여 묵념을 올렸다.

　이명하는 항일의병장 의암 유인석의 문인으로 경상북도 문경에서 1906년 창설된 이강년 의병진에 참여하여 소모장으로 활동하면서 일본 군경과 무장투쟁을 벌이는 한편 친일민족반역자들을 처단하여 민족의 기를 드높였다.

　그리고 이강년 의병장과 함께 1907년 말 13도창의군을 결성하여 서울진공작전을 전개하는 데 참전하였으나, 의병이 패한 뒤 이강년 의병장의 지시로 전국각지를 돌아다니며 의병운동의 재기를 촉구하다가 일경에 피체되어 서대문 형무소에서 옥고를 치렀다.

대한독립단 활동지였던 구련성 애하강변

1910년 8월 29일.

경술국치를 당하여 식민지 국가로 전락하니 그 통탄함을 어떻게 말로 다 표현할 수 있겠는가.

이명하는 만주로 망명길을 떠나 관전현 청산구에 있던 이진룡 의진에 합류하여 이국땅에서 무장투쟁을 계속하였다. 경의선 열차를 폭파하고, 일본군 기지를 습격하고, 일본 앞잡이 밀정들을 처단하여 왜놈들의 간담을 서늘케 하였다.

1919년 3·1운동이 일어났을 때 이국 땅 만주에서 풍찬노숙(風餐露宿)하며 조국독립을 위해 고군분투하던 독립투사들은 감격하여 눈물을 흘렸고, 더욱 항일투쟁에 매진하게 되었다.

조국 강토에서 일본을 몰아내고 나라를 되찾기 위하여 군자금을 모금하고, 독립군을 모집하고, 무기를 구입하여 국내진격작전에 임할 군비양성에 더욱 박차를 가하며 항일독립전쟁의 혈전(血戰)을 준비하였다.

이명하는 1919년 4월 유하현 삼원포에서 결성된 대한독립단 무장대에 참여하여 여러 차례 국내 진공작전을 수행하면서 일본 군경과 수많은 전투를 벌였다. 그리고 국내의 평북지방을 중심으로 활동하던 항일무장단체 보합단과 연계투쟁을 전개하면서 의주, 용천, 선천 등지에서 친일파 관리들을 숙청하고 부호들로부터 군자금 모집활동을 벌였다.

그러나 적은 멀리 있는 것이 아니요, 늘 가까이 있었으니 평북 경찰서 밀정의 밀고로 또다시 감옥에 갇히는 몸이 되었다.

옥중에서 고문으로 만신창이가 되어 옥문을 나선 이명하는 평안북도 의주 동암산 동굴에서 항일투쟁을 전개하던 보합단원들과 함께 했다. 왜놈들의 심장부라 할 수 있는 안동일본영사관의 거점지역이던 압록강 대안의 안동지역으로 본부를 이동하고 이진룡 등의 독립투사들을 검거하였던 안동 일본 영사관 경찰 오카무라 경부보를 사살, 그의 앞잡이 노릇을 하던 밀정 주계수를 붙잡아 총살하였다.

이명하는 다음 작전을 준비하기 위해 1921년 3월 3일 구련성 소운주 집에 모여 숙의를 하던 중 일본경찰대의 습격을 받았다. 이명하와 보합단 안중석 백학원 등은 일본 경찰과 총격전을 벌였으나 화력과 인원이 우세한 일본 경찰의 집중 사격을 받고 백학원, 안중석, 박초식, 정인복 동지와 함께 애하강변에서 순국하였다.

나는 단동으로 돌아와 관전지역의 항일유적 답사를 준비했다. 그리고 이국에서의 생활이 힘들고 외로울 때마다 압록강에 나가 강변을 산책하며 헝클어진 마음을 다잡고 추스르며 외로움을 날래곤 했다.

'누구도 알아주지 않는 일을 왜 하느냐?'

답사를 다니다 만난 한국인 여행자의 말이 떠오른다.

'지금까지 그런 일에 관심을 가지지 않고 살아도 먹고사는 데 전혀 지장이 없었다.'

빈정거리는 사람들의 비웃음 소리가 들린다. 나는 왜 이토록 고독하고 힘겨운 항일유적 답사를 다녀야만 하는 것인가.

나 자신을 돌아보는 시간이었다.

말없이, 유유히 흘러가는 압록강을 바라본다. 분단된 강토에서 신음하는 북녘동포들, 신의주로 뻗어있는 철길, 저 멀리서 철교를 건너오는 독립투사들의 모습이 겹쳐온다.

나는 숙소로 돌아가 또 다시 배낭을 꾸리기 시작했다.

이명하와 보합단이 활동했던 평안북도 의주지역

압록강철교 일출

단동시 압록강변 전경

단동시 월량도

2장

항일무장투쟁의 성지
― 관전현

관전현 항일유적

조선혁명군 양기하 장군 활동 유적지

우리는 대한의 청년이다
-대한독립청년단연합회 유적을 찾아서

2007년 8월 29일. 나는 아침 일찍 단동의 시외버스터미널로 나갔다. 대한독립청년단연합회가 창설되었던 관전현 홍통구(弘通溝)로 직접 가는 버스는 없었다. 나는 할 수 없이 홍통구에서 가까운 곳에 위치한 양목천(楊木川)으로 가는 버스를 탔다.

중국에서 답사를 다니다 보면 교통편이 항상 골칫거리였다. 워낙 땅이 넓어서 그런 것도 있지만 아직은 시골 오지까지 교통망이 발달하지 못했기 때문이다. 단동에서 홍통구까지 거리는 70km이며, 양목천에서 다시 버스를 갈아타고 한참 더 들어가야 하는 산골마을이었다.

오전 8시 30분에 단동을 출발한 버스는 곧게 뻗은 버드나무 가로숫

관전현 양목천 시내

길을 달려 한 시간만에 양목천에 도착하였다.

　버스에서 내리자 뜨거운 기운이 온몸으로 와락 달려든다. 날씨가 얼마나 무더운지 가만히 서 있어도 땀이 쏟아졌다. 뜨거운 햇살에 알몸을 드러내고 있는 아스팔트가 엿가락처럼 녹아내릴 정도였다.

　나는 양목천에서 홍통구로 가는 차편을 알아보려고 도로변의 잡화점으로 들어갔다. 생수와 빵을 산 뒤에 무표정하게 앉아 있는 주인여자에게 홍통구로 가는 버스 시간을 물었다.

　그녀가 무표정한 얼굴로 30분 뒤에 출발한다고 퉁명스럽게 대답했다.

　중국에는 아직까지 손님에 대한 서비스 개념이 없다. 시골로 갈수록 더 심하다. 물병에 먼지가 잔뜩 묻은 생수를 팔면서도 미안해하지 않는다. 가게 안이 지저분해도 부끄러워하지도 않았다.

　나는 홍통구에서 이곳으로 오는 버스는 몇 시에 있느냐고 물었다. 몸이 비대해서 그런지 꼼짝도 하지 않고 고개만 조금 들어 내 얼굴을 한참 쳐다보더니 어디서 왔느냐고 물었다. 내가 단동에서 왔다고 대답하자 고개를 몇 번 갸우뚱거리더니 버스는 내일 아침에나 이곳으로 돌아온다는 것이었다. 내가 우려했던 일이 현실로 나타난 것이다. 낭패가 아닐 수 없었다. 버스가 하루에 한 번밖에 운행하지 않는 농촌이기에 숙박시설이 없을 게 불 보듯 뻔했다.

　중국에서 여행을 다닐 때는 언제나 교통편을 정확하게 알아보고 출발해야 한다. 그렇지 않으면 발이 묶인 채 숙박시설도 없는 시골에서 곤욕을 치르기 십상이다. 중국인들은 외부에서 온 낯선 사람들과 쉽게 대화를 하지 않는다. 낯선 사람을 무척 경계했고 심할 경우에는 공안(公安: 경찰)에 신고하기도 했다. 공산주의 국가의 특징 중에 하나인 신고정신이 농촌으로 갈수록 투철했던 것이다.

대한독립청년단연합회가 창설된 홍통구, 광복군 사령부가 있었던 향로구(香爐溝)를 찾아가며 한 장의 지도만 달랑 들고 떠나왔으니 어쩌면 이런 고초는 당연히 겪을 수밖에 없는 일인지도 모른다. 그렇다고 이대로 답사를 포기하고 단동으로 돌아갈 수는 없는 일이 아닌가.

나는 하루에 홍통구와 향로구를 답사하고 단동으로 돌아갈 수 있는 방법을 찾아야 했다. 내가 가져온 지도상으로는 양목천에서 홍통구까지는 그리 멀지 않은 거리에 있었고 향로구는 바로 옆 동네로 표시되어 있었다.

나는 짧은 중국어로 손짓발짓을 다 섞어가며 뚱보 아주머니에게 홍통구를 갔다 올 차편과 안내자를 구해달라고 했다. 아주머니는 눈만 껌벅거리고 앉아 내 말을 못 알아듣겠다는 표정을 지어보였다. 난 맥이 풀렸다. 홀로 답사를 다니며 언어소통의 어려움을 겪게 될 때마다 중국어를 더 열심히 배우지 않았던 걸 후회하지만 이미 때는 늦은 것이다. 나는 무슨 수단을 써서라도 홍통구에 가야만 했다. 지금까지 잊히고 버려진, 아무도 찾지 않는 홍통구에 나 혼자라도 찾아가서 대한독립청년단 유적지를 세상에 알려야 한다고 생각했다.

나는 메모지를 꺼내 내 뜻을 한자로 써서 아주머니에게 내밀었다. 뚱보 아주머니는 나를 힐끔 쳐다보더니 글자를 못 읽는다고 태연하게 손을 가로젓는다. 그녀는 문맹자였던 것이다. 나는 다른 상점으로 가서 차편을 구하는 수밖에 없었다.

한참 동안 몇 군데 상점을 돌아다닌 뒤에야 겨우 홍통구로 가는 차편과 안내인을 구할 수 있었다. 그런데 금방 도착한다던 차와 안내인은 한참을 기다려도 좀처럼 나타나지 않았다. 내가 시계를 가리키자 고깃

홍통구 가는 길(장전 방향)

대한독립청년단 유적지 홍통구 가는 길(현양입자촌 삼거리)

집 아저씨가 귀찮다는 표정으로 다시 전화를 건다. 그리고 나를 향해 씨익 웃더니 마쌍(馬上 금방, '곧' 이라는 의미)이라 말했다. 그러나 30분을 더 기다려도 차는 오지 않았다. 야! 중국 사람들은 30분을 곧, 금방이라

장전진. 홍통구 가는 길

고 말하느냐고 소리를 지르고 싶은 걸 꾹 눌러 참으며, 훅훅 달아오르는 불볕더위를 손부채로 쫓으며 기다릴 수밖에 없었다.

한참 더 시간이 지난 후에야 고깃집 주인이 소개한 사람이 트럭을 몰고 나타났다. 나는 어이가 없어 그냥 웃고 말았다. 폐차 직전의 고물 트럭이었다. 어이없어 하는 나의 표정을 본 고깃집 아저씨가 손짓발짓을 섞어가며 짜증스럽게 말했다. 홍통구에서 향로구 가는 길은 도로포장이 안 되어 있고 길이 험해 승용차로 가기가 힘들다는 뜻인 것 같았다. 이미 많은 시간이 흘러간 뒤였고, 달리 방법을 찾을 수도 없는 상황이었다. 나는 왕복 100위안을 주기로 하고 트럭에 올라 쓰레기장을 방불케 하는 옆자리에 조심스럽게 앉았다.

오전 11시를 넘긴 뒤에야 에어컨도 없는 트럭을 타고 홍통구를 향해서 출발했다.

대한독립청년단 연합회 유적지에 가다

⋮

양목천을 벗어난 트럭이 토문령이란 고개를 넘어서자 하늘을 찌를 듯이 서 있는 천년 고목이 시뻘건 천을 칭칭 감고 서 있다. 중국식 서낭당이었다.

고목나무를 지나 오른쪽 작은 길로 들어선 트럭은 얕은 개울을 따라 20여 분을 달려 광복군이 활동하던 현양립자(玄洋砬子)에 도착했다.

현양립자를 떠난 트럭은 잠시 후 추가보 갈림길에서 오른쪽 길로 접어들었다. 양쪽으로 높은 산줄기가 병풍처럼 서 있는 좁은 골짜기로 난 길이었지만 비교적 평탄했다. 양목천을 떠난 지 40분 만에 홍통구에 도

토문령 고목나무(대유수촌)

홍통구 겨울 풍경

착했다.
　관전현 홍통구는 1919년 11월 초 김승만, 안병찬 등이 창설을 주도했던 대한독립청년단 연합회의 본부가 있었고, 향로구는 광복군 사령부, 광제청년, 흥업단이 창립되어 활동하던 곳이었다.

> 청년은 국민의 중심이며, 국가의 기초이므로
> 청년이 중심이 되어 조선의 국권을 회복하여야 한다.

대한청년단연합회 취지서의 첫머리이다.
　1919년 12월 25일에 관전현 향로구에서는 전국에서 온 청년단 대표 50여 명이 참석한 가운데 제1회 총회가 열렸다. 총회에 참석한 단체는

대한청년단 본부가 있었던 훙퉁구 전경

안동현의 대한독립청년단, 관전현의 광제청년단, 의주 용만청년단·강계청년단·위원청년단·강계여자청년단 등 80여 개였다.
  대한청년단연합회의 목적과 활동방향은 총회에서 총재인 안병찬이 행한 연설에서 분명하게 확인할 수 있다.

첫째로 대한청년단연합회는 대한민국임시정부를 지지한다.
둘째로 항일무장 투쟁을 위한 의용단을 조직한다.
셋째로 악질적인 일본관리와 친일반역자의 처단에 앞장 선다.
넷째로 기관보《대한청년보》를 발행하여 선전활동을 강화한다.
다섯째로 임시정부 교통기관을 적극적으로 후원한다.

총회에서 선임된 연합회 임원은 총재 김승만, 부총재 박춘근, 총무 김찬성, 편집부장 함석은 등이었다. 연합회에서 가장 심혈을 기울였던 것은 독립자금 모금과 의용단 조직을 통한 무장활동의 전개였다.

대한청년단 연합회의 항일투쟁 활동에 위협을 느끼고 있던 조선총독부는 안동일본영사관 경찰에게 지시하여 관전현 홍통구(弘通溝)에 있는 연합회 본부를 습격하게 했다. 1920년 5월 3일 새벽이었다. 갑작스런 습격에 연합회 본부는 속수무책으로 당할 수밖에 없었다. 총재인 안병찬, 서기 오능조, 단원 박도명, 김인홍, 양원모 등 5명이 체포되었고, 편집부장 함석은은 왜경의 무차별 사격으로 대퇴부 관통상을 입고 총살형이 집행되어 계곡에 버려졌으나 한족 주민의 도움을 받아 구사일생으로 살아났다.

잊혀진 독립투사, 함석은

함석은(咸錫殷)은 1892년 8월 19일 평안북도 용천에서 태어났다. 함석은 투사는 《씨알의 소리》의 발행인이자 독재정권에 항거하며 민중계몽운동을 전개했던 함석헌의 육촌형이다.

함석은은 일본 유학을 다녀와 평양 숭덕학교(崇德學校) 교사로 근무하면서 학생들에게 항일민족의식을 고취했다.

1919년 2월 25일 평양 오산학교 창설자인 이승훈의 연락을 받고 윤원삼, 황찬영 등 평양지역의 기독교 청년들과 회합하여 만세운동을 계획했다. 3월 1일 숭덕학교에 평양의 각급 학교 학생과 교사들을 규합하여 만세시위를 주도한 후 만주로 망명하여 조재건(趙在建), 오학수(吳學洙), 지응진(池應振), 박영우(朴永佑) 등과 함께 안동(安東)에서 대한독립청년단을 조직했다. 이어 안병찬, 김승만 등과 함께 각지의 청년단을 통합하여 대한청년단연합회를 조직하고, 조직부장으로 활동했다.

대한독립청년단 단장 김승만

1920년 일본경찰의 습격 때 구사일생으로 살아난 함석은 투사는 동지들의 복수와 무장투쟁을 위해 안동(현재 단동시)에서 무기구입을 시도하다가 일본경찰에 또다시 체포되었다. 1921년 5월 평양고등법원에서 3년형을 선고 받고 복역한 후 1924년 만주로 건너가 독립투쟁을 준비했으나 옥중에서 당한 고문으로 재발한 총상

함석은 투사

대한청년단 활동지 홍통구 계곡

함석은 열사가 활동했던 단동시

후유증 때문에 그토록 바라던 조국광복을 보지 못하고 생을 마감했다. 그의 나이 서른셋이었다.

　홍통구에서 나는 가슴 깊은 곳에서 뜨겁게 솟아오르는 감격을 느꼈다. 조국독립을 쟁취하기 위해 압록강을 건넜던 젊은 투사들. 그들의 조국사랑의 외침이 골짜기마다 울려 퍼졌던 역사의 현장에 내가 와 있는 것이다.

　홍통구는 산골짜기로 난 좁은 길을 달려오며 생각했던 것보다 훨씬 넓은 평지에 자리 잡은 마을이었다. 나는 트럭기사에게 잠시 기다리라고 하고 동네 안으로 들어갔다. 이십 여 호의 집들이 옹기종기 모여 있는 고요하고 평화로운 마을이었다. 동네 주위로는 높은 산들이 둘러싸고 있고 골짜기마다 몇 채의 집들이 들어앉아 있는 것이 보였다. 홍통구 마을 옆으로 맑고 깨끗한 시냇물이 흐르고 있었다. 나는 달려가 발이라도 담그고 싶은 마음을 누르고 기사가 기다리는 곳으로 갔다.

나는 대한청년단의 항일투쟁에 대해 알고 있을 만한 조선족 동포를 찾기 위해 촌장 집으로 찾아갔으나 홍통구에는 한 사람도 살지 않는다고 했다. 난 그만 맥이 탁 풀렸다. 얼마나 어렵게 찾아온 곳인데 우리 민족의 이야기를 허심탄회하게 나눌 동포가 한 사람도 없단 말인가.

1920년대 독립운동의 중심지였던 홍통구에 한족(漢族)들만 살고 있다는 사실이 믿어지지 않았다. 얼마나 많은 동포들이 압록강을 건너와 중국인들의 차별과 횡포를 견디며 피땀 흘려 개척한 마을인가. 얼마나 많은 사람들이 피를 흘리며 항일투쟁을 견지했던 곳인가.

나는 착잡하고 안타까운 심정을 달래며 마을 노인들을 몇 사람 만나 보았지만 낯선 사람의 갑작스런 방문에 경계 어린 눈빛으로 그저 부쯔따오(不知: 모른다는 뜻의 중국어)만 연발하고 있었다. 다른 지방에서 이주한 노인들이었기에 이곳에서 항일투쟁이 벌어졌던 사실조차 아는 사람이 없었다. 홍통구에서 가장 나이가 많은 한족 노인 장씨 집을 찾아갔지만 그는 산동반도 사람으로 모택동과 장계석이 싸웠던 국공내전에 참전하였다가 고향으로 돌아가지 않고 이곳에 눌러 앉았던 사람이었다. 1945년 해방을 맞아 한국으로 돌아간 사람들이 살았던 집과 농도를 고스란히 받아 살고 있는 것이다. 나의 첫 번째 홍통구 답사는 아무 소득도 없이 끝내야 했다. 다음 목적지인 향로구로 가기 위해 무거운 발걸음을 돌렸다.

1920년대 항일무장투쟁의 중심지,
향로구(香爐溝)

홍통구에서 출발하여 야트막한 고갯길을 넘어서자 기사가 여기부터 샹루거우(향로구)라고 말했다. 그리고 내게 물었다. 향로구에는 7개의 소조(小組: 작은 마을 단위)가 있는데 어느 곳으로 가느냐고 물었다. 나는 당황했다. 광복군 사령부가 창설된 곳이 향로구라는 사실만 알고 있던 나로서는 사령부가 어느 동네에 있었는지 몰랐기 때문이다. 나는 향로구에 가기만 하면 광복군사령부 본부나 활동 유적지들을 찾을 수 있을 것이라는, 그저 막연한 생각을 가지고 있었던 것이다.

한국독립운동사에 기록된 중국의 지명들이 1949년 중국 정부수립 이후로 많이 바뀌었고, 90년이란 세월이 흘러가는 동안 아무도 향로구의 항일유적을 답사한 적이 없었기에 어느 마을에 사령부가 있었는지에

홍통구에서 향로구로 가는 길

광복군사령부 유적지 향로구 전경

대한 정확한 기록이 없었다. 그리고 한국의 독립운동과 관련된 역사유적들이 거의 보존되지 않고 훼손되거나 사라지는 경우가 많았다. 훙퉁구와 향로구도 그런 현실에서 예외일 수 없었던 것이다.

정확한 답사 안내서나 자료도 없이 배낭 하나 메고 홀로 항일유적의 답사를 다니다보면 진퇴양난의 곤욕스런 상황들을 종종 겪게 된다. 오늘의 상황 역시 유적답사의 초행길에 흔히 겪을 수밖에 없는 일이었다.

나는 트럭기사에게 촌 사무소가 있는 동네로 가자고 했다. 중국은 촌마다 인민위원회가 있는데 한국의 동사무소 역할을 하는 곳이다. 그리고 덧붙여 만약에 향로구에 조선족이 살고 있다면 그 집으로 가도 좋다고 했다. 그러나 그의 대답은 한마디였다. 메이요! 없다는 뜻이다.

오늘의 향로구 답사 역시 별 소득도 없이 끝날 것 같은 불길한 생각

향로구 (현재 향양) 모습

이 머리를 스쳤다. 트럭 기사는 아무리 봐도 30대 중반 정도밖에 되지 않아 보이니 광복군에 대해 알 리가 없겠고, 조선족도 살고 있지 않다고 하니 어찌하면 좋을 것인가. 그렇다고 이대로 단동으로 돌아갈 수는 없었다.

　나는 촌사무소에 가서 나이 많은 노인이라도 찾아볼 생각으로 향로구 촌사무소로 가자고 했다. 트럭기사는 불만스런 표정으로 차를 몰아 몇 개의 마을을 지나더니 향양(向陽) 인민위원회 앞에 차를 세웠다.

　내가 의아한 얼굴로 기사를 쳐다보자 그는 여기가 향로구인데 지금은 지명이 향양으로 바뀌었다고 했다.

　나는 트럭에서 내려 인민위원회의 문을 열고 들어가려 했는데 문은 굳게 잠겨 있었다. 내가 문을 두드렸지만 인기척조차 없었다. 몇 집을 돌아다니며 사람을 찾아보려 했지만 모두가 빈집뿐이었다. 동네사람들이 대문을 열어 놓은 채 밭으로 일을 하러 간 것 같았다.

　향로구도 사방이 산으로 둘러싸이고 가운데 들판이 펼쳐진 전형적인 분지 모양이었다. 나는 카메라를 꺼내 연신 촬영을 하면서 마을을 돌아다녔다. 그런데 신기할 정도로 사람 그림자도 볼 수가 없었다. 분명 사람이 사는 동네인데 모두들 어디로 간 것일까. 나는 골짜기가 바라보이는 언덕으로 올라갔다. 저 멀리 골짜기 안에 사람들이 모여 있는 게 보였다. 긴 장대에 매달린 여러 가지 색깔의 깃발이 보이는 것으로 보아 이 동네 누군가가 죽어서 장례를 치르고 있는 것 같았다. 나는 언덕에서 내려와 기사가 기다리고 있는 곳으로 갔다. 그리고 장례식을 치르고 있는 골짜기로 가자고 했다. 트럭기사의 얼굴이 갑자기 굳어진다. 가뜩이나 툭 튀어나온 입이 몹시 씰룩거리기까지 하는 것이었다.

　나는 할 수 없이 동네를 돌아다니며 사진을 몇 장 더 찍은 다음에 트럭을 타고 양목천으로 돌아와야 했다.

  나는 심하게 덜컹거리는 트럭에 앉아 멀어져가는 향로구를 바라볼 수밖에 없었다.

  총 인원이 3,000명이 넘는 광복군 사령부가 주둔하고 있었던 마을치고는 그렇게 넓지가 않았다. 더구나 가구 수가 이십 여 호에 지나지 않고 사람들도 많이 살고 있지 않은 것이 조금은 의아했다. 이제 홍통구와 향로구의 정확한 위치를 알았으니 다음에 답사할 때는 단동에서 차를 대절해서 아침 일찍 이리로 오리라 마음을 먹으며 입이 십리는 나와 있는 기사의 옆모습만 바라볼 수밖에 없었다.

답사 때 타고 간 트럭

향로구 광복군 사령부 유적지

  단동에서 며칠을 지낸 후 택시를 대설하여 향로구를 다시 찾았다.

  나는 향로구 인민위원회 앞에 차를 세우고 안으로 들어갔다. 담배 연기로 가득찬 사무실 안에서 사람들이 모여 앉아 마장을 하고 있었다. 나는 인사를 하고 나서 이 동네에 조선족이 살고 있는지를 물었다. 중국어가 서툴고 낯선 사람이 갑자기 들어와서 조선족을 찾는 것이 이상하게 느껴졌는지 서로 얼굴만 쳐다보았다. 나는 여권을 꺼내 보여주면서 한국에서 왔는데 옛날에 이 동네에서 조선 사람들이 독립운동 했다

광복군사령부 활동유적지 향로구 마을

는 걸 아는 사람이 있느냐고 물었다. 그런데 여기저기서 나를 향해 뭐라고 말을 하는데 그들의 말을 잘 알아들을 수가 없었다.

나는 단동에 있는 며칠 동안 향로구에 답사를 다시 하게 될 때 사람들에게 물어볼 말들을 조선족에게 미리 배우기는 했지만 그들의 말을 다 알아들을 수준은 아니었던 것이다.

마장을 하고 있던 한 아주머니가 내게 다가오더니 아주 천천히 말했다. 건너편 마을에 가면 조선족 여자가 한 사람이 살고 있다는 것이다. 사막에서 오아시스를 만난 격이었다.

그런데 이게 무슨 날벼락 같은 소린가. 그토록 힘들게 찾아간 조선족은 우리말을 거의 다 잊어버린 50세쯤 된 아주머니였다. 어렸을 때 한

관전현 향로구 마을

족에게 시집을 와서 삼십 년을 사는 동안 우리말을 쓸 일이 거의 없었다는 것이다. 나는 잠시라도 가졌던 기대가 무너져 버린 허탈감에 할 말을 잃었다. 그러나 지푸라기라도 잡으려는 생각에 어렸을 때 독립군 이야기를 들어본 적이 있느냐고 물어보았지만 아주머니는 고개만 흔들 뿐이었다.

나는 맥빠진 걸음으로 그 집에서 나오다가 이 동네에서 제일 나이가 많은 사람이 사는 집이 어디냐고 물어봤다. 오늘도 그냥 이대로 단동으로 돌아갈 수는 없었던 것이다. 아주머니의 남편이 방안에서 나오더니 아주머니 집에서 얼마 떨어지지 않은 곳에 89세의 할아버지가 살고 있다고 말했다. 나는 그들에게 인사를 건넨 뒤 택시기사를 앞세우고 무작정 할아버지를 찾아갔다.

할아버지가 집 앞에 한가롭게 앉아서 소의 코뚜레를 만들고 있었다. 내가 어렸을 때 우리 집 마당에서 물푸레나무를 동그랗게 휘어서 칡뿌리로 묶어 코뚜레를 만들었던 할아버지의 얼굴이 문득 떠올랐다.

향로구 서광례 노인과 필자

갑자기 들이닥친 우리 일행을 보고 할아버지는 처음에는 무척 경계하는 표정이었다. 나는 할아버지에게 정중하게 인사를 드린 다음에 할아버지를 찾아온 연유를 말했다. 그리고 나는 메모지를 꺼내 한문으로 써서 옛날에 조선의 독립군이 이곳에 있었던 것을 아느냐고 물었다. 그랬더니 할아버지가 고개를 끄떡이며 1930년대까지도 향로구에 뚜리쥔(獨立軍)이 많이 있었다고 한다. 나는 너무나 반가운 마음에 할아버지 옆으로 바싹 다가서며 계속 질문을 퍼부었다.

서광례(徐光禮·89세 한족) 할아버지가 태어났을 때 그러니까 1920년대 초 향로구에는 거의 조선인들이 살고 있었고, 그들은 벼농사를 주로 지으며 살았다는 걸 아버지한테 들었다고 했다. 그리고 할아버지가 열 살이 넘었을 때도 독립군들이 긴 옷을 입고, 옷 속에다가 긴 총을 숨겨가지고 다닌 것을 본 적이 있다는 것이다. 서씨 할아버지가 말하는 긴 옷은 아마도 독립군들이 두루마기를 입고 다니던 것을 말하는 것 같았다.

할아버지는 내가 열심히 들으며 메모를 하는 것이 신기했던지 코뚜레 만드는 것도 멈추시고 환하게 웃으며 얘기를 계속 들려주었다. 1931년 일본군이 만주를 점령한 뒤에는 이곳으로 일본군들이 쳐들어와서

광복군이 주둔했던 향로구 모습

조선사람들을 집안에 가둬놓고 불을 질러서 죽이는 것을 목격하기도 했다는 것이다. 조선사람들이 그때 많이 죽었고, 1945년에 사람들이 조선으로 거의 다 가버렸다는 것이었다. 그래서 지금은 이 마을에 조선족이 김씨 아주머니 한 명밖에 없다고 했다.

독립군에 대한 서씨 할아버지의 증언을 들으며 나는 향로구를 다시 찾아오길 잘했다는 생각이 들었다. 나는 서씨 할아버지에게 향로구 골짜기에 한국 사람들이 살았던 집터나 독립군이 훈련하던 터가 있느냐고 물었다. 할아버지는 고개를 흔들더니 중국인들이 이곳으로 들어오면서 거의 다 부숴내고 옥수수 밭으로 만들거나 나무를 심어서 지금은 그 흔적조차 찾을 수 없다고 했다. 나는 독립군이 있었던 골짜기가 어디냐고 물었다. 할아버지가 자리에서 일어나더니 며칠 전에 장례식이 있었던 그 골짜기를 가리키며 천천히 말했다. 옛날에 저 골짜기는 독립군들이 주둔해 있어서 아무나 들어갈 수 없었다고 했다. 나는 할아버지와 기념사진을 찍고 나서 건강하게 오래오래 사시라고 정중하게 인사를 올렸다. 다음에 향로구에 오게 되면 꼭 찾아뵙겠다고 했지만 약속은 아직까지 지키지 못하고 있다.

향로구.

우리 민족이 척박한 만주 땅을 개간하여 옥토로 만들며 살았던 곳이었으며, 광복군 사령부가 주둔하며 항일투쟁을 전개하던 역사의 현장이었다.

남만주 항일무장투쟁의 본부, 상해임시정부 광복군 사령부

1919년 12월이었다. 남만주 일대에서 독립운동을 하고 있던 모든 단체를 통합하려는 움직임이 다시 시작되었다.

평북독판부의 조병준과 김승만, 대한독립청년단연합회의 안병찬과 김찬성, 대한독립단의 김승학이 관전현 향로구에 모여 독립투쟁단체들의 통합을 논의했다.

한족회 대표 이탁, 대한독립단 대표 김승학, 청년단 대표 안병찬 등 세 사람이 간부위원으로 피선되었고, 각 단체의 간부회의에서 승인도 받았다. 그리고 1920년 2월에 세 사람이 관전현으로 돌아와서 통일기관을 향로구에 설치하기에 이르렀다.

1920년 3월 김승학, 안병찬, 이탁이 상해임시정부로 가서 남만주 독립단체가 통합하였다는 사실을 보고하고 통일기관의 명칭을 요청하였다. 이에 대하여 상해임시정부에서는 남만주의 한인을 통치하는 기관의 명칭을 광복군 참리부(參理府)라 정하고 임시정부 내무부의 직할로 지정했다. 그리고 독립군 전체를 관할하는 광복군사령부는 임시정부 군무부의 직할로 한다는 결정을 대표들에게 통보했다.

광복군 참리부는 남만주 한인사회를 관할하는 행정조직이었으며, 광복군사령부는 독립전쟁을 수행하는 무장기관이었다. 참리부장은 항일의병장이었던 조병준이 취임하고 광복군 사령장에는 조맹선이 취임하여 참리부와 사령부의 조직책임자들을 임명하였다.

항일무장투쟁의 기치를 들고 남만주 항일단체들을 통합하여 창설한 광복군사령부는 사령장을 보좌하는 참모장에는 이탁을 임명하였고, 비서에 여순근, 군기국장 박이열, 소모국장 홍식, 제4영장 최시흥, 제5영장 채찬, 제6영장은 김창곤이 임명되어 항일무장투쟁을 전개했다.

1920년 당시 광복군 사령부에 소속된 군사는 3,700명에 이르렀으며 사령장 조맹선은 하얼빈에서 군사훈련에 전력하고, 참모장 이탁이 광

(좌로부터 시계방향으로)
김승학 안병찬 이탁 조병준

광복군 활동지역 압록강 일대

복군을 이끌고 국내외에 있는 일본경찰서 습격, 식민통치기관 파괴, 밀정 및 친일파 숙청, 군자금 모금 등의 활동을 전개하였다.

  광복군사령부는 1923년 대한통의부에 통합될 때까지 항일무장투쟁을 계속 전개해 나감으로써 1920년대 초 압록강 국경의 일제식민통치를 마비시켰다.

광복군 총영 창설지
관전현 안자구(安子溝)를 가다

2009년 10월 15일 아침 일찍 나는 단동 버스터미널에 가서 관전현(寬甸縣)으로 가는 버스에 몸을 실었다. 광복군 총영이 창설되었던 관전현 안자구를 찾아가기 위해서였다. 안자구를 가기 위해서는 장전진으로 가서 다시 차를 갈아타야 했다. 단동에서 안자구로 직접 가는 버스가 없었기 때문이다. 단동 버스터미널에 게시된 안내판에 장전진까지의 거리는 75km이었다.

날씨가 맑고 쾌청한 탓인지 관전행 버스는 빈자리가 없어 서서 가는 사람이 있을 정도로 만원이었다. 버스기사도 신바람이 났는지 연방 웃음을 흘리며 카라디오의 음악을 틀어놓고 흥얼거리고 있었다.

버스가 단동에서 20km 떨어진 곳에 있는 호산장성을 지나 압록강변을 달리고 있을 때 귀에 익은 한국노래가 흘러나왔다. 처음에는 내가 잘못 들은 것은 아닌가 귀를 의심했으나 분명히 한국노래였다. 중국 전역에 이미 무섭게 불기 시작한 한류(韓流)바람을 실감할 수 있었다.

버스가 압록강 하구를 지나 산길로 접어들더니 단동을 떠난 지 1시간 20분 만에 장전진(長甸鎭)에 도착했다.

장전진은 새로 지은 아파트가 산뜻한 색깔을 드러내고 있는 비교적 깨끗한 마을이었다. 나는 손님을 기다리고 있는 택시기사에게 장전진에 조선족이 살고 있는지를 물었다.

그는 다리 건너 동네를 가리키며 그곳에 조선족들이 살고 있다고 했다. 나는 기사가 가르쳐준 동네로 걸어가다가 만난 노인에게 조선족이 사는 집이 어디냐고 다시 물었다. 그는 바깥마당에 고추를 널어놓은 집

광복군총영 유적지 안자구 전경

을 손가락으로 가리키며 그 집에 조선족이 살고 있다고 했다.

내가 중국에서 답사를 다닐 때마다 조선족을 찾게 되는 것은 아직도 부족한 나의 중국어 실력 때문이기도 했지만, 조선족과 함께 답사를 가면 우선 지리를 잘 알고 또 그 동네사람들에게 독립군 활동에 대한 이야기들을 쉽게 알아볼 수 있는 장점이 있었다.

"안녕하세요."

나는 한국말로 인사를 했다. 그러자 노인이 잠시 일손을 멈추고 일어섰다.

"어데서 오셨소?"

"여쭤볼 말씀이 있어서 찾아왔습니다. 바쁘시겠지만 잠시 이야기를 나눌 수 있겠습니까?"

노인이 밭에서 나오더니 집안으로 들어가길 권한다. 나는 초면부터

관전현 장전진 모습 최형달 노인과 필자

폐를 끼치기 싫어서 정중하게 사양하고 마당에 앉아서 노인과 이야기를 나누기로 했다.

내가 한국에서 온 사람인데 만주지역의 항일유적들을 찾아다니고 있다고 말하자 노인의 표정이 밝아지더니 환하게 웃으셨다. 피는 물보다 진하다고 했던가. 처음 만난 사이였지만 한민족이라는 사실만으로도 금방 가까워질 수 있었던 것이다.

나는 광복군이 활동하던 안자구를 찾아가는데 길을 정확하게 몰라서 찾아왔다고 말했다.

노인은 안자구까지는 30공리(1公里: 1km) 정도 떨어져 있는데 지금은 지명이 바뀌어서 소구산촌 6소대를 찾아가야 한다고 했다. 그리고 요즘 발전소를 건설하는 공사가 진행중이라서 외부차량을 통제하고 있다는 말이 있는데 그곳까지 차가 들어갈 수 있을지 모르겠다고 말했다.

중국에서는 중요 시설을 건설할 때는 일반인 출입을 엄격하게 통제하는 나라이다. 발전소 건설이라면 출입이 통제될 수 있었다.

나는 당황스런 마음을 내색하지 않고 이 지역에 독립군이 활동했던 곳이 많이 있는지를 여쭤보았다.

"그럼, 이곳은 압록강을 건너가 왜놈들 주재소나 부대를 쳐부수고 돌아오기가 편리해서 독립군들이 많이 주둔하고 있었지. 장전진에서 하구쪽으로 가다보면 독립군 근거지가 여러 개 있다는 말도 들었는데 직접 가보지는 못했어."

"그럼, 안자구에 독립군이 있었다는 얘기도 들으셨어요?"

"들어봤지. 오동진은 내 고향과 가까운 의주사람이지. 그리고 여기서 한 60공리 떨어져 있는 모전자에 김석하 부대가 있다는 것도 알지."

할아버지는 광복군 총영장 오동진을 알고 있었다. 그리고 통의부와 조선혁명군에서 중대장으로 활동했던 김석하도 알고 있는 할아버지를 만난 것을 내게 행운이었다. 이제야 광복군 총영에 관한 이야기를 많이 들을 수 있게 되었다는 기쁨에 나는 할아버지 앞으로 바싹 다가앉았다.

1930년대까지 일본군이 압록강을 넘어와도 이곳에 독립군 부대가 주둔하고 있었기에 함부로 이곳으로 쳐들어오지 못했다고 말했다. 일본군이 독립군을 두려워하고 있었다는 증거라고 했다. 독립군은 낮에는 거의 움직이지 않고 밤에 주로 활동을 하였다고 한다. 그때마다 동네 사람들이 길을 안내해주고 산중으로 들어갈 때는 옷이나 짚신을 만들어주고 식량도 날라다 줬다고 했다.

최형달 노인

"독립군이 뭐 농사를 짓나 옷을 만들 줄 아나. 우리가 다 가져다 주고 방조(幇助: 돕다는 뜻)해야 독립군들도 싸움을 할 수 있었지."

최형달(崔亨達·83세) 할아버지의 고향은 평안북도 창성군이었다. 그는 어렸을 때 아버지 손을 잡고 압록강을 건너 관전현으로 이주해 온 뒤 17세 되던 해 장전진으로 이사를 와서 지금까지 농사를 지으며 살고 있다고 했다.

그 당시에는 압록강을 건너는 것이 별로 어렵지 않았다고 했다. 평안북도에서 처음 이주할 때 고향 사람들과 함께 왔는데 만주에서는 땅을 맘대로 차지할 수 있다는 말이 거짓이란 걸 그때서야 알게 되었다는 것이다. 그렇다고 고향으로 다시 돌아갈 수도 없어서 중국인이 살지 않는 산골짜기로 들어가 움막을 짓고 화전을 일궈 옥수수나 콩을 심으며 농사를 지었고, 식량이 떨어지면 산나물이나 버섯, 산열매를 따서 연명했었다는 것이다.

할아버지는 지나온 과거를 회상하며 이따금 눈을 지그시 감았다. 중국인 지주들의 횡포와 마적들의 습격, 일본인들의 차별과 냉대, 어린 시절부터 어렵고 힘들게 살아왔던 이야기를 들려주었다.

할아버지 얘기는 하루 종일 들어도 끝이 없을 것만 같았다. 나는 다음에 찾아뵙고 더 많은 얘기를 듣겠다고 말씀드린 후 안자구를 찾아가기 위해 최형달 할아버지에게 아쉬운 작별인사를 드렸다.

장전진에서 안자구로 가는 고갯길

나는 최 할아버지댁에서 곧바로 택시 정류장으로 갔다. 마침 손님을 기다리고 있는 택시를 타고 안자구로 가자고 했더니 의아한 표정으로 나를 보면서 취불리오(去不了: 갈 수 없다는 뜻)라고 말했다. 지금은 안자구까지 갈 수 없다는 것이었다. 나는 혹시 택시비를 더 받으려고 하는 것 같아서 돈을 더 주겠다고 했지만 택시기사들은 갈 수 없다는 말만 되풀이했다. 나는 안자구로 가는 것을 포기하고 단동으로 돌아올 수밖에 없었다.

광복군총영 관전현 안자구 가는 길

안자구 들어가는 입구

다음날 단동에서 사업을 하고 있는 한국인에게 소개를 받은 조선족 택시를 타고 안자구로 향했다. 이번 답사는 통역 걱정 없이 편안하게 안자구를 찾아갈 수 있게 되었다.

조선족 기사 조영택 씨는 장전에서 안자구 가는 길이 통제되고 있다는 걸 이미 알고 있었다. 그래서 장전진 방향이 아닌 양목천을 거쳐 안자구로 가는 길을 택했다. 장전진으로 가는 것보다 거리는 훨씬 더 멀었지만 지금으로서는 안자구로 갈 수 있는 유일한 길이었다.

우리는 단동을 출발한 지 1시간 40분 만에 안자구에 도착했다. 안자구는 포석하가 흐르는 곳으로부터 험한 골짜기를 따라 안으로 20여분 더 들어갔다. 양쪽으로 높은 산줄기가 뻗어있고 앞에는 높은 산이 가로막힌 마을이었다. 안자구의 정확한 지명은 관전현 장전진 소구산촌 6소대였다.

안자구도 조선족이 한 가구도 살고 있지 않았다. 나는 조기사의 안내로 안자구에서 가장 나이가 많은 노인을 찾아갔다. 이 동네에서 태어나 지금까지 살고 있는 장주로(將周老·76세 한족) 노인의 집으로 들어서자 동네 노인들이 마당에 앉아서 이야기를 나누고 있었다. 나는 한국에서 온 사람이라고 밝힌 뒤에 이곳에 한국독립군들이 주둔하던 곳이란 걸 아느냐고 물어보았다. 장 노인이 고개를 흔들더니 조영택 씨와 나를 번갈아보며 말했다. 조씨의 통역에 의하면 장 노인은 독립군이 있었던 것은 모르지만 김일성의 항일빨치산 부대 얘기는 들었다고 했다. 나는 항일빨치산 이야기를 들으러 온 것이 아니었다. 안자구에 있었던 광복군 총영과 오동진 장군의 이야기를 들으러 온 것이었다.

장 노인과 함께 있던 노인들은 1940년 전후에 태어난 사람들로 그들이 아주 어렸을 때는 이곳에 우리 동포들이 많이 살고 있었는데 해방

광복군 총영 오동진 장군 우물 안자구 입구 포석하(浦石河)

후에 조선으로 다 떠났다고 했다. 조국 해방을 애타게 기다리던 동포들이 1945년 광복과 함께 남한이나 북한으로 돌아간 것이었다.

나는 광복군 총영에 대한 증언들을 듣지는 못했어도 안자구를 떠나기 전에 꼭 찾아보아야 할 곳이 있었다. 광복군 총영 병사들과 총영장이었던 오동진이 국내진공작전을 마치고 안자구로 돌아와 함께 마셨고, 광복군들이 밥을 짓고 음식을 만들 때 사용하였던 우물이었다.

우물은 장 노인의 집에서 멀지 않은 곳에 있었다. 안자구 마을로 들어서면서 첫 번째 집앞을 흐르는 개울 건너에 있었다. 지금은 동네 사람들이 사용하고 있지는 않지만 그대로 보존되어 있었다.

대한독립의 정당성을
세상에 알리다
:

　　　　　　　　　　1920년 7월. 상해임시정부와 광복군총영에서는 세상을 깜짝 놀라게 할 국내진공작전을 세웠다.
　다음 달 미국의회 의원단이 우리나라를 방문하였을 때 대한독립의 정당성을 세상에 알리고, 우리 민족이 얼마나 독립을 염원하고 있는가를 표방하기 위하여 특수요원들을 국내로 잠입시켜 무장투쟁을 전개하려는 것이었다.
　임시정부는 광복군사령부 제2영장 오동진(吳東振)이 관전현(寬甸縣) 안자구(安子溝)에서 창설한 광복군총영에게 국내진공작전의 특수임무를 수행하도록 명령을 내렸다.
　광복군 총영은 광복군사령부 의용단을 주축으로 국내의 천마산대(天摩山隊)를 광복군천마별영으로, 벽동(碧潼) 파저강(비류수·현재의 훈강) 연

압록강에서 바라본 천마산

안의 무장단체인 벽파별영으로 조직된 항일무장군(抗日武裝軍)이었다.

광복군 총영장에 오동진, 군사부장 겸 참모부장 백남준(白南俊), 경리부장 이관린(李寬麟), 천마별영장 최시흥(崔時興), 벽파별영장 김영화였다. 삭주·신의주·선천 등 평안도 일대에서 조선총독부 기관을 폭파하였으며, 조선총독부경찰과 친일반민족자로 활동하는 관리와 밀정을 처단하였다.

광복군 총영 국내진격작전

광복군 총영장 오동진은 정예대원을 선발하여 특수임무를 부여한 뒤 8월 초 국내진격작전을 명령하였다.

국내진격작전 수행에 참여한 특수대원은 안경신(安敬信·女), 장덕진(張德振), 박태열(朴泰烈), 문일민(文逸敏), 정인복(鄭仁福), 임용일(林龍日), 이학필(李學弼), 김영철(金榮哲), 김최명(金最明), 김성택(金聖澤) 등으로 이들은 4개 행동대로 편성되어 각자의 임무를 부여받았다.

안경신, 장덕진, 박태열, 문일민은 평양으로 특파되었고, 정인복은 신의주로, 임용일, 이학필은 평북 선천(宣川)으로, 김영철, 김최명, 김성택은 서울로 잠입하여 대기하고 있다가 미국의원단이 그 지방을 통과할 무렵에 조선총독부와 일본 경찰서의 건물을 파괴하고, 총독부 관리와 친일반역분자를 처단하여 독립운동의 기세를 세상에 알리는 것이었다.

특별 작전에 선발된 투사들은 무더위가 기승을 부리고 있는 압록강을 건너서 은밀하게 국내로 진입하여 행동대별로 작전을 개시하였다.

안경신 일행은 평양으로 가는 도중에 안주(安州)에서 심문하는 일본인 경찰을 사살하였고, 8월 3일 평양 관청과 경찰서에 폭탄을 던져 건물을 파괴하였다.

신의주 전경

　정인복은 신의주에서 정거장 부근의 건물을 폭파하고, 임용일, 이학필은 선천 읍내에서 경찰서와 군청에 연속적으로 폭탄을 던져 폭파시켰다.

　한편, 단장 김영철이 이끄는 일행은 서울로 들어와서 미국의원단이 도착할 때를 기나리면서 조선총독부, 종로경찰서에 폭탄을 던져 국내외의 이목을 집중시켜 독립의 정당성을 알릴 준비를 하고 있었다.

　그러나 불행하게도 미국의원단이 서울에 도착하기 3일 전인 8월 20일 밤에 김영철이 경찰에 체포되었고, 폭탄과 권총 및 경고문 등을 빼앗기게 되어 서울의 거사 계획은 성공을 거두지 못하였다.

　광복군 총영의 국내진입작전은 조선총독과 일본 관리들의 간담을 서늘케 만들었고 친일파 무리들을 긴장하게 만들었으니 국내외 일본경찰과 밀정들에게 던져준 충격과 영향은 상당히 컸다. 그리고 여성독립투사 안경신의 기민한 잠입 경로와 대담한 활동은 일제 억압과 착취에 시달리고 있던 우리 민족에게 대한독립이라는 강렬한 메시지를 던져주었으며, 망국민의 가슴에 후련한 감동을 안겨준 쾌거였던 것이다.

임신한 몸으로
일본경찰의 심장에 폭탄을 던지다
:

안경신(安敬信) 의사는 1887년 평안남도 대동군에서 태어났다. 평양여자고등보통학교 2년에 재학하고 있을 때였다. 3·1운동의 만세 시위에 참가했다가 일본경찰에게 체포되어 1개월 간 모진 고문을 당한 후 석방되었다.

집으로 돌아가 고문 후유증을 치료하던 안경신은 기독교의 부인회가 통합하여 대한애국부인회를 조직하자 이에 가입하고, 애국부인회 평양본부의 교통부원으로 활동하였다.

안경신은 애국부인회의 이름으로 독립자금을 모금하여 상해 임시정부로 보내는 활동을 전개하였다. 1920년 동지들이 평안남도 경찰부에 검거되자 상해(上海)로 망명하여 임시정부 활동에 동참하였다.

1919년 8월에 미국의원단 일행이 방한하게 되었을 때 광복군총영 결사대에 박태열(朴泰烈), 장덕진(張德震) 등과 함께 참여하였다. 이때 안경신은 임신한 몸이었지만 기꺼이 국내 작전에 참여했던 것이다.

안경신은 폭탄을 품고 국내로 잠입하여 8월 3일 동지들과 함께 평안남도 경찰국 청사와 평양시청을 폭파하고, 평양경찰서에도 폭탄을 던져 건물을 파손했으며 왜경들을 부상시켰다.

광복군 총영의 공격에 놀란 경찰은 주동자 색출에 혈안이 되었다. 안경신은 동지들의 도움으로 피신을 했다. 1921년 3월 함경남도 이원군 남면 호상리에서 일본경찰에 체포되었다. 평양지방법원에서 사형선고를 받았으나, 상해 임시정부 김구 등이 안경신 구명운동의 일환으로 발표한 성명서가 주효하여 평양복심법원의 상고심에서 10년으로 감형되었다. 안경신은 감옥에서 어린아기를 키우며 옥고를 치러야 했

안경신 의사 동아일보 기사

다. 10년의 형기를 마치고 만신창이가 된 병든 몸으로 출옥한 안경신은 고향으로 돌아갔다. 그 후 안경신 의사의 행적은 알려지지 않았다. 1962년 안경신 투사의 업적을 기려 건국훈장 국민장이 추서되었다.

광복군 총영을 다시 찾아가다

2010년 10월에 광복군 총영 유적지 안자구로 다섯 번째 답사를 떠났다. 나는 아직도 광복군 총영 주둔지의 유적을 찾지 못했고, 총영에서 활동하던 독립투사들의 후손도 찾지 못한 상태였다. 나는 광복군 총영에서 활동했던 수천 명의 기록을 찾기 위해 여러 가지로 노력을 했다. 그러나 역사적 자료를 찾는 일에도 남북분단의 그림자는 여전히 드리워져 있었다.

안자구 입구 다리   단동 시외버스 터미널

  오동진, 박태열, 안경신 등의 중심인물의 출생지가 대부분 북한지역이었다. 해방 후에 남한에서 그들의 연구가 활발하게 이루어지지 않았고, 지금도 그들에 대한 자료(특히 신의주와 평양 법정의 재판기록)가 대부분 북한에 있어서 자료발굴에 어려움이 많았다.

  수천 년이 지난 고구려 유적도 찾는데 100년도 안된 광복군 총영의 유적을 찾지 못할 일이 있는가. 스스로를 위안하며 또다시 총영의 유적 답사에 나선 것이다.

  자료를 다시 확인하고 간단하게 짐을 꾸려 터미널로 향했다. 오전 8시 30분에 출발하는 버스표를 끊어놓고 어디론가 바삐들 떠나는 사람들을 바라보았다. 저렇게 많은 사람들 중에 우리 민족이 만주땅에 와서 중국인과 더불어 항일투쟁을 전개했었다는 사실을 기억하는 사람들이 얼마나 될까. 항일유적 답사를 다닐 때마다 느끼는 것은 역사는 사라지는 것이 아니라 잊혀 간다는 것이었다.

압록강 위화도

언제 보아도 시원스럽게 흘러가는 압록강. 푸른 물줄기 건너편으로 초라한 모습의 위화도가 눈에 들어온다. 나는 압록강변을 걷다보면 너무나 안타깝고, 가슴이 저려오는 우리 민족의 슬픈 정경을 보게 된다.

압록강을 경계로 중국 단동은 고층아파트와 초고층 건물들이 하늘을 찌를 듯 솟아 있는데 우리 민족의 땅, 신의주와 위화도는 몇십 년이 지난 곧 쓰러질 듯한 건물들만 즐비하다.

이쪽 중국인들은 30년 전만 해도 저쪽 우리 동포들이 잘 사는 걸 부러워했다고 한다. 지금은 음식쓰레기가 넘쳐나는 단동사람들과 시래기죽도 못 먹은 듯한 퀭한 눈으로 앉아 있는 나의 사랑하는 동포들을 보게 될 때, 그들이 동물원의 원숭이처럼 유람선 탄 중국인들의 사진 모델이 될 때 나는 분노하지 않을 수 없었다.

고구려 박작성 (현재 호산장성)

우리 민족은 왜 분단된 채 살아야만 하는 것일까. 원죄는 분명히 정치가들에게 있는데 죄없는 민중들이 얼마나 더 고통과 시련 속에 살아야 하는 것일까.

잠시 뒤 버스는 대한독립단 이명하 의사의 순국지인 애하를 지나 압록강 북쪽에 우뚝 솟아 있는 호산장성(虎山長成)을 지난다.

고구려의 박작성터를 바라보며 왜곡된 역사를 생각해 본다. 고구려 박작성은 어느새 만리장성 동쪽 끝이라 주장하는 중국인들에 의해 호산장성이 돼 버렸던 것이다.

버스는 그러한 역사를 아는지 모르는지 속도를 높이며 강변을 시원스럽게 달리고 있었다. 태평만 댐 위로 거대한 호수를 이루고 있는 압록강이 눈앞에 펼쳐졌다.

1시간 30분이 지나서야 버스는 나를 장전진에 내려주고 관전을 향해 달려갔다.

장전진에서 손님을 기다리고 있는 삼륜차 택시기사와 안자구로 가는 차비를 흥정했다. 그냥 출발했다가는 바가지 쓰는 낭패를 당하기 십상이었다. 지난번 가격보다 싼 오십 위안을 주기로 하고 안자구로 향했다. 여러 번 왔던 곳이라 그런지 모든 일에 다 여유가 생겼다.

나는 안자구에서 만나는 사람마다 안자구의 골짜기나 산중에 광복군이 주둔하던 밀영터가 있는지를 물었다. 오늘도 명쾌하게 답변해주는 사람은 없었다. 그렇지만 안자구 일대를 다시 돌아보며 광복군들이

안자구 노인들과 대화

활동하던 시절의 안자구의 모습을 그려볼 수 있었다.

　내가 이곳을 자주 찾아와 산골짜기를 헤매기도 하고 동네 구석구석을 샅샅이 살피며 돌아다니는 동안 동네사람들이 의아한 눈초리로 쳐다보았지만 개의치 않았다. 내 머릿속에는 오로지 광복군 총영의 유적을 찾아야겠다는 생각으로 가득 차 있었던 것이다.

　해가 서산마루에 걸릴 무렵이 돼서야 오동진 장군의 우물이 있는 곳으로 내려왔다. 혹시라도 우물을 메워버리지 않도록 정중하게 부탁을 하고 갈 생각이었다.

　이번 답사에서도 광복군 총영에 대한 증언이나 유적을 찾아내지는 못했지만, 90여 년 전에 총영을 창설하고 잔악한 일본군을 상대로 피 흘려 싸웠던 광복군들. 위대한 역사가 살아 숨 쉬는 안자구를 또다시 돌아볼 수 있었던 감동만을 가슴에 간직한 채 발걸음을 돌려야했다.

　중국 요녕성 관전현의 안자구는 광복군 총영의 숭고한 역사와 함께 우리들의 가슴에 영원히 잊히지 말아야 할 역사유적지이다.

광복군총영 주둔지 안자구 골짜기

안자구 마을

광복군 총영장이며 정의부 총사령관, 오동진 장군

⋮

2009년 여름에 충청남도 공주시 공산성에 외로이 서 있는 오동진의 기념비를 답사하러 간 적이 있었다. 그 당시 공주대학교 교수와 동행을 했는데 그는 공주에서 태어나 오십 년이 넘도록 살고 있지만 공주에 항일투사 오동진의 기념비가 있는 줄 몰랐다고 했다. 나는 그냥 그를 향해 미소 한 줌 던져주고 오동진 기념비 주위에 난 잡풀들을 뽑고 얼룩진 기념비를 깨끗이 닦은 뒤에 서울로 돌아왔다. 그렇다. 그는 그렇게 대한민국에서 잊힌 항일투사였던 것이다.

송암(松菴) 오동진(吳東振)은 1889년 평안북도 의주군 광평면 청수동에서 태어났다. 그는 평양 대성학교(大成學校) 속성사범과에 입학하여 신학문을 배웠다. 1910년 한일강제병합으로 국권이 상실된 뒤 학업을 중단하고 고향으로 돌아와 일신학교(日新學校)를 세우고 청소년들에게 민족의식과 항일정신을 고취시켰다.

1919년 3·1운동이 일어나자 고향에서 만세시위운동에 적극 참가한 후 일본경찰의 끈질긴 추적을 받게 되자 가족과 함께 만주 관전현 안자구로

오동진 총영장(상), 이관린 경리부장(중), 오동진 장군 기념비(하)

망명했다.

1919년 만주에서 윤하진, 장덕진, 박태열과「광제청년단」을 조직하고 항일투쟁에 본격적으로 뛰어든다.

오동진은 안병찬과 함께 대한독립청년단연합회의 결성에 참여했다. 그리고 남만주 독립운동 단체들이 통합된 광복군 사령부에 참여했고, 광복군 총영장이 되어 항일무장투쟁을 이끌어 나갔다.

1922년 6월 상해임시정부 국무위원 양기탁이 안자구로 오동진을 찾아왔다. 오동진은 양기탁과 함께 여러 단체로 분열하고 있는 항일독립운동 단체를 통합한 대한통의부의 결성에 참여하고 군사부장 겸 사령장이 되어 국내진공작전과 항일무장투쟁을 계속 전개했다.

1924년 7월 10일 양기탁, 이청천, 김동삼과 함께 전만통일회의주비회를 개최하여 정의부를 탄생시키고 군사부위원장 겸 총사령관에 취임하였다.

1926년 3월 현정경(玄正卿), 고활신(高豁信), 주진수(朱鎭壽) 등과 함께 항일민족통일전선을 지향하는 고려혁명당을 조직해 위원으로 활동했다. 오동진은 정의부, 고려혁명당 활동을 지휘하면서도 만주지역 한국인들의 고난의 삶을 그냥 지나칠 수가 없었다. 만주지역으로 이주한 동포들의 삶은 고초와 시련의 연속이었다. 만주벌의 강추위와 싸워야 했고, 중국인 지주들의 횡포를 견뎌야 했고, 마적패들의 습격을 당하고 일본경찰의 감시 속에서 어렵고 힘든 날을 보내야만 했다. 그러한 동포들의 삶을 누구보다 잘 알고 있는 오동진은 김동삼, 이탁, 김기풍과 농민호조사를 설립하여 한인들의 정착을 적극적으로 지원했다.

만주지역 독립단체와 한인사회에서 가장 활발한 활동을 하고 있는 오동진은 조선총독부와 일본경찰에게 언제나 두려움의 대상이었다. 오

길림성 장춘역

동진의 활동을 눈엣가시처럼 여겼던 총독부 경찰국은 현상금 10만 원을 걸고 오동진 검거에 혈안이 되어 있었다.

민족 반역의 무리는 결코 멀리 있지 않았다. 그들은 독립투사들의 주위를 맴돌며 왜놈들의 사냥개 노릇을 하고 있었다.

평안북도 고등과장 이성근(李聖根)과 고등계 주임 김덕기는 가장 잔악한 친일반역자였다. 이들은 독립운동단체인 정통단(正統團)에서 활동하다가 체포된 김종원을 밀정으로 포섭하여 오동진을 유인해 오도록 했다. 김종원은 1927년 12월 16일 오동진을 찾아가 국내의 금광재벌 최창학이 군자금을 주기 위해 만나기를 원한다는 거짓말을 했다. 정의부와 조선혁명당이 군자금이 없어 고충을 겪고 있던 것을 이용하여 오동진을 체포하려는 계략이었다. 창춘(長春)역 부근의 신음하(新蔭河)라는 곳으로 오동진을 유인해서 일본경찰이 체포할 수 있도록 음모를 꾸몄던 것이다.

신음하로 가기 위해 기차를 타고 가던 오동진은 불길한 예감에 길림(吉林) 장춘선의 흥도진(興陶鎭)역에서 내렸으나 미리 잠복하고 있던 평안북도 경찰대에게 체포되고 말았다.

오동진은 6년이란 긴 세월 동안 재판을 받게 되었고, 1932년 6월 24일 평양복심법원에서 무기형이 선고되었다. 1928년 4월에 정의부 10중대원인 김여연, 최봉복 등이 총사령관 오동진을 구출하기 위하여 입국하다가 신의주에서 체포되기도 하였다.

"나는 세계평화(世界平和)를 완성하기 위하여 '조선독립군(朝鮮獨立軍)' 사령(司令)이 되었다."

무기징역을 선고하는 일본인재판관에게 오동진 장군이 호통을 치며 한 말이다. 오동진은 상고를 포기하여 무기형이 확정되었으며, 1934년 7월 19일에는 20년형으로 감형되기도 하였으나, 모진 고문과 오랜 옥고로 공주교도소의 차가운 옥중에서 광복을 앞둔 1944년 순국하였다.

우리 조선 민중이
얼마나 독립을 원하고 있으며
쉬지 않고
목숨도 아끼지 않으며
투쟁하고 있는지
알려야 하오.
우리에게는
휴식이 있을 수 없다.
광복하고 환국하는 날
푹 쉬게 될 것이다.

　　　　－송암 오동진 장군이 독립군 장병들에게 한 연설내용 중에서

독립투사 검거에 앞장 섰던
악덕 친일경찰 김덕기

1948년 8월 15일 제헌의회에서 친일파 처단을 위한 반민족행위자 특별법을 제정하였다. 반민족행위자 재판에 기소된 반민족친일파 중에서 사형선고를 받은 자가 한 명 있었다. 그가 바로 악질 경찰 김덕기였다.

평안북도는 만주와 접해 있어서 많은 독립투사들이 활동하는 지역이었다. 그리고 만주 항일투쟁의 많은 지도자를 배출해낸 지역이었으며, 만주독립군의 국내침공작전의 주요 대상 지역이기도 했다. 평안북도에서 16년 동안이나 고등계에 몸담았다는 사실만으로도 얼마나 일제의 충견 노릇을 했을지, 김덕기의 죄상이 만만치 않으리라는 것을 쉽게 예측 할 수 있다.

실제로 김덕기의 죄상은 엄청난 것이었다. 김덕기의 자백에 의하면 16년간 검거하여 법원에 송치한 항일투사가 무려 1000명에 달했으며, 그 중 사형이 구형된 사람이 100명이 넘었고, 무기징역이나 10년 이상의 중형에 처해진 사람도 많았다고 고백했다.

김덕기에 의해 체포, 투옥 또는 사살당한 독립투사는 오동진을 비롯하여 의성단 단장 편강렬, 낭림단 단장 장창헌, 정의부 이진무, 김형출 등 만주 독립운동계의 쟁쟁한 지도자로서, 이들이 체포 또는 사살됨으로써 항일무장투쟁이 막대한 타격을 받았던 것이다. 이 가운데 오동진은 광복군사령부 총영장으로 국내와 만주일대의 항일무장투쟁을 지도하여 큰 용맹을 떨쳤다. 김동삼, 김좌진과 함께 무장 독립투쟁계의 3대 맹장중 한 사람으로 불렸다.

항일투사들을 검거하며 친일반민족 행위를 일삼던 김덕기는 반민특위 재판에서 사형을 선고 받았으나 이승만과 친일반민족 세력의 흉계로 반민특위가 해체된 후 석방되었다.

하늘은 무심치 않다고 했던가. 김덕기는 석방 후에 친일파들과 어울려 정릉 북한산에 등산을 갔다가 절벽에서 떨어져 죽었다.

김덕기는 하늘의 심판을 받고 죽었지만 이땅의 친일반역자들은 이승만의 비호 아래 경찰에서, 군대에서, 경제계에서, 법조계에서, 언론계에서 승승장구하며 출세가도를 달렸다. 오동진, 김동삼, 편강렬 등의 항일투사들이 하늘에서 통곡할 일이 대한민국에서 벌어졌던 것이다.

반민특위의 해산과 친일파 석방의 배후세력 이승만은 1919년 미국 윌슨에게 우리나라의 위임통치를 제안하는 매국노적 행위를 저지르다가 임시정부 의정원에서 탄핵을 당해 하와이로 쫓겨났었다. 조국이 해방되자 프란체스카와 함께 돌아온 이승만은 권력욕에 눈이 멀어 친일반역자들과 손을 잡음으로써 또다시 대한민국의 정기를 더럽히는 씻지 못할 죄를 범하고 말았던 것이다.

권력에 대한 욕망과 집착으로 독재정치를 자행하다가 4·19혁명에 의해 하와이로 다시 쫓겨날 때까지 그는 대한민국의 민족정신, 자주정신, 법과 정의를 탄압하며 자신의 권력유지에만 매달렸던 노욕의 정치가였다.

이승만의 그칠 줄 모르는 권력욕이 빚어낸 독재정치는 우리나라 정치사에 큰 오점을 남겼으며, 그 역시 역사에서 가장 불쌍한 정치가가 되어 비참한 종말을 맞이하게 되었던 것이다.

한국의 근대사를 위해서도, 이승만 자신을 위해서도, 상해임시정부에서 탄핵되어 하와이로 쫓겨난 후에 그는 우리 민족의 역사에 다시 나타나서는 안 될, 나서지 말았어야 할 인물이었다.

안자구 답사를 마치고 압록강 태평만까지 택시를 타고 나와 단동행 버스를 기다렸다. 압록강은 백두산 줄기에서 발원하여 이천 리 길을 흘러와 평안북도 용암포에서 서해와 합류한다. 나는 유유하게 흘러가는 압록강을 바라보며 항일투사들의 고귀한 삶을 다시 한번 가슴에 새겼다.

30여 분을 기다려 도착한 버스를 타고 단동으로 돌아오는 길에 어느새 땅거미가 지고 있었다. 어둠에 묻혀가는 압록강 물줄기 너머 북한 땅에는 작은 불빛만 깜박이고 있었다.

광복군 국내 진격작전 유적지 태평만

항일의병장 이진룡 장군의
유적지를 찾아서

︙

심양에 사는 김양(金孃·조선족)교수로부터 관전현 청산구의 항일의병장 이진룡 장군의 유적이 새로 단장되었다는 소식을 들었다. 2008년 청산구에 처음 답사를 갔을 때 이진룡 장군과 부인 우씨의 의열비와 무덤이 너무 초라해서 몹시도 실망했었다. 그런데 청산구 유적을 새로 단장했다는 말에 다시 한번 답사를 가기로 했다.

2010년 10월 26일 새벽 6시.
단동에 거주하고 있는 한국인들과 함께 이진룡 유적을 답사하기 위해 청산구로 향했다. 우리 일행은 새벽부터 서둘러 단동을 출발하였다.
청산구는 단동에서 182km 떨어진 곳에 있다. 승용차로 4시간 정도가 소요되는 곳이다. 가는 길이 워낙 좁고 험해서 생각보다 시간이 많이 걸리는 곳이라, 새벽에 출발해야 당일로 돌아올 수 있었다.
버스는 압록강변을 거슬러 호산장성을 지나 장전진 하구(河口)에 도착하였다. 하구는 독립투사들의 활동지역이었다. 이륭양행의 배를 타고 압록강 부두에 내린 독립투사들이 이곳까지 나룻배를 저어 와서 광복군 사령부가 있는 관전현 향로구나 대한독립단 본부 장음자 등으로 이동했다. 하구는 독립투쟁의 중요 교통로였던 곳이다.
험준한 산길로 무기를 짊어지고 오르내리던 하구, 안개낀 압록강으로 나룻배를 저어가서 일본주재소를 습격하고 돌아오던 하구, 의주, 창성, 선천 등지를 습격하기 위해 압록강을 건너던 선열들의 모습이 떠올라 고개 숙여 묵념을 올렸다.

압록강 철교

압록강 하구 일대. 왼쪽 지역은 중국 관전현, 오른쪽 지역은 북한 의주군

버스는 장전진에서 안자구를 거쳐 향로구, 홍통구를 지나 모전자(毛甸子)에 도착하였다. 내가 이 코스를 선택한 것은 일행들에게 광복군 총영, 대한독립청년단, 광복군 사령부 유적지를 설명해 주기 위해서였다.

우리 일행은 버스에서 내려 노흑산을 바라보았다. 나는 노흑산에 있던 항일투쟁의 역사에 대해 설명을 했다.

모전자 일대는 천마산대 이진무, 참의부 김석하, 조선혁명군 강옥성 등이 활동하던 독립군 근거지였다. 일목장군이라 불렸던 이진무 장군이 평양감옥에서 사형선고를 받고도 일본법정을 꾸짖던 목소리가 노흑산 줄기를 타고 쩌렁쩌렁 울려오는 듯했다.

버스는 관전현을 지나 우마오진(牛馬烏鎭)에 도착했다. 우리 일행은 잠시 휴식을 취하느라 길가에 앉아 추수가 한창인 가을 정취를 감상하

모전자 노흑산 전경

고 있었다. 우마오진이 조선혁명군의 근거지였던 사실을 아는 사람은 없었다. 나는 일행에게 조선혁명군 활동을 간단하게 설명드렸다.

이 강산에서 조국광복을 위해 싸웠던 대한인의 조국사랑은 어느새 잊혀 가고, 알아주는 이도 없이 쓸쓸히 이국땅에 잠들어 있을 영혼들. 그들은 누구를 위해 목숨을 바쳤는가.

우리 일행은 가을 풍경을 뒤로 하고 다음 목적지인 청산구로 향했다.

우마오진에서 30분을 더 달려서 관전현 청산구 시내에 도착하였다. 청산구는 호수와 폭포가 있는 관광지라 그런지 제법 큰 도시였다. 나는 과일가게에 들어가 이진룡과 우씨부인 영전에 올릴 제례 식품 몇 가지를 샀다. 그리고 청산구 은광자촌 이진룡 기념공원으로 향했다. 십여 분 뒤에 우리 일행은 아하강변의 이진룡 유적지에 도착했다.

이진룡 장군 유적지 앞 아하강변

우마오진 전경

관전현 청산구

이진룡 장군 항일공원

항일의병장
이진룡 장군

이진룡(李鎭龍) 장군(將軍)은 1879년 황해도 평산군 주암면에서 태어났으며 아명은 석대(錫大)이고 호는 기천(己千)이다. 이진룡은 유림가문에 태어나 문무를 겸비한 남아대장부로서 천성이 정직하며 의를 존중하는 사람이었다.

임시정부 대통령을 지낸 박은식은 독립운동지혈사에서 이진룡은 6척 장신이었으며 따를 이가 없을 정도로 강한 체력의 소유자이고 기골이 장대한 호남아라고 기록하고 있다.

이진룡은 1894년 15세에 경서를 통달할 만큼 영특하였으며 유림가문의 가정교육을 받으며 날로 훌륭한 인격을 갖추어 갔다. 유인석의 문

이진룡 장군이 독립군을 훈련했던 청산구 은광자촌 구대구

인인 사산(史山) 우병렬의 사위가 되어 유학에 정진하였으며 나아가서 의암의 제자로서 위정척사(衛正斥邪) 사상을 바탕으로 강건한 항일 민족 의식을 품게 되었다.

   1905년 26세에 을사늑약이 강제로 체결되자 고향인 황해도 평산에서 장인 우병열(禹炳烈) 등과 더불어 의병을 일으켰다.

을사늑약이 체결되던 날
하늘이 울고 땅이 통곡하던
그날
작은 섬나라
이토 히로부미의 개
이완용 박제순
이지용 이근택 권중현은
을사오적이 돼도 부끄럽지 않았다.

대한제국은
서서히 스러져가고 있었다.
원통하고 가련하다
대한 제국은
바람 앞에 꺼져가는 등불
침몰하는 강토였다.

1909년 10월 26일
안중근의 총구가 정의의 불을 뿜었다.

이토는 피를 토하고 쓰러졌다
정의는 살아있다.
살기를 바라는 자는 반드시 죽고
죽기를 기약하는 자는
영원한 삶을 얻을 것이다

1911년 10월 황해도 평산의병부대의 지휘권을 중대장 한정만에게 이양한 이진룡은 서간도로 망명하여 조맹선, 박장호, 윤세복, 홍범도, 차도선 등과 함께 장백현 무송(撫松)에서 포수단을 조직하고, 한일들에게 광복사상을 고취하며 애국지사를 소집, 무력항쟁을 준비하였다. 그리고 요녕성 관전현 청산구 은광자촌(銀鑛子村)을 거점으로 삼아 전술을

관전현 청산구 이진룡 기념공원비

익히며 권토중래, 광복의 기회에 대비하고 있었다.

이진룡은 독립부대를 조직하고 수시로 국내에 진격하여 일본주재소를 습격하였는데 하루에 백 리를 민첩하게 오갔다. 그의 빠른 걸음을 일컬어 사람들은 '번개다리(飛毛腿)'라고 불렀다.

1916년 10월 5일(음력 9월 9일) 이진룡은 군자금을 마련하기 위하여 조맹선과 더불어 6인의 부대원(황봉운, 황봉신, 김원섭, 김일, 김효선, 한치현)을 지휘하여 운산(雲山)으로 돌아오는 송금마차를 기습 공격하였다. 불행하게도 현금마차가 아니었다. 비록 호송대의 위장술로 말미암아 실패하였으나 일제의 추적을 따돌리고 전원이 무사히 만주기지로 돌아옴으로써 애국투사의 의기를 만천하에 과시하였다.

이와 같이 신출귀몰하는 이진룡을 체포하기 위하여 일제는 변절자

관전현

임곡(林谷)을 매수한 뒤 의사노릇을 가장하고 압록강 일대에서 3년이나 조사하게 했다. 결국 이진룡의 거처를 탐지하였고 1917년 5월 이진룡은 관전현에서 일본 경찰대에 체포되고 말았다.

이진룡은 일본경찰에게 세 차례나 체포된 적이 있었다. 그때마다 포승줄을 끊고 탈출하였으므로 왜경들은 철사로 이진룡의 쇄골을 꿰어 호송하였는데 관전현 태평초(太平哨)까지 왔을 때 벽력같은 소리를 지르면서 왜경 한명을 쓰러뜨렸으나 탈출에는 실패하였다.

이진룡의 부하였던 황봉신, 황봉운 등 10여 동지들이 여순 감옥으로 압송되는 이진룡을 구출하고자 호송대를 습격하였으나 실패하고 황봉신과 황봉운까지 피체되고 말았다.

신의주로 압송된 이진룡은 직업을 묻는 일본 경찰에게 "왜적을 토멸

이진룡이 갇혔던 여순 감옥

하여 나라를 구함이 나의 업(業)이다" 라고 말했다. 이진룡의 의연한 기개와 불굴의 정신을 엿볼 수 있다.

1918년 5월 이진룡은 귀순을 종용하며 회유하는 친일반역자 전옥에게 말하기를 "그런 말은 귀가 닳도록 들었으니 빨리 사형이나 집행하라!" 고 호통을 쳤으며, 일본경찰의 갖은 고문과 협박에도 불굴의 기개와 태연함을 잃지 않았다.

사형을 앞둔 어느 날 전옥이 죽기 전에 남길 말은 없는가 하고 물었다.

"유언이라 하여 새삼스러운 말은 하기 싫으나 장남에게 나 죽은 뒤에 큰 은혜가 있는 선생(스승 유인석)의 사당에 참례하여 아비 죽은 것을 고(告)하라고 전하여 달라."

이진룡은 죽는 순간에도 스승의 은혜를 잊지 않았던 것이다. 그리고 자신을 구하기 위해 달려왔다가 잡혀 사형선고를 받은 부하를 위하는 말도 잊지 않았다.

"나의 하수인(下手人)이 아닌 황봉운 형제를 처형하는 것은 실로 부당한 일이다."

이진룡은 부하들의 처형을 안타까워하는 말을 남기고 의연히 교수대(絞首臺)에 올라 죽음을 맞았다. 향년 40세였다.

이진룡의 순국 소식을 전해들은 부인 우씨도 스스로 목숨을 끊어 남편의 뒤를 따랐다.

1919년 3월 관전현 청산구에 사는 이웃 중국인들이 이진룡과 부인 우씨의 충절에 감복하여 소아하(小雅河) 언덕에 의열비(義烈碑)를 세웠다.

朝鮮義士 李公鎭龍	조선 의사 이진룡은
烈婦禹氏 倂同取熊	열부 우씨와 곰(民族)을 택했노라.
夫爲國死 文山之忠	남편은 나라를 위해 죽었으니
婦爲夫殉 洪室之風	문산(文山)의 충성이며
日沈月開 鳳翔凰翔	부인은 남편을 따라 순절하였으니
忠烈相資 吾道之光	홍실(洪室)의 가풍이라.
	해는 지고 달은 떠오르는데
	봉황은 하늘에 날고
	부부가 서로 충열을 이해하니
	이것이 우리 정신의 빛이로다.

우씨부인 의열비와 묘비

고구려의 기상이 서린 혼강변에
항일투쟁의 큰 별이 지다
- 조선혁명군 사령 양기하 장군 순국지를 찾아가다

2009년 8월 15일. 나는 하산(荷山) 양기하(梁基瑕)장군의 유적이 있는 관전현 하로하(下露河)로 향했다. 단동에서 하로하까지의 거리는 199km이며, 버스로 3시간이 더 걸리는 거리였다.

항일무장투쟁을 전개하다가 일본경찰대와의 전투에서 순국한 양기하는 대한독립단, 상해임시정부, 대한통의부, 참의부, 국민부, 조선혁명군에서 활동한 독립투사로서 항일투쟁사에 위대한 업적을 남긴 항일영웅이다.

단동에서 오전 8시 30분에 출발한 버스는 압록강변으로 곧게 뻗은 길을 달려 9시가 조금 넘은 시각에 대한독립단 관전 총관소가 있었던 고자구에 도착하였다. 고자구에서 잠시 휴식을 취하고 출발한 버스는

관전현 하로하 조선족향

관전현 보달원

하로하 조선족 민속촌   양기하 장군이 활동했던 혼강

광복군 총영 주둔지 태평초(太平哨)를 지나 의병장 유인석 장군이 말년을 보낸 보달원(步達遠)에서 15분간 정차했다. 승객들은 휴게소에 들러 간단하게 점심식사를 했다. 나는 보달원을 돌아보며 몇 장의 사진을 촬영하고 버스로 돌아왔다.

보달원을 출발한 버스는 험한 고갯길을 지나 12시를 훌쩍 넘긴 뒤에야 관전현 하로하(下露河)에 도착했다. 나는 양기하 유적으로 가기 전에 조선족식당에서 간단하게 점심을 먹었다. 그리고 택시를 잡아타고 양기하가 항일투쟁을 선개하나 순국한 연강(連江)으로 향했다. 하로하 시내를 벗어난 택시는 왼쪽 산길로 접어든다. 삼도구(三道溝) 입구였다. 연강으로 들어가는 입구에는 조선족 민속촌을 짓는 공사가 진행되고 있었다.

몹시 가파른 산길을 어렵게 넘은 택시는 험준한 내리막길에서 자꾸 주춤거린다. 갑자기 시야가 확 트이며 혼강(渾江: 비류수, 파저강) 줄기가 눈앞에 펼쳐진다. 나는 차창 가득 펼쳐지는 아름다운 풍경에 취해 잠시

양기하 장군 활동지 혼강 사도구 일대

관광을 하러 온 듯한 착각에 빠진다.

고개를 내려선 택시는 좁은 도로를 달리더니 작은 언덕배기가 있는 연강 사도구(四道溝)에 도착하였다. 혼강이 마을 앞으로 흐르고 강 건너 편으로 환인 노흑산이 높이 솟아 있는 작은 마을이었다.

나는 옹기종기 들어앉은 집들 사이로 난 길을 걸어서 양기하와 조선혁명군이 주둔하였던 유적지를 향해 올라갔다. 야트막한 산등성이 너머로 제법 넓은 평지가 나타난다. 이미 키를 넘긴 옥수수가 짙은 초록빛으로 넘실댄다. 좁은 산길을 돌아 10분쯤 올라가자 작은 바위 위에 양기하의 석상이 서 있었다. 나는 양기하 장군을 향해 묵념을 올린 후 묘지가 있는 산등성이로 올라갔다. 혼강이 내려다보이는 산등성이에 양기하의 묘가 잡풀 속에 묻혀 있었다. 나는 함께 올라간 증지(曾志·한족·35세)와 잡풀을 뽑아내기 시작했다.

아무도 돌보지 않아 풀이 무성하게 자란 양기하의 무덤, 아직도 고국으로 돌아가지 못하고 외롭게 누워있는 양하산의 묘지 앞에서 나는 고요히 머리 숙였다.

조국은 지금
양하산을 기억하고 있는가

이역만리
산중에 외롭게 누워
기다리는 조국은
너무 멀리 있다

정녕 죽어도
부끄럽지 않은 사람
가끔, 아주 가끔이라도
기억나거들랑
키 작은 무궁화
한 그루
심어주게나

하로하 사도구 양기하 순국유적지

양하산의 묘에서 내려다보이는 혼강의 물결이 유난히 푸르다. 건너편에 높이 솟아 있는 노흑산 아래로 협피구 가는 길이 보인다.

하산 양기하(梁基瑕)는 누구인가

양기하는 충남 논산군 두마면에서 태어났다. 그의 호는 하산(荷山)이며, 별명은 인원, 임창주 등이 있다.

양기하는 대한제국 말기 충청남도 공주 군수로 있을 때 1910년 8월 경술국치로 주권이 상실되자 군수직을 내던지고 서간도 유하현 삼원포로 망명하였다. 1919년 국내에서 3·1운동이 일어나자, 일본 침략을 무력으로 타도하고 독립을 쟁취하기 위하여 항일 무장투쟁 단체 조직에 착수하였고, 1919년 4월 15일 의병 출신 애국지사들과 함께 대한독립단(大韓獨立團) 결성에 참여하였다.

양기하는 대한독립단의 교통부장·선전부장을 역임하면서 대한독립단 의용군을 국내로 파견하여 군자금을 모집하고, 일본 군경 및 친일주구(走狗)들을 처단하는 국내진공작전을 수행하였다.

1921년 4월 6일 상해 임시정부의 의정원 의원으로 피선되어 상해로 갔다. 상해 임시 정부를 중심으로 항일투쟁을 적극적으로 전개하려는 생각이었다. 그러나 1923년 1월 3일부터 5월까지 개최된 국민대표회는 임시정부의 개편 문제를 둘러싸고 창조파와 개조파의 대립이 첨예화되더니 결국 파국으로 끝나 상해 임시정부의 활동영역은 더욱 좁아지게 되었다. 독립운동계의 파벌싸움과 분열을 거듭하는 임시정부의 난맥상에 실망한 양기하는 상해에서의 생활을 청산하고 만주로 돌아가 항일 무장투쟁에 헌신하리라 결심하였다. 그는 책상머리에 앉아 싸워서는

양기하 장군

양기하 석상

결코 독립을 쟁취할 수 없음을 깨닫게 되었던 것이다.

1923년 9월 대한통의부 의용군 제1중대장 백광운, 제2중대장 최석순, 제3중대장 최지풍, 제5중대장 김명봉 등이 대원 약 500여 명을 이끌고 통의부를 탈퇴한 뒤 상해임시정부로 대표를 파견하여 광복군사령부를 계승한 임시정부 직속의 통일 군정부의 수립을 요청하자 이를 기회 삼아 만주로 귀환하였다.

1924년 8월 환인현에서 김승학, 윤세용 등과 협력하여 임시정부 군무부 직속의 군사기구인 육군주만참의부(陸軍駐滿參議府)를 조직하여 항일 무장투쟁을 재개하였다. 그리고 1927년 3월에는 참의부의 교육위원장 겸 제3행정구 위원장으로 선임되어 재만 한인동포들에 대한 민족교육과 자치행정의 실현에 이바지하였다.

그런데 이 시기 만주지역 무장투쟁은 1925년 6월 11일 중국 동북군벌장작림과 조선총독부 경무국장 사이에 체결된 '삼시협정'에 따라 상황이 점차 악화되어 갔다.

조선혁명군 활동지 신빈현

상해 임시정부

만주 지역에는 1925년 이래 참의부(參議府)·정의부(正義府)·신민부(新民府) 3부가 정립함으로써 이같은 상황 변화에 능동적으로 대처하지 못하였고 민족 독립운동의 역량을 분산시키고 있었다. 애국지사들 사이에서 3부 통합의 필요성이 대두하였고, 그것은 1926년부터 국내외에서 전개되고 있었던 민족유일당운동에 의해 더욱 증폭되고 있었다. 그리고 같은 해 12월 20일 남만주 일대의 민족유일당으로 조선혁명당(朝鮮革命黨)이 결성되고, 그 당군으로 조선혁명군(朝鮮革命軍)이 편성되자

조선혁명군, 국민부 본부 유적. 신빈현 서세명의 집

양기하는 이들 두 조직에도 가담하여 항일 무장투쟁을 전개하여 갔다.

양기하는 1931년 12월 17일 신빈현 하북(河北)에 있는 서세명(徐世明)의 집에서 개최된 조선혁명당, 조선혁명군, 국민부 간부들은 긴급 중대회의에 참석하였다. 이 회의에서 조선혁명당과 국민부를 단일 조직체로 만들어 임전태세를 갖추기로 결정하면서 이미 일본군에 피체된 현익철(玄益哲)의 후임으로 당 중앙집행위원장에 이호원(李浩源)을 선출하고, 양기하를 정치부장에 선임하는 등 당과 군의 조직을 정비하고 임원을 개선하여 대일 투쟁역량을 강화하고자 하였다.

하지만 밀정들로부터 이같은 회의 사실을 탐지한 통화(通化) 일본영사분관 경찰서에서 일경 50여 명과 중국보안대 병력 100여 명을 동원하여 12월 19일 신빈현 회의장을 포위 습격하였다. 그리하여 조선혁명당 중앙집행위원장 이호원과 조선혁명군 사령관 김관웅(金寬雄), 그리고 국민부 공안부 집행위원장 이종건(李鍾建) 등 주요간부 10여 명이 피체되는 치명적인 타격을 받았다. 이른바 '신빈사변'이었다.

신빈회의에 참석했다 탈출한 양기하는 양세봉(梁世奉), 고이허(高而虛) 등과 국민부의 조직 재정비에 착수하였다. 양기하가 국민부 중앙집행위원장을 맡고, 조선혁명당 중앙집행위원장은 고이허, 조선혁명군 총사령관은 양세봉이 맡아 조직을 재건하면서 항일 무장투쟁을 재개했다.

1932년 2월 양기하는 관전현 사도구에 주둔하고 있었다.

일본 경찰은 밀정의 염탐을 통해 양기하 부대가 사도구에 주둔하고 있다는 사실을 보고 받고, 평북 초산(楚山)경찰과 위만군을 동원해 공격해왔다. 양기하와 조선혁명군은 화력과 수적 열세에도 불구하고 적들과 격전을 벌였지만 기관총과 박격포를 앞세우고 공격해 오는 왜경들의 화력을 당해낼 수가 없었다. 이틀 동안 전투를 벌이던 양기하는 혁

하로하 혼강

양기하 장군 순국 유적지 전경

요녕성과 길림성의 경계선인 혼강대교

명군 가족들을 안전하게 후퇴시킨 뒤 마지막까지 싸우다가 혁명군 부하들과 함께 전사 순국하였다.

3·1만세운동, 국내진격작전 독립군 기지, 초황구

관전현과 집안시의 가운데를 흐르는 혼강(渾江). 고구려 시대는 비류수라 불렀고, 후에 파저강이라 부르기도 했던 혼강은 초황구를 지나 압록강과 합류한다.

나는 집안시의 고마령 유적을 답사한 후에 독립군들의 국내진공작전

독립군 진지에서 바라본 초황구 마을 전경

의 중심지였으며 3·1만세운동의 출발지였던 관전현 초황구(草荒溝)를 찾아갔다.

초황구는 혼강 대교에서 압록강쪽으로 가다보면 만나는 첫 번째 마을이다. 압록강 수풍댐이 건설되기 전까지 초황구는 현재 마을 위치보다 강 아래쪽에 위치하고 있었으나 댐 건설로 수위가 높아지자 마을 사람들이 산 위로 마을을 옮겼다고 했다. 마을 앞으로 역사를 간직한 혼강이 유유히 흘러가고 있었다. 1919년 관전현 지역에 처음으로 3·1만세운동이 일어나 대한독립선언을 했던 교회당과 독립군 자녀를 모아 신교육을 실시했던 학교는 지금은 혼강 아래에 잠겨 자취조차 찾을 수 없었다.

우리 민족의 항일정신이 살아 숨쉬던 초황구 유적은 강물 아래서 고요히 안식하며 역사의 저편으로 점점 잊혀 가고 있었다.

초황구 마을 전경

초황구 독립군 진지

나는 초황구에 사는 조선족 김씨의 안내로 독립군들이 국내진공작전을 전개하기 위해 구축했던 진지를 찾아 산으로 올라갔다.

초황구 마을 입구에서 동쪽 방향으로 우뚝 솟아 있는 산봉우리를 향해 한 시간쯤 올라가자 혼강이 훤히 내려다보이는 정상에 도착하였다. 정상에는 독립군이 파놓았던 참호자리가 아직도 선명하게 남아 있었다. 일본 경찰대의 공격에 대비하여 수많은 돌을 날라 진지를 구축했던 독립군들의 피와 땀이 서려 있는 현장이었다.

정상에는 나무들이 무성하게 자라서 현재는 압록강이 잘 보이지 않지만 90여 년전에는 압록강 건너 초산군까지 바라보이는 곳이었다고 김씨는 말했다.

항일유적지를 답사할 때마다 느끼는 것이지만 역사는 사라지지 않는다 다만 잊혀갈 뿐이다라는 말을 되뇌이며 3·1만세운동의 함성이 메아리쳤던 초황구를 떠났다.

나는 혼강을 따라 십여 분 차를 달려 압록강 합류지점인 혼강촌에 도착하였다. 나는 마을 뒤쪽으로 난 길을 따라 압록강변으로 내려갔다. 그리고 일제 암흑기에 나라를 되찾고자 국내진공작전에 참전하여 압록강을 건너시다가 왜경과의 전투에서 순국하신 독립투사들의 영령들에게 고개 숙여 묵념을 올렸다.

압록강은 오늘도 유유히 흐르고 있었다.

압록강 여름 풍경(상), 혼강과 압록강이 합류하는 초황구 겨울 풍경(하)

3장
:

역사의 도시 환인현의 항일유적을 찾아서

환인현 항일유적

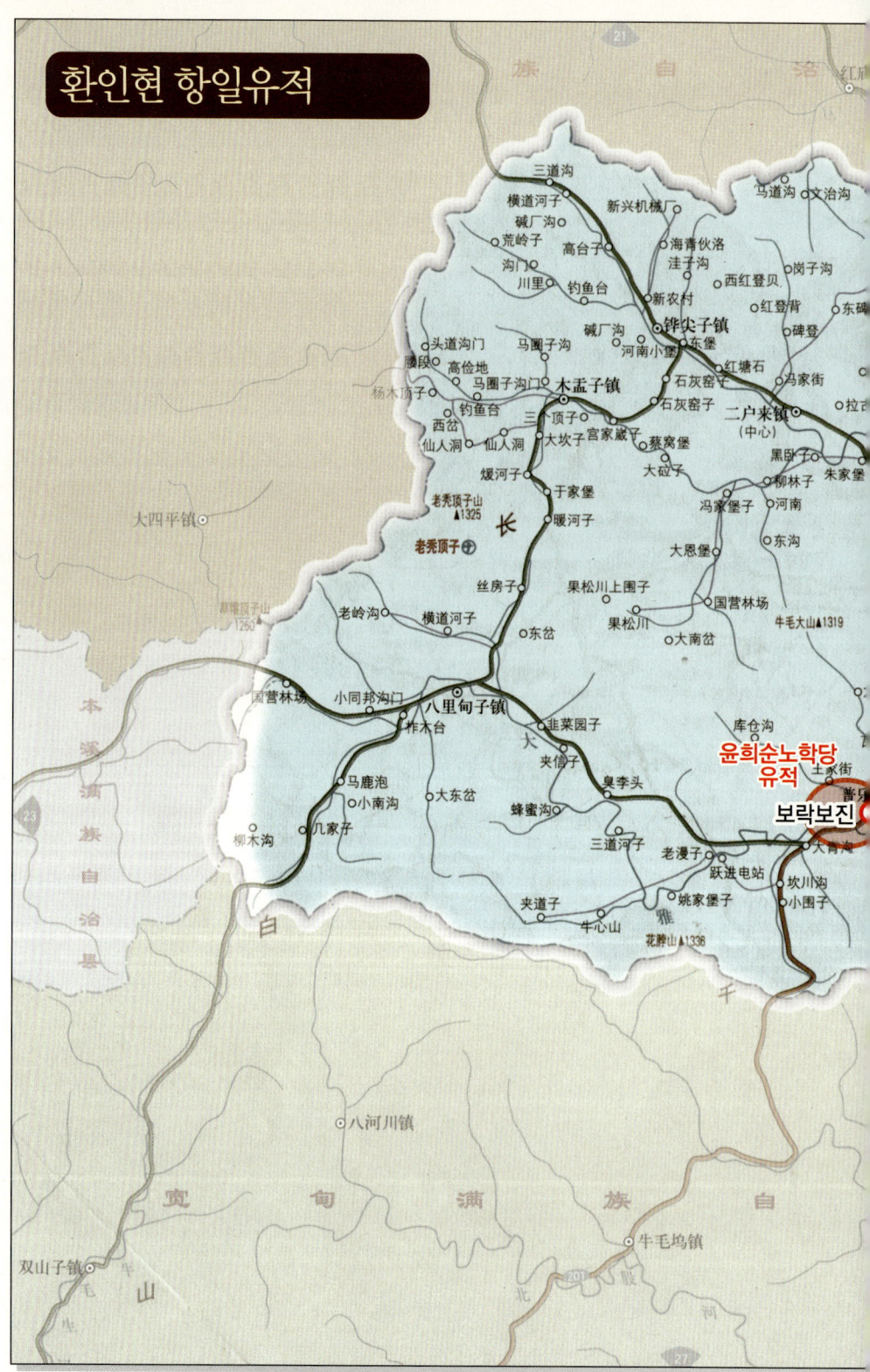

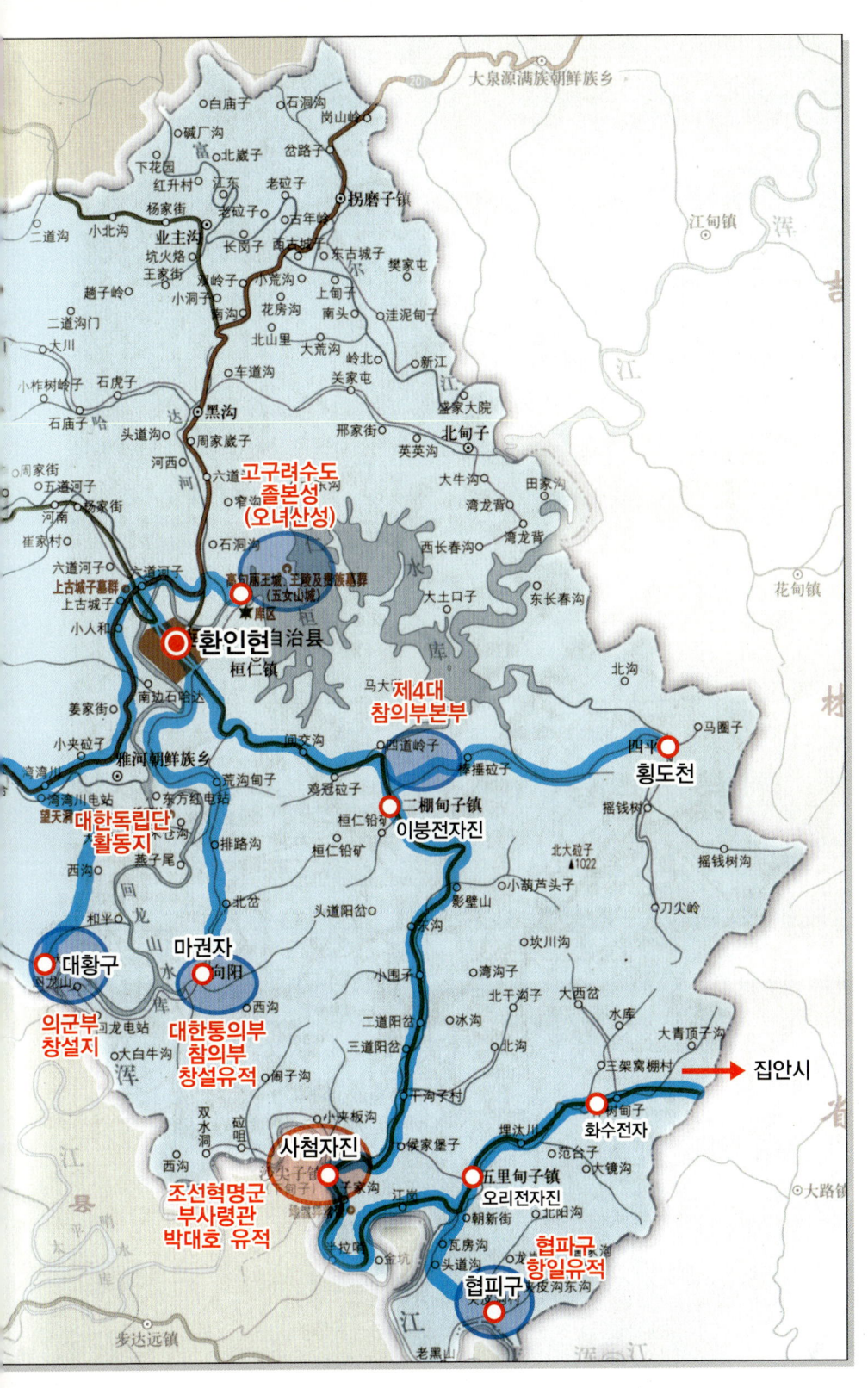

남만주 항일투쟁의 중심 유적지, 환인현 횡도천 전경

고구려의 천년고도(千年古都), 환인현으로

2009년 7월 25일. 나는 동명성왕이 고구려를 건국했던 역사의 땅, 요녕성 환인현(桓仁縣)으로 가기 위해 단동버스터미널로 향했다. 환인은 단동에서 동북쪽으로 238km 떨어져 있으며 시외버스로 4시간 30분 정도 걸리는 곳이다.

오전 8시 정각에 터미널을 떠난 버스는 가는 곳마다 손님을 태우고 내려주느라 10시 30분이 지나서야 관전현에 도착하였다. 단동에서 관전까지의 거리가 100km 정도밖에 되지 않는데도 두 시간이 넘게 걸린 것이다.

관전현은 우리 민족의 항일투쟁이 가장 활발하게 전개되었던 곳이었다. 1920년대에는 광복군사령부와 총영, 대한독립단, 광제청년단 등이 활동하였고, 1930년대에는 상해임시정부의 참의부, 정의부, 조선혁명군이 활발하게 무장투쟁을 전개했던 역사의 현장이다.

현재는 만주족의 자치현이 되었지만 1945년 해방이 되기 전까지의 관전현은 우리 민족이 많이 살던 지역이었다.

관전현 버스터미널에서 한참 동안 기다리며 승객을 더 태운 버스는 11시가 다 되어서야 환인으로 출발하였다. 중국에서 시외버스를 타고 여행을 하다보면 기다리는 것부터 익숙해져야 했다.

시내를 벗어난 버스는 옥수수가 익어가는

관전현 버스터미널

고구려 최초의 수도 홀본성(현재 오녀산성) 전경

들판을 가로질러 바람난 망아지처럼 달렸다. 나는 차창 너머로 스쳐가는 풍경을 바라보며 그 옛날 이곳에서 항일투쟁을 전개했던 독립투사들을 떠올렸다. 그 어느 곳에 가더라도, 어떤 날에도 마음 놓고 소리내어 웃을 수도 없었던 독립투사들의 고단하고 험난한 삶이 가슴저리게 남아있는 산과 골짜기, 마을, 그리고 후예들의 초가집.

한적한 시골길로 들어선 버스는 속도를 더 높였다. 쏜살같이 스쳐가는 정경들이 왠지 낯설지가 않다. 그동안 이 길을 몇 번이나 오고 갔었을까 생각해본다. 이곳으로 답사를 다녔던 날들을 헤아리다가 불현듯 5년이란 햇수가 떠올랐다. 그렇다. 나는 이 길을 몇 번이나 오갔는지 정확하게 기억할 수 없었지만 분명한 것은 5년째 이 길을 오간 시간과 열정이다.

환인현, 통화시, 유하현, 청산구, 천화산, 반석시 등 이 길을 달려서 찾아갔던 수많은 항일유적지들. 그 모습들이 필름처럼 머리를 스쳐갔다.

버스는 대천두(大川頭)라는 마을을 지나 조선혁명군이 주둔했던 우마오진(牛馬烏鎭)을 통과했다. 잠시 후면 의병장 이진룡과 부인 우씨의 의열비가 있는 청산구의 입구를 지날 것이고, 환인현 경계에 있는 화패산(花牌山: 해발 1336m) 줄기가 동으로 뻗어내린 험준한 고갯길을 힘겹게 넘어갈 것이다.

5년 전이었다.

오늘처럼 환인행 버스를 타고 고개 하나를 넘는데 1시간이 더 걸렸다. 얼마나 험하고 심하게 굽은 길이었던지, 차멀미를 하는 사람들이 토해내는 소리, 밀려오는 역한 냄새, 앓는 소리들. 당장 버스에서 내리고 싶은 충동을 간신히 참으며 그 고개를 넘던 기억이 아직도 생생하다.

중국 요녕민중자위군과 연합한 조선혁명군이 만주군과 일본군의 연합부대를 맞아 대승을 거뒀던 강산령(剛山嶺: 해발 1050m)을 넘어가면 환인현 지역으로 들어서게 된다. 정상을 지나 가파른 고갯길을 내려가다 보면 길옆에 한중연합군의 승전기념비가 있었다.

낯설고도 서러운 만주땅에서 오로지 조국광복을 염원하며 갖은 고난과 시련을 이겨내야 했던 독립군 장병들. 그들의 피와 눈물로 쟁취한 그날의 승리는 이역만리 외로운 산중에서 잊힌 이야기로 남아 있었다.

그들의 숭고한 희생으로 되찾은 나라에 살면서 우리들은 지금, 그들의 나라사랑 정신과 업적을 얼마나 기억하고 있으며 얼마나 감사하는 마음으로 살아가고 있는 것일까. 그렇다. 역사는 사라지는 것이 아니라, 가슴 아프게 잊혀 가고 있었던 것이다.

끝없이 펼쳐진 만주벌을 호령하며 말달리던 고구려인의 강인하고 장쾌한 기상, 대제국을 건설하고 천하를 지배하던 위대한 광개토태왕의 강인한 피가 흐르는 한국인으로 태어난 것이 자랑스러웠다.

세계 10위의 경제대국을 이룩한 나라, 올림픽과 월드컵을 성공적으로 개최한 나라, 원조를 받는 나라에서 가장 빨리 원조국이 된 나라, 자유와 풍요를 구가하는 나라의 국민으로 사는 긍지와 자부심을 느끼며 나는 살아왔다.

강산령 넘어가는 길

한민족의 성지 백두산 입구

그러나 그런 긍지와 자부심이 너무 크다보면 부끄럽고 수치스런 일도 생겨나는 법이다. 겸손을 헌신짝처럼 던져버리고 자랑만 늘어놓다가 세상의 웃음거리가 되기 십상이다.

나라를 위해 희생한 사람들, 그들이 비록 유해가 되었을지라도 지구의 끝까지 가서라도 찾아내는 위대한 아메리카를 미치도록 사랑한다는, 닮고 싶다는 사람들을 만난 적이 있었다.

나는 그들에게 묻고 싶다.

지금 이 순간에도 훼손되고 사라져가는 항일독립투쟁의 유적지들, 강탈당하고, 도굴당하고, 강제로 빼앗겼던 민족문화 유산들. 순국선열의 고귀한 희생을 외면한 채 태평양 건너 다문화다민족에게 심취하여 사는 게 옳은 것인지 묻고 싶은 것이다.

아직도 조국으로 돌아가지 못한 채, 만주에서, 시베리아에서 외롭고 힘든 삶을 살아가는 독립투사의 후예들에게는 관심조차 없으면서 저 멀리 남쪽나라에서 온 사람들을 모아놓고 다문화 파티를 여는 그대는 정녕 배달민족의 피를 사랑하는지 묻고 싶다.

우리는 지금 세계주의라는 자가당착에 빠져 조국과 민족을 위해 피 흘려 싸웠던 순국선열의 업적과 그 후예들의 그늘진 삶을 외면하고, 쓰레기통에나 던져버려야 할 체면만을 내세운 채, 원조국의 허세를 부리고 있는 것은 아닌지 깊이 생각해 볼 필요가 있다.

민족의 영산, 백두산으로 가는 길목에 작은 광주리 하나 놓고 앉아 산나물을 파는 아낙을 만났을 때, 일본군의 잔인한 토벌에 가족이 무참하게 살해되었다는 늙은 조선족의 이야기를 들었을 때, 두만강변의 외딴 초가집에서 독립군에 나간 뒤 돌아오지 않는 할아버지를 기다리는 할머니의 모습을 볼 때까지 나도 저들과 다름이 없는 갑남을녀 중에 하나였음을 고백한다.

 그러나 나는 깨달았다. 이미 늦었다고 생각하는 순간이 나의 잘못을 돌이킬 수 있는 가장 빠른 시간이라는 것을. 그리고 어리석은 후회와 자괴감에 빠져 서글픈 세태만을 핑계 삼으며 피어린 투쟁의 역사를 외면하는 것은 비겁한 일이라고 생각했다.

 추호도 망설이지 않고 지난날의 어리석음을 돌이킬 수 있다면, 그것은 우리 민족의 미래가 더욱 밝아지는 또 하나의 선택이라고 굳게 믿는다.

 나는 만주지역의 항일유적 답사를 시작한 뒤로 이질적인 문화와 풍습을 포용하고 이해할 시간이 없었다. 멀고 먼 나라 사람들의 빈곤한 삶을 연민의 눈으로 바라볼 겨를조차 없었다. 압록강 너머에서 헐벗고 굶주리는 동족들을 바라보는 것만으로도 힘들고 고통스러웠다. 그리고

조선혁명군 항일투쟁 유적지 우마오진

3장 역사의 도시 환인현의 항일유적을 찾아서

만주땅에서 독립투사의 후예들이 외롭고 힘들게 살아가고 있는 것을 볼 때마다 분노가 치밀어 견딜 수가 없었다.

일제식민지 시대, 일본인들의 잔악한 억압과 수탈, 능멸과 치욕의 삼십오 년.

북받치는 울분을 토하며 정든 고향산천을 등져야 했던 사람들,

오로지 조국광복을 위해 귀중한 목숨마저 초개처럼 던졌던 사람들.

그들의 눈물과 분노.

조국과 민족에 대한 사랑이 공존했던 항일투쟁의 도시 환인현을 향해 달려가는 버스 안에서 나는 순국선열들이 너무나 고맙고 감사할 뿐이다.

항일투쟁의 도시, 환인현
:

단동을 출발한 지 5시간 만인 오후 1시가 되어서야 겨우 환인터미널에 도착하였다. 길고 지루한 여정, 비좁고 답답한 버스에서 벗어난 상쾌함, 역사의 도시 환인에 도착한 기쁨. 나는 가벼운 발걸음으로 터미널을 나섰다.

하늘에는 검은 구름이 잔뜩 끼어 금방이라도 소나기를 한차례 퍼부을 듯 낮게 드리워져 있었다. 나는 터미널에서 가까운 호텔로 가서 짐을 내려놓고 곧바로 만세 운동의 거리 민족가(民族街)로 향했다.

민족가는 1919년 3월 6일 만주지방에서 제일 먼저 3·1만세운동이 벌어졌던 역사의 현장이다. 만주지방까지 마수를 뻗쳐온 일제세력에

1919년 3·1만세운동의 거리 환인현 민족가(民族街)

항거하고, 빼앗긴 주권을 되찾기 위해 환인현의 한인동포들이 태극기를 들고 거리로 나섰던 것이다.

민족의 거리 동쪽 언덕에는 소양문(朝陽門)이 서 있고, 서쪽으로는 환인현을 건립했던 장월(章越)을 기념하여 세워진 공원이 자리잡고 있었다. 환인현은 동서남북 사대문 안에 주역의 태극(太極)과 팔괘(八卦)를 본떠서 도시를 건설했다고 한다.

민족가 도로 옆 은행나무 가로수들이 아직 어린 것을 보니 새롭게 조성한 지가 얼마 안 된 모양이다.

나는 민족가에서 90여 년 전 대한독립 만세를 목이 터져라 외치던 겨

환인현 민족가의 동쪽성문 조양문

환인현 3·1운동 유적지 민족가

고구려 수도였던 환인현 전경

레의 모습을 떠올려 본다. 조국의 광복을 쟁취하기 위해 망명한 애국지사들이 앞장을 서고, 흰옷을 곱게 차려 입은 백성들이 태극기를 흔들며 대한독립만세를 외치는 모습이 겹쳐 왔다.

일본의 압력을 받은 동북군벌군의 강압적이고 폭력적인 진압으로 많은 부상자가 생겼지만 결코 굴복하지 않았다. 환인현 동포들의 만세소리는 통화를 지나서 무송, 유하, 삼원포를 거쳐 북간도 용정의 3·13만세시위로 퍼져나갔다. 비록 이역만리 만주에 살았지만 독립의 염원만은 모두가 한뜻이었던 것이다.

조양문에서 시내 방향으로 조금만 내려오면 요녕민중자위군 총사령관 당취오의 거대한 동상이 서 있다.

당취오(唐聚五)는 요녕민중자위군의 총사령관으로 1932년 조선혁명군 총사령관 양세봉과 연합하여 일본군과 만주군을 격파하였다. 통화성 전투, 흥경현 전투, 영릉가 전투에서 한중연합군의 승리를 이끌어 항일투쟁의 기치를 높이 올렸던 명장이었다.

당취오 동상을 뒤로 하고 민족가를 내려오다가 환인현 조선족 교육의 요람인 환인조선족 중학교에 들렀다.

중국 동북지역의 조선족 사회가 인구감소, 조선족학교 기피, 물질주의 팽배 등으로 몸살을 앓고 있는 가운데서도 환인현의 조선족학교는 민족교육의 기치를 내걸고 그 역할을 충실하게 수행하고 있었다. 매년 베

요녕민중자위군 총사령관 당취오 장군 동상

이징대, 칭화대 등 중국 내 최고의 명문대학에 많은 학생들을 합격시켜 조선족 사회의 긍지와 자부심을 높여주고 있는 명문학교이다. 중국 민족주의 즉 한족우월주의는 이미 세상에 알려진 지 오래이다. 그 가운데서 우리 민족의 전통과 문화를 올곧게 지켜온 조선족의 끈질긴 민족사랑에 경의를 표하지 않을 수 없다. 만약에 그들이 없었다면 만주에 세워진 우리의 역사는 이민족들에 의해 여지없이 뭉개지고, 왜곡되고 처참하게 변질되었을 것이며, 압록·두만강 백두산 지역은 무의미하고 쓸모없는 땅이 되고 말았을 것이다.

한민족의 교육이 전승되고 있는 환인현 조선족중학교

단군의 이름으로 학교를 세우다
- 동창학교

나는 육군주만참의부 3대 참의장이었던 윤세용이 그의 동생 윤세복과 함께 우리 민족의 시조 단군의 정신을 바탕으로 민족교육을 실시하기 위해 세웠던 동창학교 유적지를 찾아갔다. 그러나 동창학교의 옛 건물은 이미 철거되어 그 모습이 사라진 지 오래였다. 주위의 건물들도 모두 신축된 건물들이라 그 당시의 모습조차 찾아볼 수 없었다. 현재는 동창학교 터에 새로 신축된 상가건물이 서 있는데, 다행히도 그 건물의 4층에 환인현 조선족노인문화관이 자리를 잡고 있어서 그나마 우리 민족의 전통과 맥을 이어가고 있었다.

동창학교(東昌學校)는 1912년 대종교인(大倧敎人) 윤세용(尹世茸), 윤세복(尹世復) 형제가 요녕성 환인현(桓仁縣)에 세운 민족학교이다.

동창학교 설립자 윤세복

홍익인간의 건국이념을 바탕으로 민족의식과 항일의식을 고취하여 국권회복투쟁에 나설 독립군 인재들을 양성하기 위한 학교였다. 대한국인의 무궁한 발전과 국권회복을 기약한다는 의미로 학교 이름을 '동창(東昌)'이라 정하였다고 한다.

초대 교장에는 윤세용이 취임하였고, 교사로는 윤세복, 이원식(李元植), 이극로(李克魯), 이시열(李時悅) 등이 있었으며 단재 신채호도 윤세용의 초빙으로 동창학교 교사로 있으면서 조선상고사 등을 집필하기도 했다.

동창학교 학생들

　학생은 대부분이 독립투사의 자제들이었으며 약 100여 명이 동창학교에서 민족교육을 받았다. 교과서는 단군사상을 민족사의 정통으로 삼은 한국사, 국어, 한문, 지리 등을 가르쳤고, 교내에 기숙사도 설치하였으며 학비는 물론 기숙사비와 피복비까지도 전액 무료였다.
　일본이 만주에 진출한 이후 각 지역에 세워진 일본영사관의 압력으로 만주지역의 한인학교에 폐교령이 내려졌다. 동창학교 역시 일본의 압력을 피해갈 수 없었다.
　동창학교는 1915년 강제로 폐교되었으며 학생과 교사들까지 환인현을 떠나야 했다. 비록 한 명의 졸업생도 배출하시 못하였으나, 1910년대 조 이회영 형제가 설립한 신흥학교를 비롯하여 이상설, 이동녕, 여준이 세운 서전서숙, 김학연의 명동학교 등의 사립학교들과 더불어 독립운동의 정신적 맥락을 함께한 민족교육의 요람이었으며, 역사적으로도 커다란 업적을 남긴 민족학교였다.

동창학교 터에 자리 잡은 환인현 조선족
노인회 총무와 함께

여성의병장 윤희순의
노학당을 찾아서

2010년 9월 20일. 나는 고구려 국내성과 광개토태왕의 유적이 있는 집안시(集安市)에서 상해임시정부 육군주만참의부 유적을 답사한 뒤에 집안과 환인현 경계인 과팔령을 넘어 윤희순 의병장이 활동했던 협피구(夾皮溝), 삼가와붕(三家窩硼), 오리전자(五里甸子)를 거쳐서 환인현에 도착했다.

버스를 여러 번 갈아타며 하루 종일 강행군을 해야 했던 여정이었지만 독립운동가 윤희순, 박대호, 유인석 등이 활동했던 유적을 돌아보느라 피곤한 줄도 몰랐다. 나는 환인현에 올 때마다 찾아가는 조선족 밥집에서 저녁을 먹은 뒤 다음날의 답사 일정을 정리하고 일찍 잠자리에 들었다.

환인현 버스터미널

보락보진

이튿날 아침 일찍 환인버스터미널로 나갔다.

환인현 보락보진(保樂堡鎭)으로 가는 시내버스를 타고 괴마자촌(拐摩子村)으로 향했다. 괴마자촌은 환인현 서쪽으로 약 20km 떨어진 곳에 위치하고 있다. 여성의병장 윤희순이 환인현으로 망명한 뒤에 동창학교 분교인 노학당(老學堂)을 세웠던 곳이었다.

환인현 시내를 떠난 지 40분 만에 보락보진에 도착했다. 1970년대 한국농촌을 닮은 시골길을 달리는 버스 안에서 나는 그동안 잊고 살았던 고향의 정경을 느낄 수 있었다.

환인시장에서 여러 가지 물건들을 잔뜩 사들고 집으로 돌아가는 할아버지와 할머니들의 밝은 표정, 아침시장을 보고 돌아가는 아줌마들의 수다스런 모습, 어느 곳에서나 손을 들면 세워주고 어디서든지 내려주는 그 옛날 시골에서나 볼 수 있는 정겨운 모습이었다. 불과 20km 정도 떨어진 곳이었지만 시골 사람들의 인심과 여유를 실어 나르다 보니 생각보다 더 많은 시간이 걸렸다.

나는 보락보진에서 오토바이를 개조한 삼륜차를 타고 노학당 기념비가 서 있는 괴마자촌으로 향했다.

삼륜차를 타고 거리를 달리는 것은 중국 여행에서 느낄 수 있는 재미 중에 하나였다. 일반택시보다 값이 쌀 뿐 아니라 천천히 주변풍경을 감상할 수 있기 때문이다. 나는 유적지 입구에서 내려 옥수수밭 사이로 난 길을 걸어 노학당 기념비가 서 있는 곳으로 갔다. 유적지로 들어가는 길은 한국의 시골길과 많이 닮았다.

야트막한 집들이 옹기종기 들어앉은 마을을 지나자 옥수수밭 사이에 외롭게 서 있는 노학당 유지비가 보였다. 윤희순의 피땀이 서린 역사적 현장이었다.

노학당비는 돌보는 사람도 없이 비바람을 그대로 맞았는지 먼지를 잔뜩 뒤집어 쓴 채 여기저기 풍상에 시달린 자국들이 보였다.

나는 괴마자 마을에 사는 조선족 집에 가서 물통과 빗자루를 빌려와 기념비를 닦았다. 나의 이런 행동이 의아스럽게 느껴졌는지 동네사람들이 하나 둘 모여들었다. 나는 가볍게 고개 숙여 인사를 건넸다. 그들이 노학당 기념비가 서 있는 동네에 산다는 것만으로 정겹게 느껴졌다.

2년 전에 누군가 노학당 기념비에 페인트를 잔뜩 칠해 놔서 그걸 닦느라 무척 고생을 했다는 조선족 동포의 말에 가슴이 저려왔다. 누군가 기념비를 찾아오는 한국인이 귀찮게 느껴져서 그런 짓을 저지른 모양이었다. 나는 질시의 눈으로 바라보는 사람들이 살고 있는 동네에서 또 한번 이국땅의 차가운 현실을 절실히 느껴야 했다. 아무도 지켜주지 않는, 마치 버려진 돌덩이처럼 외롭게 서 있는, 노학당유적지의 기념비가 만주지역 항일유적지의 서글픈 현실을 말해주는 것만 같았다.

윤희순(尹熙順)은 신교육 학문과 애국정신으로 국권회복을 위하여 목숨바쳐 싸울 수 있는 항일인재를 양성할 목적으로 1912년 환인현 보락보진 남괴마자에 동창학교 분교인 노학당(老學堂)을 세웠다.

윤희순이 설립한 노학당 기념비

노학당의 교장은 윤희순, 교원은 동창학교의 이동하, 이극로 등이 겸했으며, 학생은 주변의 조선 마을에서 모집해 온 조선인 애국청년들이었다. 교재는 국어, 수학, 역사, 지리, 창가, 작문 등이었다.

윤희순은 노학당을 운영하느라 새벽같이 취리두의 집을 떠나 괴마자까지 오가는 한편, 운영자금을 마련하기 위하여 환인, 오리전자, 협피구 마을을 열심히 찾아다녀야 했다. 윤희순은 가는 곳마다 사람들을 모아놓고 항일의식을 고취시켰으며, 애국지사들과 함께 독립자금을 모금하였다. 그리고 중국인들에게도 항일애국노래를 가르쳐주며 항일투쟁의 정당성과 참여를 역설하였다.

춘천시립도서관에 세워진 윤희순 동상

항일투쟁을 지지하는 환인지역의 조선인과 중국인들의 모금을 받아 운영하던 노학당은 1915년 일제에 의해 폐교될 때까지 도합 50여 명의 항일인재를 양성했다.

환인현 조선족역사연구회와 환인현 보락보진 인민정부에서는 노학당 창립90주년을 맞아 노학당의 옛터에 2002년 7월 '노학당유지비(老學堂遺址碑)'를 건립하였다.

노학당 기념비는 시멘트 기단 위에 화강암 자연석을 가공하여 세운 것으로 무게 3톤, 높이 1,912cm(노학당 창립년대를 상징), 너비 60cm이다. 기단 높이는 90cm(노학당 창립 90주년을 상징), 너비는 2.5m이다.

나는 윤희순 의사가 이곳에 와서 노학당을 세우고 두 아들과 함께 독립투쟁을 벌였던 시절을 생각하였다.

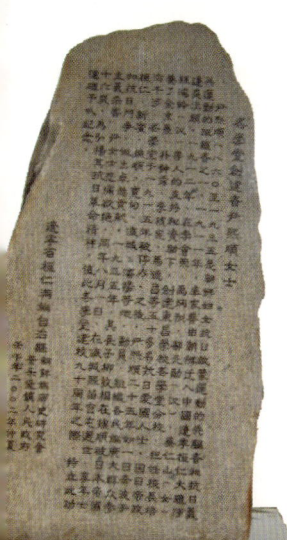

동창학교 분교인 노학당 유지비

윤희순은 취리두에서 괴마자까지 70리 길을 매일 걸어다니느라 부르트고, 멍든 발이었지만, 꼿꼿이 서서 학생들에게 항일의식을 고취하고 독립의 희망을 심어주었다. 윤희순 의병장, 그의 피와 땀이 서린 이곳에 서면 누구나 숙연한 마음으로 저절로 고개가 숙여진다.

나는 조용히 머리 숙여 감사의 묵념을 올렸다.

내가 혼자서 기념비를 닦고 있는 것이 안타깝게 보였는지 이 마을에 살면서 기념비를 관리하는 동포가 다가와 담배 한 대를 권한다. 정다움이 묻어 있는 담배 한 대를 피우고 나서 아쉬운 괴마자촌을 떠났다.

돌아서는 발길이 왠지 무겁기만 하다. 연약한 여자의 몸으로 조국과 민족을 사랑했던 윤희순의 고귀한 정신을 우리는 지금 얼마나 기억하고 있는가. 윤희순 의사(義士)의 올곧고 강한 민족정신을 계승하려는 노력을 얼마나 하고 있는가를 돌아본다.

윤희순 의사의 숨결이, 정신이, 아직도 이곳에 남아 있는 것처럼 느껴졌다. 잠시 돌아서서 노학당 기념비를 바라보았다.

환인현 괴마자촌의 대한의 정령들이 노학당 유적지를 맴돌며 완전한 자주독립의 통일조국을 위하여 간절한 기원을 올리는 듯 아른거리는 코스모스 뒤로 흰옷을 곱게 입은 윤희순 의사의 모습이 오버랩되고 있었다.

대한통의부 창설지를 찾아서
- 환인현 마권자

나는 아침 일찍 대한통의부가 창설되었던 마권자(馬圈子, 현재 向陽)으로 가기 위해 호텔을 나섰다.

마권자는 우리 민족 항일투쟁사에서 빛나는 업적을 남긴 대한통의부(大韓統義府)의 창설 유적지이며, 환인현에서 서남쪽으로 약 40km 떨어진 곳에 있다.

대한통의부는 1922년 남만주 통일회의를 결성한 뒤에 만주지역에 산재해 있던 수많은 항일단체들이 통합했던 항일무장단체이다.

1910년 한일강제병합 이후 경신참변까지 만주지역에는 약 90여 개의 독립투쟁 단체가 활동하였는데 남만주에는 1910년 유하현 삼원포에서 조직되었던 경학사(耕學社)의 전통을 이은 한족회(韓族會) 등 40여 개의 단체가 있었다. 1921년 1월. 남만주지역에서 가장 큰 항일단체인 한족회, 서로군정서, 대한독립단이 연합해서 결성한 대한통군부(大韓統軍

대한통의부 창설 유적지 환인현 마권자(현재 환인현 향양향) 전경

대한통의부 창설지 환인현 마권자 전경

府)는 1922년 6월 3일 중앙회의를 열어서 여러 기관과 함께 마권자에서 남만통일회를 구성하였다.

 서로군정서의 의용대 총사령관 김창환(金昌煥)은 7월 25일 의용대 지휘부의 결의를 촉구하는 제안서를 발표하였으며, 의용대 제1중대장 백광운(白狂雲) 등 18명이 찬성한 결의안이 제출되었다.

 그리고 관전현 일대 최대의 항일무장 조직인 광복군총영(光復軍總營)

에서는 8월 7일 총회를 열고 남만통일회에 대표 4인을 파견하여 회의에 참석케 하는 동시에 불참한 단체를 순회하며 통일회의 참여를 권유하는 등 적극적 입장을 표방하였다.

1922년 8월 23일 서로군정서, 대한독립단, 광한단, 보합단, 관전동로한교민단, 대한광복군영, 대한정의군영, 대한광복군총영, 평안북도독판부 등 이른바 8단(團) 9회(會)의 대표 71명이 환인현의 마권자(馬圈子)에 모여 대한통의부 결성 등 6개 항을 결의하고 8월 30일 남만한족통일회 회장 김승만 명의로 이를 발표하기에 이르렀다.

대한통의부는 산하에 5개 중대의 의용군을 편성하여 일본군경의 관서를 습격하여 각종 무기를 노획하거나 러시아를 통해 매입하여 무장하고, 일본관리 및 악질친일반민족 행위자들을 처단하였다. 1924년 10월에는 국경 방면에 진입하여 일경 28명과 친일분자 32명을 처단하는 성과를 올렸으며 1924년 4월 평안북도 일원에서 적과 교전하여 11명을 사살하고 주재소를 공격하였다.

대한통의부 의용군은 40여 명의 결사대를 조직하여 압록강 국경지역을 시작으로 경기, 충청, 전라, 경상지역까지 활동범위를 넓혀 조선총독부의 탄압정책을 응징하고 관련자를 처단하여 경찰치안을 조롱하고 마비시켰다.

그러나 대한통의부 내부에서 분열이 시작된 후 그 세력은 많이 약화될 수밖에 없었다. 왕정복고를 주장하는 복벽계와 공화주의계의 대립과 불화, 중국 관헌들과의 마찰, 중국 마적단의 습격 등의 내우외환에 시달렸다. 급기야 전덕원, 채상덕 등이 1922년 8월에 의군부를 조직하여 통의부를 이탈하였다.

그리고 의군부가 창설된 얼마 후 백광운, 최석순 등이 육군주만참의부를 1923년에 설립하여 더욱 세력이 약화되어 거의 유명무실한 상황에 처하게 되었다. 1924년 통의부 의용군은 정의부 창설에 참여하며 발전적으로 해체되었다.

대한통의부 의용군 사령관, 신팔균 장군

신팔균(申八均)의 본관은 평산이며, 호는 동천(東天)이다. 신팔균은 충청북도 진천 출신으로 1882년 5월 19일 서울 정동 현재의 영국 대사관 자리에서 출생하였다.

신팔균은 1900년 대한제국 육군무관학교에 입교해서 1902년 제2기생으로 졸업하고 육군 참위로 임관되었으며, 1907년에는 정위로 진급하여 강계 진위대에 근무하였다.

1910년 한일강제병합으로 국권을 상실하자 고향인 진천으로 내려가서 이월청년학교를 설립하고 청소년들에게 민족혼을 일깨우고 항일애국사상을 고취시켰다.

1919년 항일무장투쟁을 적극적으로 전개하기 위하여 만주로 망명한 신팔균은 서로군정서에 가입하였고, 신흥무관학교 교관으로 지청천, 김경천, 오광선과 함께 독립군 양성에 주력하였다.

대한통의부 총사령관 신팔균(위)
독립기념관에 전시된 신팔균 장군 옷(아래)

대한통의부 총사령관 신팔균 장군 순국지 신빈현 왕청문 이도구

    1922년 8월 만주 각지에 흩어져 있던 8단9회의 독립단체가 통합되어 대한통군부로 통합되고, 2개월 뒤 다시 대한통의부로 확대 개편이 된 뒤에 군사위원장 겸 의용군 총사령관으로 임명되었다.

    신팔균은 남만주 일대에서 일본군과의 수십차 교전에서 큰 전과를 올리며 항일무장투쟁의 선봉에 섰다.

    1924년 7월 2일 독립군의 훈련시인 흥경현 왕청문 이도구 밀림 속에서 무관학교 생도와 독립군 합동군사훈련을 시키던 중, 만주군벌 장작림 부대와 마적단의 습격을 받고 전투를 벌이던 중 총상을 입고 순국하였다.

독립운동가의 제2의 고향이었던
환인현 횡도천

2011년 12월 22일 새벽 6시. 나는 집안시를 출발하여 환인현으로 향했다. 길림성 유하현의 대한독립단 유적과 합니하의 신흥무관학교 답사를 마친 뒤에 환인현의 항일유적지를 다시 돌아보기 위해서였다.

초대 참의장 백광운(白狂雲: 본명 채찬)이 1923년 환인현에서 참의부를 결성한 뒤 통의부 의용군과의 마찰을 피해 본부를 이전했던 유림과 향양을 지나 참의부가 주둔하고 있었던 것으로 추정되는 유림진 두도구

대한민국임시정부 육군주만참의부 창설지 길림성 지반시 유림진

(頭道溝)에 도착했다.

　얼어붙은 새벽 공기가 한꺼번에 얼굴로 몰려든다. 눈을 뜰 수 없을 정도로 세찬 바람이 불고 있었다. 오늘 아침기온이 영하 15도까지 내려간다는 예보였지만, 북만주 청산리의 겨울 답사를 다닐 때보다는 그렇게 추운 날씨는 아니었다.

　영하 30도를 오르내리는 강추위 속에서 전투를 벌여야 했던 독립투사들, 그들이 겪었을 고초와 시련에 비하면 나는 난방이 설치된 집에서 솜이불을 덮고 자고, 따뜻한 아침밥을 먹고, 방한이 잘되는 옷을 입었고, 히터가 달린 자동차를 타고 답사를 다니고 있다. 무슨 어려움이 있겠는가. 나는 지금 더할 나위없이 호강을 하고 있는 것이다.

상해임시정부 육군주만참의부 본부가 주둔했던 길림성 집안시 유림진 두도구

아침밥을 짓는 연기가 피어오르는 참의부 유적지 마을 풍경

나는 두도구 입구에서 참의부 독립군이 주둔했던 골짜기를 향해 걸었다. 칼바람이 얼굴을 할퀸다. 눈 덮인 골짜기 안에서 독립군 병사들이 금방이라도 달려나올 것만 같았다.

몇 년 전 유림에 사는 조선족 동포들과 두도구 골짜기를 오르내리며 참의부 본부의 유적을 찾던 일들이 필름처럼 스쳐간다. 하루 종일 산속을 헤매다가 내려오는 길에 의아한 눈빛으로 쳐다보던 동포들을 잊을 수 없다. 수십 년이 지난 지금에 항일유적을 찾아서 무얼 하느냐는 핀잔어린 말도 들어야 했다. 두도구 골짜기에서 참의부 자취를 찾는데 실패했지만, 나는 이곳을 지날 때마다 아직도 가슴이 뛴다. 골짜기마다 참의부 독립군들의 함성이 들려오는 듯했기 때문이다.

아침밥을 짓는 연기가 피어오르는 마을 풍경들이 차창으로 빠르게 스쳐간다. 두도구를 떠난 차는 험준한 산길로 접어들었다. 그동안 여러 번 넘었던 노야령이다. 집안시에서 환인현을 가려면 언제나 이 고개를 넘어야 한다. 노야령(老爺嶺)은 이 지역에서 가장 험준한 산맥으로 사람들은 노령(해발 1,249m)이라고 불렀다.

노령을 힘들게 넘어온 뒤 독립투사 최석준이 광복군 총영 동지들과 함께 항일투쟁을 전개하던 쌍차에 도착했다.

최석준(崔錫埈: 참의장 최석순의 동생)은 1919년 2월 말 고종황제의 국장에 참가하기 위해 서울에 갔다가 3·1운동에 대한 지시를 받고 고향으로 돌아가 삭주와 창성에서 만세시위를 주도하였다.

일본경찰의 검거를 피해서 남만주로 망명한 최석준은 1919년 4월 3일 쌍차(雙岔)의 전준걸(田俊杰) 집에서 모여 독립운동 단체인 한족회(韓族會)의 취지를 설명하고 회원들을 가입시켰다.

최석준은 1920년 5월 14일에는 임시정부의 연통제에 가입한 뒤 삭주군 경감(警監)에 임명되었으며 안영호(安永昊), 강종문(姜從文), 김서준(金瑞俊) 등과 함께 평안북도 지역에서 활동했다. 그리고 항일무장단체인 광복군총영에 가입하여 김익준(金益俊), 김봉한(金鳳漢) 등과 함께 국내에 침투하여 일제의 앞잡이인 밀정을 처단하고 일본 군경 주재소를 습격하는 등의 무장투쟁을 전개하였다.

최석준은 1922년에는 안동(安東, 현재의 丹東)에서 이륭양행의 배를 타고 상해 임시정부에 독립자금을 전달하고 돌아오다가 압록강 부두에서 일본경찰에 체포되어 평안북도 의주로 압송되었다. 의주 경찰서에 갇힌 채 일본경찰의 심문을 받던 중 동지 이호영(李浩英)이 가혹하게 고문당하는 것을 목격하고 이에 분노하여 맨손으로 일본경찰과 격투를 벌였다.

최석준은 1922년 11월 14일 일본경찰이 쏜 총을 맞고 동지 이호영과 함께 순국하였다.

그로부터 3년 후인 1925년 3월 16일 최석준의 형이며 2대 참의장이

집안시 노령(老嶺)

최석준을 비롯한 광복군 총영 독립투사들의 활동 유적지 쌍차촌

고구려 마파령 산성(집안시 화전자진)

었던 최석순이 고마령 전투에서 순국하였다. 최석준 형제는 이역만리 만주땅에서 조국의 독립을 쟁취하기 위해 항일투쟁을 벌이다가 장렬한 죽음을 맞이했던 것이다.

다음 일정이 있기에 오래 머무르지 못하고 쌍차를 출발한 우리 일행은 참의부 3중대가 주둔했던 태상촌(台上村)을 지나 고구려 마파령 산성이 있는 삼가자(三家子)에 이르렀다. 나는 잠시 차를 세우고 고구려인의 기상이 서린 마파령 산성을 바라보았다.

당나라 군사들이 국내성을 공격하기 위해 마파령으로 진격해 오자 나라를 지키려 목숨을 걸고 맞서 싸웠던 고구려 군사들.

천오백 년이 지난 마파령 일대에서 빼앗긴 조국의 독립을 찾으려 불처럼 일어나 항일투쟁을 벌였던 독립군 용사들.

육군주만참의부 3대 참의장 윤세용의 주둔지였던 집안시 화전자진

민족의 수난 시대, 온몸으로 조국사랑을 실천한 애국지사들의 뜨거운 열정이 차가운 겨울바람을 녹이며 밀려왔다. 그들의 조국사랑이 없었다면 나는 지금 어느 나라에서 살아가고 있을까.

마파령에서 흘러 내려가는 물길을 따라 30여 분을 달려 오늘 답사지 중에 하나인 집안시 화전자(花甸子)에 도착하였다. 오전 8시를 조금 지난 시각이었다.

화전자는 3대 참의장 윤세용이 참의부 본부를 집안시 두도구에서 이전하고 참의부 재건을 도모하던 곳이다. 1921년에는 대한독립단의 의용군이 활동하였던 역사의 고장이다. 그리고 조선혁명군 총사령관 양세봉이 설립한 강전자속성군관학교 유적지가 강 건너에 인접해 있다.

이번 화전자 답사가 네 번째였다. 참의부 활동을 추적하면서 2008년 처음으로 이곳을 답사한 뒤부터 집안시나 환인현의 항일유적을 찾아다닐 때마다 들르곤 하였다.

우리 일행을 태운 차는 화전자를 벗어나더니 곧게 뻗은 도로를 달리기 시작하였다. 몇 개의 마을을 지난 후 눈 덮인 산길로 접어들었다.

험준한 만주령(滿洲嶺)이 앞을 가로막는다. 이제부터 산간도로가 시작된 것이다. 어제 내린 눈이 얼어붙어 있어 산길은 몹시 미끄러웠다. 나는 체인도 장착하지 않은 채 눈길을, 그것도 가파르고 험한 산길을 넘어야 하는 것이 몹시 불안했다. 차를 몰고 있는 최경도씨(崔京道·조선족. 48세)를 걱정스런 눈으로 바라보자 그는 애써 태연한 표정을 지으며 웃었다. 그는 내가 집안시와 환인현의 유적을 답사할 때마다 기꺼이 차를 몰고 유적을 안내해주는 고마운 사람이다.

길림성 화전자와 요녕성 환인현의 경계에 있는 만주령

길림성 집안시와 요녕성 환인현의 경계에 우뚝 솟아 있는 만주령(해발 950m)은 환인현과 집안시 일대에서 활동하는 독립투사들이 늘 넘어다니던 험준한 고개이다. 지금은 길이 뚫려서 차를 타고 넘을 수 있지만 이십여 년 전만 하더라도 하루를 꼬박 걸어야 넘을 수 있는 높고 험한 고개였다고 한다. 만주령 정상을 향해 천천히 차를 몰며 조심스럽게 올라갔다. 햇빛이 들지 않는 응달짝마다 온통 빙판길이었고, 길옆으로는 가파른 낭떠러지였다. 나는 손잡이를 힘껏 잡고 앉아서 차창으로 스쳐가는 만주령의 모습을 하나도 놓치지 않고 머리에 담으려 온몸을 곧추 세웠다.

만주령에서 보이는 환인현 산맥 풍경

　빙판길 위를 조심스레 오르느라 시간이 예상보다 더 많이 걸렸다. 화전자를 출발한 지 40분이 지난 뒤에야 만주령 정상에 도착할 수 있었다. 나는 사진을 찍기 위해 문을 열려 했으나 거세게 불어오는 바람 때문에 쉽게 열리지를 않았다. 간신히 문을 열고 밖으로 나가다가 불어오는 바람에 쏠려 그 자리에 고꾸라질 뻔했다. 간신히 균형을 잡고 서자 뼛속까지 파고드는 강추위가 잡아먹을 듯이 달려들었다.
　거세게 몰아치는 바람을 맞으며 지나온 고갯길을 바라보니 마치 산허리에 흰천을 휘감아 놓은 듯한 눈길이 선명하게 보였다.
　거칠 것 없이 탁 트인 시야로 들어오는 산줄기와 골짜기들. 그야말로 첩첩산중이요, 심산유곡이었다.
　이토록 험하고 가파른 고갯길을, 맹수들이 들끓고 마적떼가 출몰하던 심산유곡을, 위험을 무릅쓰고 넘나들면서도 오로지 조국독립만을 생각했던 선열들의 조국사랑에 저절로 고개가 숙여졌다. 고난과 시련

을 이겨내고 위대한 역사의 발자취를 남긴 선열들에게 그 누가 흠모하는 마음을 품지 않을 수 있겠는가.

　내가 사진을 찍으려고 장갑을 벗자 만주령 바람에 금방이라도 손가락이 떨어져 나갈 것만 같았다. 셔터를 눌러대는 손가락이 얼어붙어 감각이 없다. 그렇다고 시린 손 때문에 역사의 현장을 그냥 지나칠 내가 아니었다.

　산능성이를 따라 심하게 굽은 산길을 한참 동안 달려서 평지에 이르렀을 때 나도 모르게 한숨이 터져 나왔다. 만주령을 출발한 지 30분이 지나서 중간 목적지인 환인현 횡도촌에 도착하였다.

　횡도천(橫道川)은 우리 민족의 만주 이주와 항일투쟁사에서 매우 중요한 위치를 차지하는 역사의 현장이다.

　횡도천은 환인현 동쪽 50km 지점에 위치해 있으며 사평촌을 지나 만주령을 넘으면 집안시 화전자(花甸子)에 이르게 된다.

환인현 횡도천 전경

　1919년 가을 이천민, 손극장, 손병헌, 독고욱, 윤세용 등이 이곳 횡도천에서 한교공회(韓僑公會)를 창설하고 항일독립투쟁의 깃발을 올린 뒤 참의부 3대 참의장을 지낸 윤세용이 화전자에 본부를 세웠으며 횡도천에는 참의부 3중대 심용준이 주둔하였던 곳이다. 4대 참의장 김승학이 환인현 이붕전자에 참의부 본부를 두었을 때 이곳은 제1중대가 주둔하며 항일투쟁을 벌렸었다. 또한 대한민국임시정부 초대 국무령을 지낸 석주 이상룡(李相龍)이 1910년 겨울에 길림성 유하현 삼원포로 가는 길에 이곳에 머물러 안동유림의 백하 김대락(金大洛), 서울에서 망명한 우당 이회영(李會榮)과 함께 독립투쟁의 방안을 토론하였고, 김대락이 세운 학교에서 학생들에게 독립정신을 고취하던 곳이었다.

환인현 횡도천 마을 전경

횡도천에서 보이는 오녀산성

백하(白下) 김대락 선생

백하 김대락(金大洛)은 1845년 경북 안동의 내 앞마을에서 태어났다. 김대락은 예순다섯의 노구를 이끌고 이상룡보다 이른 1909년 음력 12월 24일 고향 안동을 출발해 압록강을 건넜다. 김대락은 일본식민지에서 치욕스런 삶을 살 수 없었기에 전 가족을 이끌고 만주로 망명했으며, 식민지 땅에서 후예를 낳게 할 수 없다는 신념 때문에 만삭의 손자며느리까지도 동행케 하였다.

김대락의 손자며느리가 횡도천에 도착해서 출산을 하자 왜놈 땅에서 낳지 않고 중국에서 낳아 통쾌하다는 뜻으로 쾌당(快唐)이라는 이름을 지었고, 둘째는 고구려 시조 주몽의 땅에서 태어났다는 뜻으로 기몽(麒

안동시 의성김씨 김대락의 종택 백하구려

夢)이라고 지었다. 백하 김대락이 섬나라 오랑캐들에 대한 적개심이 얼마나 강했는지를 느낄 수 있다.

안동독립투쟁의 성지, 내앞마을을 찾아서

안동대학교 앞에서 영덕방향으로 가는 35번 국도를 따라 8km 정도 가면 안동독립운동 기념관이 나온다. 기념관 앞 마을이 김대락, 김동삼, 김형식, 유인식 등이 살았던 내앞마을이다.

내앞마을(前川)은 청계(靑溪) 김진(金璡 1500~1580)을 중시조로 하는 의성김씨 종택이 있는 내앞파의 집성촌이다.

안동항일투쟁의 고향 내앞마을 전경

의성김씨의 종택(宗宅)은 16세기 말 학봉(鶴峯) 김성일(金誠一)이 중국 연경(燕京: 北京의 별칭)에 사신으로 갔다가, 그곳의 상류층 주택의 설계도를 가져와서 지었다고 한다. 건물 구조는 'ㅁ'자형의 안채에다가 바깥 사랑채가 있으며, 사랑채에 붙어 있는 부속건물은 2층 구조로 되어 있다.

내앞마을에서 만주로 망명한 독립투사는 백하 김대락을 비롯하여 임시정부 민대표회의 의장 일송 김동삼, 김대락의 아들인 김형식 등 안동 지역 독립투사는 천 명에 이르고 있다. 안동독립투사들의 업적을 기리기 위해 건립된 안동독립운동기념관에는 이들의 항일투쟁 활동이 생생하게 전시되고 있었다.

육군주만참의부 본부, 환인현 이붕전자(二棚甸子)

1927년 3월 참의장 윤세용이 하얼빈에서 개최되는 제3공산당 연합대회에 참가하기 위하여 참의장을 사임하자, 상해임시정부에서는 김승학(金承學)을 4대 참의장으로 임명하였다.

김승학은 길림성 화전자에 있던 육군주만참의부의 본부를 환인현 이붕전자로 옮기고 위원장제를 중심으로 한 지방조직 정비에 착수하였다. 그리고 중국 군사학교를 졸업한 장교들을 중용하여 참의부의 군사력을 증강시켜 나갔다. 일본사관학교 출신이었던 마덕창(馬德昌 · 본명 이종혁)을 군사위원장에 임명하고, 중국 운남사관학교 졸업한 김강(본명 박창식)을 교육부장 겸 교관으로 임명한 것이 김승학이 군사력 증강에 중

참의부 4대 참의장 김승학의 참의부 본부가 주둔했던 환인현 이붕전자

점을 둔 증거라 할 수 있다.

그리고 남만주 한인사회의 안정을 구축하기 위하여 민사위원장에 김소하를 임명하였고, 재무위원장 박희빈, 교육위원장 양기하, 중앙의회 의장 백시관을 임명하여 위원장 체제로 개편하였다.

참의부는 정의부, 신민부와 함께 국민부로 통합될 때까지 남만주 일대에서 항일투쟁을 전개하였다.

참의부 4대 참의장
희산(希山) 김승학은 어떤 인물인가

김승학은 1881년 평안북도 의주(義州)에서 태어났다. 호는 희산이며 이명은 김탁(金鐸)이다.

24세에 상경하여 한성고등사범학교(漢城高等師範學校)에 입학한 뒤 신학문을 익혔다. 1907년 정미조약체결 때 서울 종로에서 반대연설을 하다가 평리원 구류소에 3개월간 갇히기도 하였다.

1910년 만주로 건너가 봉천강무당(奉天講武堂)에서 군사교육을 받고 의병투쟁에도 가담하였으며 1919년 4월 15일 유하현 삼원보에서 대한독립단이 창설될 이에 참여하여 재무부장에 임명되었다. 그리고 임시정부 평북독판부의 국내 특파원으로 백의범, 백기준과 같이 국내에 들어와 평안도, 황해도 일대에 연통제(聯通制)를 조직하였고 88개소에 독립지단(支團)을 설치 운영하였다.

4대 참의장 희산 김승학

김승학은 1920년 2월에는 임시정부 직할의 광복군사령부 군기국장으로 항일무장투쟁을 전개하다가 상해임시정부의 기관지인 독립신문사장이 되어 민족정기를 앙양하고 독립사상을 고취하는데 심혈을 기울였다.

소련 모스크바에서 개최되었던 세계 혁명단체대표자 대회에 임시정부를 대표하여 참석했던 김승학은 각국 대표에게 대한의 독립이 속히 실현될 수 있도록 협조와 지원을 당부하고 대한 독립의 당위성을 역설하였다.

1923년에는 참의부의 성립을 위하여 이유필(李裕弼)과 함께 남만주에 파견되어 활동하였으며, 1924년에는 임정의 학무부차장이 되어 학무부총장의 직무를 대행하였다. 1927년 임정의 명령으로 4대 참의장(參議府參議長)이 되어 참의부 재건운동에 힘썼다.

김승학은 참의부·정의부·신민부의 3부 통일대표회의가 개최되었을 때 참의부를 대표하여 박창식(朴昌植) 등과 같이 참석하고 한국독립당과 국민의회(國民議會)를 조직하는 데 참여하였다.

김승학은 국민의회의 민사위원에 취임하고 본영으로 귀대하던 도중에 통화현(通化縣: 현재 길림성 통화시)의 중·일 군경의 기습공격을 받고 체포되었다. 그 뒤 신의주·평양 등의 감옥으로 이송되며 갖은 고문과 옥고에 시달리다가 1934년 3월에 출옥하였다.

해방 후 고국으로 돌아와 평북도민회장, 독립신문사 사장, 대한독립촉성국민회 부위원장, 한국독립당 감찰위원장 등을 지냈으며, 《한국독립사》를 집필하여 출판하였다.

참의부 주둔지 환인현 이붕전자

고구려의 첫 번째 수도, 홀본성(忽本城)

졸본성(卒本城, 현재 오녀산성)은 중국 요녕성 본계시 환인현(桓仁縣)의 오녀산(五女山) 해발 800m 위치해 있으며, 천연 절벽의 산세를 그대로 이용하여 쌓은 고구려 특유의 테뫼식 산성(山城)이다.

테뫼식 산성이란 성을 쌓는 방식이 산의 정상을 중심으로 산의 능선을 따라 거의 수평이 되게 쌓은 산성을 말한다. 이러한 산성은 마치 머리띠를 두른 것 같다고 해서 테뫼식이라고 하고, 멀리서 보면 떡을 찌는 시루에 흰 띠를 두른 것 같이 보여서 시루성이라고도 한다.

고구려 홀본성(오녀산성)

삼국사기 고구려 본기 동명성왕 조에는 주몽이 졸본에 도읍을 정한 과정이 서술되어 있다.

> 고구려 시조 동명성왕, 추모왕(鄒牟王) 고주몽(高朱蒙)은 무리와 더불어 졸본천(卒本川, 비류수라고도 불리며 현재의 혼강)에 이르렀다. 토양이 비옥하고 산하가 빼어남을 보고 도읍을 정하려 하였으나 궁실을 지을 겨를이 없어 단지 비류수(沸流水) 위에 집을 지어 살며 국호를 고구려라 하였다.

고구려 졸본천 비류수(현재 혼강)

우리 역사에서 가장 강성했던 고구려, 언제나 우리 마음속에 긍지와 자부심을 갖게 만든다.

졸본은 삼국지에는 흘승골성(紇升骨城)이라 기록되어 있고, 고구려 멸망 이전까지 졸본성은 한 번도 함락된 적이 없는 난공불락의 성이었다.

고구려 개국의 역사가 서려 있는 곳이지만 지금은 중국 오녀의 전설이 서려 있는 오녀산성이라 불리고 있다. 고구려의 광활한 영토와 위대한 역사의 뒤안길에서 낯선 이름을 부르며 산성을 올라가니 왠지 안타깝고 씁쓸한 느낌을 지울 수가 없다.

오녀산성은 대체로 직사각형의 모양이다. 남북 길이 600m, 동서 너비 300m이고, 성 둘레가 약 8km이다.

1996년부터 시작된 발굴조사에서 고구려 시대 유물 2천여 점이 발굴되었으며, 저수지, 망대, 병영 등의 건물터가 남아 있다. 성안은 넓고 평평하며 중앙부에는 천지(天池)라고 하는 샘이 있다. 2천 년 동안 한 번도 마른 적이 없다고 하며, 깨끗하여 음료수로도 사용할 수 있다.

홀본성으로 오르는 999 계단을 천천히 오르며 이 길을 수도 없이 오르내렸을 고구려인을 생각했다. 그들의 피와 땀으로 다져지고 세워진 홀본성은 고구려인들의 체취가 지금도 풍겨져 오는 듯 웅장하고 신비롭다.

계단을 오르며 폐부 깊숙이 들어오는 맑고 신선한 공기에 실려오는 고구려인의 외침. 홀본성에 붙여진 낯선 이름을 어서 빨리 지우라고 소리치는 듯하다.

오녀산성 가는 길

환인현 비류수

고구려의 역사가 살아 숨쉬는 비류수 강변

4장

여성의병장 윤희순 의사의
유적을 찾아서

윤희순의병장의
기념비를 찾아서

2010년 6월 26일. 여성의병장 윤희순의 묘지와 기념비가 있는 요녕성 해성시(遼寧省海城市)를 답사하기 위해 단동을 출발했다. 시외버스터미널에서 오후 3시 30분에 출발하는 고속버스를 타고 안산시(鞍山市)로 향했다.

여성의병장 윤희순의 유적을 찾아서 여러 곳을 다녔지만, 해성시 답사는 이번이 처음이었기에, 안산시 조선족학교에서 교편을 잡고 있는 윤 선생에게 통역 겸 안내자로 동행해 줄 것을 부탁했었다. 윤 선생이 흔쾌히 동행을 수락하였던 터라, 나는 안산시로 가서 다음날 그와 함께 윤희순의 유적을 찾아갈 예정이었다.

한평생 나라와 민족을 위해 항일투쟁에 투신했던 여성의병장이며 독립투사였던, 윤희순의 발자취를 찾아가는 세 번째 여행이었다.

첫 번째는 환인현 일대 항일유적을 답사했을 때였다. 윤희순의 가족이 만주로 망명하여 처음 정착했던 평정산진, 노학당 유적지 환인현 보락보 괴마자촌, 독립자금 마련과 항일의식 고취활동을 했던 협피구(夾皮溝), 삼가와붕(三架窩棚) 등을 답사했었다.

두 번째는 윤희순이 맏아들 유돈상과 함께 조직했던 조선독립단 창설지 무순시, 일제의 끈질긴 추적을 피해 이주했던 봉성시 석성진 등이었다.

내가 이번 답사에서 윤희순이 항일투쟁의 위대한 삶을 마감했던 해성시 묘관둔까지 무사히 답사를 마치게 된다면, 몇 년 동안 윤희순의 발자취를 찾아다녔던 나의 여정도 마무리될 것이다.

윤희순이 항일활동을 했던 환인현 협피구

나는 지금까지 윤희순의 항일투쟁 발자취를 돌아보며 그녀의 위대한 업적과 숭고한 애국애족정신에 감동과 감화를 받았던 터라, 이번 답사는 더욱 더 내 마음을 설레게 만들었다. 한평생 나라와 민족을 위해 섬나라 오랑캐들과 싸웠던 영웅의 발자취를 돌아볼 수 있다는 사실만으로도 행복하고 감사했다.

단동에서 출발한 버스가 고구려 오골성이 있는 봉성시와 요녕성 산업도시 본계시를 거쳐 안산에 도착한 것은 오후 6시 30분이었다. 안산(鞍山)이란 이름은 시내 한복판에 솟아있는 산이 말의 안장처럼 생긴 데서 유래하여 붙여진 이름이었다. 안산시는 나에게 낯설지 않은 도시였다. 2년 전 요양시에 있는 백암성을 답사하고 돌아가는 길에 안산을 들렀었

4장 여성의병장 윤희순 의사의 유적을 찾아서 205

협피구 가는 길

다. 중국에서 유명한 안산 근교의 천산(千山)을 등반했고, 중국황제들이 요양하러 즐겨 찾았다는 탕강자 온천(湯崗子溫泉)도 갔던 적이 있다.

탕강자 온천은 안산시에서 남쪽 7.5km에 위치하고 있으며, 온천 휴양지의 면적이 45만 평이며 중국 전통 양식의 건축물과 휴양시설이 갖춰진 요양지이다. 섭씨 72℃의 온천수는 마그네슘, 유황 등 30여 종의 미량 원소들이 함유되어 관절염, 피부병 등에 효과가 있다고 한다. 당나라 때부터 천연 온천수를 이용하여 질병을 치료하기 시작했으며, 청나라 마지막 황제 푸이는 이곳에 용궁과 오대진지 등의 황가온천탕을 만들어

윤희순 의사 활동지 환인현 삼가와붕

즐겨 이용하였다고 한다.

나는 안산시외버스터미널 근처에서 저녁식사를 한 뒤에 가까운 호텔에서 하루를 묵었다.

다음날 오전 9시에 안산터미널에서 윤 선생을 만나 해성시로 출발하였다. 해성시는 안산에서 남서쪽으로 약 40km 떨어져 있는 작은 도시이며, 윤희순의 묘지와 기념비가 있다.

해성시는 서기 645년 당태종의 20만 대군을 맞아서 고구려군이 승리를 거뒀던 안시성(安市城)이 있었던 곳으로 알려진 도시이다. 안시성의 위치에 대해서는 여러 학설들이 존재하나, 현재는 해성시 동남쪽에 위치한 영성자(英成子) 산성으로 추정되고 있다.

해성시는 요녕성 안산시에 속하는 작은 도시로 1975년 2월 강진이

안산시외버스터미널   해성시외버스터미널

발생하여 도시 전체가 거의 폐허가 되었다고 한다. 그 후 중국 정부의 복구로 도시의 모습을 다시 갖추게 되었고, 현재는 해양도시 대련과 내륙을 잇는 물류도시로 발돋움하고 있었다.

우리 일행은 해성역 앞에서 택시를 타고 해성시 마풍진 묘관둔(馬風鎭 苗官屯)을 향해 출발했다. 묘관둔은 시내에서 약 10km 떨어진 곳에 위치하고 있었다. 해성시내를 출발한 지 20여 분 후 묘관둔에 도착했다. 우리는 윤희순 유적의 정확한 위치를 알아보기 위해 먼저 묘관촌민위원회를 찾아갔다.

묘관촌의 서기는 윤희순의 기념비가 있는 곳을 친절하고 자세하게 설명해주었다. 그리고 초행길에 그곳을 찾아가는 것이 어려울 수도 있다며 윤희순 유적을 관리하고 있는 갈복순의 아들, 갈용성(葛龍成: 한족 72세)의 집으로 안내해 주었다.

갈용성씨 부부는 예고도 없이 불쑥 찾아온 우리 일행을 반갑게 맞아

주었다. 나는 윤희순의 유적을 관리하고 있는 그들에게 진심으로 고마움을 전한 뒤에 안내를 정중하게 부탁했다.

갈용성(葛龍成) 부부는 멀리 한국에서 이곳까지 방문해준 것이 너무나 고맙다고 했다. 그는 윤희순이 묘관둔으로 이주했을 때 도움을 주었던 갈복순의 아들이었

해성시 마풍진 묘관둔 촌민위원회

다. 그들은 유적 안내를 흔쾌히 수락한 다음에 조금 망설이더니, 오늘 그곳까지 갈 수 있을지 모르겠다고 말했다. 나는 깜짝 놀라 그들의 얼굴을 쳐다보았다.

최근 며칠 사이에 비가 너무 많이 와서 윤희순 묘지로 가는 도로가 많이 유실되었다는 것이었다. 도로 곳곳이 깊게 패이고 수렁이 생겨서 차가 들어갈 수가 없다고 했다. 그렇다고 걸어가기에는 거리가 멀고 시간도 많이 걸릴 것이라면서 걱정스런 표정으로 나를 쳐다보았다.

윤희순 묘지를 처음으로 답사하는 나로서는 예상조차 못했던 난관에 어떻게 대처해야 할지 몰라서 동행한 윤 선생을 바라보았다. 그 역시도 나처럼 초행길이었기에 그저 난감한 표정만 짓고 있었다. 중국에서 항일유적답사를 다닐 때 자주 겪게 되는 일은 험하고 외딴 곳에 위치한 유적지로 가는 교통편이었다.

나는 묘관둔까지 수백리 길을 달려와서 윤희순의 유적답사를 못하고

돌아갈 수는 없다고 생각했다. 그렇다고 도로 사정이 조금이라도 나아지거나 도로보수가 이뤄지기를 무작정 기다리고 있을 수도 없었다. 뾰족한 해결방법이 없었던 나로서는 그저 가슴이 답답할 뿐이었다.

나는 윤 선생과 갈용성 부부의 얼굴을 번갈아 쳐다보며 그들의 처분만을 기다릴 수밖에 없었다. 이러한 나의 심정을 눈치챘는지 갈용성 씨가 자리에서 일어나 윤희순 유적까지 갈 수 있는 차를 한번 빌려보겠다고 집을 나섰다.

"쩐더 깐시에!(眞的 感謝: 정말로 감사합니다)"

나는 갈용성씨를 따라 나가며 다시 한 번 감사하다는 말을 하고 집안으로 들어왔다. 갈용성의 부인이 푸른참외를 내놓았다. 아직은 참외철이 이른 때라 그런지 조금 덜익었지만, 그래도 생각보다는 달고 맛있었다. 나는 참외를 먹으면서도 눈은 연신 바깥을 쳐다보았다. 갈용성씨가 빨리 차편을 구해 와서 오늘 안에 답사를 마치게 되기를 바라는 마음이 간절했다.

잠시 후 갈용성씨가 집으로 돌아왔다. 그런데 그의 표정이 몹시 어두워보였다. 윤 선생이 차는 구했냐고 물었다. 그는 고개를 끄덕이고 머리를 긁적거리더니 무척 난처한 표정을 지었다.

그리고 나를 쳐다보며 돼지사료를 실어 나르는 삼륜트럭을 빌리기로 했는데 괜찮겠냐고 묻는 것이었다. 나는 지금 답사를 갈 수 있느냐 없느냐가 문제이지 어떤 차냐는 중요하지 않았다. 지금 찬밥 더운 밥 가릴 형편이 아니었.

"메이쓸!(문제없다)"

그동안 자전거의 뒤에 리어카를 매달고 운행하는 삼륜차를 타고 답사를 다닌 적도 있었는데, 삼륜트럭이라면 아주 훌륭한 교통수단이었

윤희순 유적을 관리하고 있는 갈용성씨의 집과 묘관촌 마을

던 것이다. 나는 갈용성씨에게 고개 숙여 고맙다는 인사를 했다. 그가 환하게 웃으며 앞장서서 집을 나섰다.

우리 안사람도 의병에 나서야 한다

　　　　　　　　　　윤희순은 1860년 6월 25일 서울에서 아버지 윤익상(尹翼商)과 어머니 평해 황씨 사이에서 태어났다. 유학자 집안에서 자란 윤희순은 16세 되던 해에 춘천 의병장 유홍석(柳弘錫)의 장남이며, 의암 유인석의 조카인 유제원(柳濟遠)과 결혼하였다.
　1895년 일본사무라이들이 경복궁에 난입하여 명성황후를 시해하자 전국 각지에서 의병들이 봉기하였다. 이러한 국난의 시기가 도래하자

윤희순 초상화

윤희순은 나라를 구하는 데 남녀의 구별이 없으며 여자들도 의병에 참여하여 의병대를 도와야 한다고 역설하였다. 그리고 안사람 의병가 등의 노래를 지어 여성들도 항일투쟁에 나설 것을 촉구하였다.

윤희순은 8편의 의병가와 4편의 경고문을 남겼는데, 이러한 작품들은 최초의 한글의병가이자 민족저항시가였다. 윤희순의 시가는 일반 백성들의 항일의식을 고취시키는 데 크게 기여했다.

아무리 왜놈이 강한들
우리들도 뭉치면 왜놈 잡기 쉬울세라
아무리 여자인들 나라사랑 모를소냐
우리도 나가 의병하러 나가보세
의병대를 도와주세
금수에게 붙잡히면 왜놈시정 받을소냐
우리 의병 도와주세
우리나라 성공하면 우리나라 만세로다
우리 안사람 만세 만세 만만세로다.

윤희순이 지은 〈안사람 의병가〉 전문이다.
봉건사회였던 당시로서는 여성의 사회적 활동에 제약이 많았던 시기

윤희순 동상(춘천시립도서관)

였다. 그러나 윤희순은 항일의병투쟁에 적극적으로 참여함으로써 여성들도 의병에 참여하여 나라를 위해 싸울 수 있다는 것을 일깨워 주었던 것이다.

윤희순은 의병 진압을 빙자하여 군대를 이끌고 무단으로 침략한 일본군 대장을 준엄하게 꾸짖으며, 우리나라 사람들이 힘을 합쳐 왜놈들을 격멸할 것이라는 〈왜놈 대장 보거라〉라는 글도 발표하여 우리 민족의 단호한 항일의지를 온누리에 천명했다.

"너희 놈들이 우리나라가 욕심나면 그냥 와서 구경이나 하고 갈 것이지, 우리가 너희 놈들에게 무슨 잘못을 하였느냐. 우리나라 사람 이용하여 우리나라 임금님을 괴롭히며 너희 놈들이 무슨 일로 우리나라를 통치한단 말이냐. 아무리 유순한 백성이라 한들 가만히 보고만 있을 줄 알았단 말이냐. 절대로 우리 임금님을 괴롭히지 말라. 만약 너희 놈들이 우리 임금님, 우리 안사람네들을 괴롭히면 우리 조선의 안사람들도 가만히 보고만 있을 줄 아느냐. 우리 안사람도 의병을 할 것이다."

윤희순은 왜놈들의 강압적인 내정간섭을 경고하며 그들의 퇴진을 강력하게 요구하고, 만약에 일본군이 우리 임금과 백성을 계속 괴롭힌다면 여성들도 의병을 일으켜 단호하게 응징할 것이라는 강력한 저항의지가 담겨있는 글이었다.

윤희순은 시아버지 유홍석이 춘천의 진병산(陳兵山)에서 의병을 일으키자, 진병산으로 달려가 의병대에 참가하여 의병들의 식량과 의복을 준비하였고, 의병들의 사기 진작을 위해 항일저항시가를 지어 직접 가르쳤다.

1905년 을사늑약으로 외교권을 박탈당하고 나라가 풍전등화의 위기에 처하자 전국 각지에서 또다시 의병들이 일어났다. 춘천에서는 유홍석이 의병대장이 되어 춘천, 의암(衣岩), 가평 등지에서 왜군들과 싸웠다. 의병 600여 명과 백성들이 춘천 남면 가정리 여우내골에서 의병훈련을 할 때 윤희순은 이에 참여하여 의병대 훈련을 도왔다.

윤희순은 의병전투에 직접 참가하지는 못했지만, 후방에서 부상병들의 치료를 돕고, 부녀자들과 함께 양식을 준비하고, 의약품과 의류 등을 전투지역으로 보급하는 지원활동에 적극적으로 참여했다.

가족을 이끌고 만주로 망명하다

1910년 한일강제병합으로 국권이 상실되자 윤희순의 가족은 만주로 망명길을 떠났다. 시아버지 유홍석은 71세의 고령임에도 불구하고 윤희순과 함께 망명하였다.

윤희순의 가족은 1911년 흥경현(興京縣: 현재 무순시 신빈현) 평정산 난

춘천 여우내골 유인석 기념관

환인현 보락보진

천자 고려구(高麗溝)로 망명한 후 유인석과 함께 의병들을 모아 훈련을 시키면서 항일투쟁을 전개할 날을 준비하였다.

평정산(平頂山)은 산꼭대기가 맷돌을 엎어논 모양처럼 평평하여 붙여진 이름이다. 평정산 기슭에 자리잡은 고려구는 환인현에서 서남쪽 75km 떨어진 곳에 위치하고 있으며, 처음 이곳으로 이주한 의병장 유인석 가족을 비롯하여 유홍석, 정응규, 박장호, 박양섭, 백삼규, 송헌창, 김화진 가족 등 오십여 가구가 터를 잡고 국권회복을 위한 항일투쟁을 준비하였던 역사적인 마을이다.

1910년 고려구는 인가가 전혀 없는 산골로 농토도 없는 불모지나 다름없는 땅이었다. 고려구에 도착한 의병 가족들은 산비탈을 개간하여 집터를 닦고, 나무를 베어다가 기둥을 세우고, 흙과 돌로 벽을 쌓아 올린 뒤 나뭇가지와 풀로 지붕을 엮어 초막집을 지으면서 정착촌을 건설해 나갔다.

오십 여 가구가 살 수 있는 초막집을 한꺼번에 짓는 일은 너무나 힘들고 고통스러웠다. 유인석을 비롯한 의병들은 이러한 막일을 해본 경험이 없었다. 그렇다고 누가 도와줄 사람이 있었던 것도 아니었다. 더구나 집을 짓는 도구와 재료들도 직접 마련해야 했기에, 망명객들이 겪어야 하는 고초와 시련은 상상을 초월했다.

서둘러 망명길을 떠나느라 식량을 풍족하게 마련해 온 것도 아니었으며, 가재도구들도 남겨두고 떠나왔기에, 당장 밥을 지을 솥도 부족하고 밥과 국을 떠 먹을 그릇마저 턱없이 부족했다. 거기다가 60여 명 식구들의 양식을 한꺼번에 준비해야 하는 부녀자들의 고통은 또 어떠했겠는가. 그들은 새벽에 일어나 양식을 준비하느라 눈코 뜰 새가 없을 정도로 바쁘게 뛰어다녀야 했다.

윤희순은 의병들이 훈련하러 간 뒤에 여성들을 데리고 산에 올라가 산나물을 뜯고, 풀뿌리를 캐고, 나무껍질을 벗겨와 옥수수 가루를 섞어 죽을 쑤었다. 얼마 동안은 그렇게 연명을 해 나갔지만, 이것마저도 시간이 지날수록 점점 더 구하기가 힘들어졌다. 낯선 중국인들에게 양식을 꾸어 온 가족이 살아가는 망명지 만주에서의 고통은 실로 형언할 수조차 없는 빈궁한 생활의 연속이었다.

갑자기 몰려오는 한국인들에게 놀란 중국인들의 경계심은 날로 높아졌고, 불안에 떨던 그들의 불만이 여기저기서 터져나왔다. 그러자 중국 관청은 한국인에게 땅이나 곡식을 팔지 말라는 명령을 내렸고, 망명객들의 삶은 더욱 고단하고 벅찼다.

낯설고 물설은 망명지 만주에서 옥수수 가루를 한 줌 섞어 멀건 풀죽을 끓여 먹으며 연명해가는 의병가족들에게 식량은 곧 생명줄이었으며, 한 톨의 곡식은 한 방울의 피보다 더 귀했다.

환인현 괴마자에 노학당 분교를 세우다

윤희순은 의병대의 안살림을 도맡아 하면서도 1912년에는 환인 보락보진 남괴자(保樂堡鎭南拐子) 마을에 동창학교 분교를 세웠다. 한인 젊은이들을 모아 항일의식을 고취시키고, 독립투쟁에 나설 인재들을 양성하기 위해서였다.

의병대 안살림을 돕고 노학당 일을 보느라 몸이 열 개라도 부족한 윤희순에게 견디기 힘든 불행이 한꺼번에 겹쳐왔다. 1913년 시아버지 유

(좌로부터 시계방향으로)환인 보락보진, 보락보촌, 환인현 남괴자 노학당 기념비, 보달원 고려구

홍석이 세상을 떠났고, 2년 후에는 남편 유제원마저 세상을 등졌다. 멀고 먼 타국땅에서 사랑하는 사람을 잃은 윤희순이었지만 결코 절망하지 않았다. 그녀는 가족을 이끌고 관전현 고려구로 이주하여 유인석, 우병렬, 이진룡 가족과 함께 또다시 항일운동을 전개해 나갔다.

1915년 1월 29일(음력) 윤희순 가족을 보호하고 도와줬던 유인석마저 관전현 보달원(步達遠) 고려구에서 74세를 일기로 세상을 하직하자, 윤희순은 하늘이 무너지는 듯한 절망과 아픔을 또다시 느껴야 했다. 윤희순은 이진룡과 우병렬, 그리고 만주로 망명해 온 애국지사들과 함께 유인석의 장례를 엄숙하게 치렀다.

1919년 3월 6일 환인현에서 3·1만세운동이 일어나자 윤희순은 동지들과 함께 만세운동에 참가하여 한국독립의 정당성을 세상에 알렸다. 그리고 윤희순은 관전현과 환인현을 오가며 독립자금을 모금하는 한편 여성들의 독립투쟁 참여를 촉구하는 활동을 계속하였다. 하루에도 수십 리 길을 돌아다녀야 했던 윤희순의 발은 부르트고 진물이 나서 몇 발짝도 걸을 수 없을 정도로 고통스러웠지만, 조국독립을 위해서 그녀는 단 하루도 쉴 수가 없었던 것이다.

1925년 가을에 독립운동을 더욱 적극적으로 전개하기 위해 윤희순은 가족을 데리고 무순(撫順)의 포가둔으로 이주하였다. 포가둔에 도착한 후 윤희순은 두 아들 유돈상, 민상, 그리고 음성국, 음성진, 중국인 장경호와 힘을 합쳐 조선독립단을 조직하였다.

1931년 일본이 만주를 침략한 후 일본군의 감시를 피해 윤희순은 손자 유연익과 딸을 데리고 봉황성 석성(石城) 동고촌으로 이주하였다.

무순에서 항일투쟁을 벌이고 있는 유돈상과 은밀하게 연락을 취하며 지내고 있던 1934년 겨울, 윤희순의 소재를 정탐하고 다니던 왜놈앞잡

유인석

환인현 만세거리

이의 신고를 받은 일본군이 윤희순의 집을 포위하고 불을 질렀다.
　중국인의 도움으로 손자 유연익과 딸을 간신히 구출한 윤희순은 일본군의 계속 되는 추적을 따돌리기 위해 봉성에서 200km나 멀리 떨어진 해성시 묘관둔촌으로 피신했다. 어린애만 있는 집에다가 불을 지르는 잔악한 왜놈들로부터 손자와 딸을 보호하기 위해 내린 결단이었다.

해성시 묘관둔

　　　　　　　　해성시 묘관촌으로 이주하게 된 윤희순은 중국인 녕수부(寧守富)의 집에서 방 한 칸을 얻어서 살며 이웃집에 사는 한족 갈복순, 장영방 부부의 도움을 받았다. 낯선 이방인에게 방을 마련해주고 식량을 나눠주던 묘관촌 사람들의 따뜻한 인정이 눈물겹도록 고마웠던 윤희순은 묘관촌 사람들에게 벼농사와 채소 농사를 가르쳤다. 그리고 중국인들에게 일본인들의 억압과 횡포를 알리고, 항일의식을 불어넣는 교육을 은밀하게 실시하기도 했다.
　묘관둔에서 이십오 리 쯤 떨어진 해성시에서는 둘째 아들 유민상이 처가 식구와 함께 정미소를 하고 있었다. 셋째 아들 유교상은 일본군의 총에 맞아 다리를 몹시 절어서 윤희순과 함께 묘관둔에서 농사를 지으며 살고 있었다.
　윤희순이 조금씩 심신의 안정을 찾아가고 있을 무렵 무순에서 비보가 날아들었다. 대한독립단 청년들에게 강의를 하고 있던 장남 유돈상이 왜경에게 체포되어 무순 감옥에 갇히게 되었다는 것이다. 더구나 일본 경찰들의 가혹하고 모진 고문을 당해 생명이 위독한 상태라는 소식

묘관둔 전경

이었다.

 유민상이 급히 달려가 무순 감옥에 도착했을 때 왜경들의 악랄한 고문으로 당해 만신창이가 된 유돈상은 이미 숨을 거둔 뒤였다. 1935년 7월 19일 유돈상의 나이 42세였다. 유민상은 어머니에게 충격을 주지 않으려고 동지들과 함께 무순에서 장례를 치른 뒤에 묘관둔으로 돌아왔다. 아들의 죽음을 접한 윤희순은 식음을 전폐하고 몸져누웠다. 일제의 온갖 탄압에 추호도 굴복하지 않고 3대에 걸쳐 항일투쟁을 벌였던 윤희순이었지만, 항일운동의 동지이자 아들인 유돈상의 갑작스런 죽음에 더할 수 없는 충격과 슬픔에 빠졌던 것이다.

 유돈상의 죽음 이후 식음을 전폐하던 윤희순은 후손들에게 남기는 《서정록》을 저술하고 1935년 8월 1일 75세를 일기로 파란만장한 생을

윤희순 유적지 가는 길과 묘

마감하였다.

윤희순의 묘관둔 친구들이 장지를 마련하고 해성시 묘관둔(苗官屯) 북산(北山)에 안장했다.

1994년 11월 11일 묘관둔 정부는 윤희순의 친구인 갈복순, 진건평, 진장립, 녕수덕, 녕수곤의 발의와 찬조로 묘관촌 북산에 있는 윤희순의 묘지 앞에 기념비를 세웠다.

여성의병장 윤희순의 유해는 1995년 고국으로 돌아와 향리인 남면 관천리 선영에 안장되었다.

윤희순 기념비가 있는 북산에 가다
:

우리 일행은 삼륜트럭을 타고 윤희순의 기념비로 향했다. 트럭은 묘관촌을 벗어나자 끝없이 펼쳐진 옥수수밭 사잇길로 접어들었다. 갈용성씨의 말대로 길은 그야말로 엉망진창이었다. 삼륜트럭은 빗물에 쓸려나가 골이 깊게 패인 곳을 지나갈 때마다 심하게 요동쳤다.

북산으로 가는 길은 멀고도 험했다. 더구나 밭 가운데로 높이 솟아 있는 고압선 송전탑은 위압감을 주기에 충분했다.

우리 일행은 트럭의 화물칸에 앉아서 넘어지지 않으려고 안간힘을 쓰며 가야 하는 고생스런 길이었지만, 서로의 얼굴을 바라보며 웃을 수 있었다. 윤희순 의사의 유적을 찾아가고 있다는 기쁨이 우리 일행을 즐겁게 만들었던 것이다.

묘관촌을 떠난 지 30분 만에 윤희순의 묘소에 도착했다. 윤희순 기념비가 서 있는 곳에서 묘관촌을 바라보니 2km가 조금 넘을 것 같은 가까운 거리를 우리 일행은 흔들리는 트럭에서 그렇게 오랜 시간을 버티며 달려왔던 것이다.

나는 묘지 앞에서 잠시 주위를 둘러보았다. 야트막한 산등성이 양지바른 곳에 윤희순의 묘지가 있었다. 기념비는 동남쪽을 향해 서 있었다. 윤희순이 한평생을 사랑했던 한반도를 바라보고 서 있는 것이다.

윤희순 유해는 고국으로 돌아간 자리였지만, 나는 묘지 앞에 서서 경건한 마음으로 절을 올렸다. 큰 절 두 번, 반 절 한 번 정중하게 절을 올리고 나서 기념비 앞에 섰다. 몇 년 동안 윤희순의 유적을 찾아다녔던 기억들이 영화필름처럼 스쳐갔다.

강원도 춘천 가정리 여우내골에서, 환인현 평정산에서, 관전현 고려구에서, 무순시 포가둔에서, 봉성시 석성에서 만났던 윤희순 의사의 발자취들, 숭고한 정신. 그곳에서 나는 얼마나 많은 생각을 했었던가.

환인현 괴마자촌 노학당 기념비 앞에서 윤희순의 모든 유적을 답사하기로 했던 약속을 이제야 지키게 된 것이 송구스럽기도 했지만, 멀고 험한 답삿길을 다니는 동안 커다란 사고없이 무사히 답사를 마칠 수 있었던 것에 진심으로 감사했다.

옆에 서서 지켜보던 갈용성씨가 감동스런 얼굴로 나를 쳐다보더니 미리 준비해간 낫으로 긴 풀을 베어내고 묘지 주위의 잡풀들도 뽑아내기 시작했다. 나와 윤 선생도 갈용성 부부를 도와 묘역 주변의 잡초를 뽑아내고 웃자란 잔디를 뜯어냈다. 나는 윤희순 기념비도 먼지를 털어내고 닦았다.

이역만리 타국땅에 외로이 서 있는 기념비를 닦아내며 생각했다. 왜

윤희순 묘지와 기념비를 관리하고 있는 갈용성씨

놈들의 탄압과 검거를 피해 낯선 이곳으로 이주해서 외로운 항쟁을 계속했던 항일투사 윤희순. 항일투쟁의 동지였으며, 사랑하는 아들이었던 유돈상의 사망 소식을 듣고 식음을 전폐한 그녀의 지극한 모성애.

윤희순은 불후의 업적을 남긴 위대한 독립투사였으며, 시아버지와 남편을 지극정성으로 섬겼고, 아들과 딸을 몹시 사랑했던 숭고하고 따뜻한 여성의 표상이었다.

여성의병장 윤희순 의사의 묘지, 그리고 기념비.

나는 자랑스럽게 보존되고 있는 묘지터와 기념비를 바라보며 너무나 감격스러워 몇 번이나 기념비를 닦고 쓰다듬었다. 지금도 흔적조차 찾지 못하고 있는 대한독립군 중장 안중근 의사의 묘지, 하얼빈 외국인 묘지에 묻혔던 대한독립단 남자현 의사의 묘, 고마령 전투의 최석순 장군의 묘, 의성단 단장 편강렬 의사의 묘지, 그리고 수많은 항일투사들의 묘지가 사라진 만주땅에서 그동안 얼마나 부끄러웠던가. 얼마나 가슴이 미어지는 통분을 느껴야 했던가. 얼마나 많은 실망을 했던가.

수없이 가슴을 치며 통곡을 해도 서러움이 가시지 않던 이국의 하늘 아래서, 오늘 나는 당당하고 아름답게 서 있는 기념비 앞에 마주 선 것이다. 나는 분명히 이국 하늘 아래 위엄있게 서 있는 윤희순 의사의 항일기념비를 바라보고 있는 것이다.

어찌 감격스럽지 않겠는가. 어찌 눈물이 나도록 고맙지 않겠는가.

나는 이곳 묘관둔 사람들에게 진심으로 감사했다. 그들이 있었기에 윤희순 의사의 묘지와 기념비 앞에 절을 올리고 묵념을 올릴 수 있는 행복을 누리게 된 것이리라. 오늘만큼은 항일유적답사가인 나 자신이 자랑스럽고 행복했다.

윤희순 의사 기념비

갈용성씨 부부와 함께

나는 윤희순 의사의 고귀하고 숭고한 삶과 애국정신을 생각하며, 다시 한 번 추모의 묵념을 올리고 윤희순기념비와 작별을 고해야 했다.

우리 일행은 다시 트럭을 타고 묘관둔으로 돌아왔다. 반찬은 별로 없지만 함께 식사를 하고 가라는 갈용성 부부의 따뜻한 인정에 몇 번이나 인사를 올리며 이국땅 이국인들에게 감사의 합장을 올렸다.

묘관둔 갈용성씨 집을 나설 무렵 잔뜩 흐렸던 하늘에서 비가 한두 방울 떨어지기 시작했다.

우리는 한참 동안 서서 손을 흔들고 있는 갈용성 부부를 뒤로하고 해성시로 가는 버스에 몸을 실었다.

안산시
옥불사원(玉佛寺院)

나는 안산시로 돌아와 윤 선생과 함께 세계 최대 옥불(玉佛)이 안치되어 있는 옥불사원을 찾아갔다.

옥불사원으로 들어섰을 때 내 눈앞에 펼쳐지는 거대한 불상. 높이 6m 눌레 10m가 넘는 옥돌에 정교하게 조각된 옥불의 모습에 나는 찬탄하지 않을 수 없었다. 세계 최대의 옥불상이라는 이유 때문이 아니었다. 세상사람들이 생로병사의 고통으로부터 해탈하는 깨달음의 길을 열어 주었던 부처, 거대한 옥돌에 조각한 장인(匠人)의 노고와 정성이 더해져 부처의 자비로움으로 되살아나는 듯한 사원에서 나는 저절로 고개가 숙여졌다.

안산 박물관

옥불원 전경

세계 최대 옥불 모습

고구려의 숨결이 살아있는
백암성
⋮

　　　　　　2009년 7월. 백암성(白巖城)으로 답사를 떠나기로 한 날 아침부터 비가 많이 내렸다. 나는 또다시 답사를 떠날 수 없게 만든 하늘을 원망하며 단동에 머물렀다. 비는 며칠 동안 줄기차게 내렸다. 나는 더 이상 백암성 답사를 미룰 수가 없었다. 집안시 일대의 항일유적지 답사 일정이 다가왔기 때문이다.

　나는 아무리 비가 많이 와도 백암성 답사를 강행하기로 했다. 조선족 청년 김군과 함께 단동터미널로 가서 아침 7시에 출발하는 요양시(遼陽)행 버스를 탔다. 단동에서 요양까지의 거리는 약 319km였다.

　장맛비로 도로 곳곳이 패어 있어서 몹시 덜컹거리는 버스를 타고 앉아 7시간을 가야 요양시에 도착할 수 있었다.

　나는 백암성과 요양탑을 답사하기로 한 날부터 가졌던 기대감으로 요동치는 버스, 불편한 좌석에 앉아서 줄기차게 쏟아지는 빗줄기를 차창으로 바라보고 있었다.

　도로 정비가 거의 되지 않아 버스는 비포장도로를 가는 것보다 더 거북이 운행을 하였다. 가는 곳마다 손님을 태우고 내리느라 마냥 시간이 걸리는 버스였지만, 손님 중에 누구도 불만을 얘기하거나 항의하는 사람이 없었다. 중국의 시외버스는 출발 시각은 정해져 있어도 도착시간은 운전수 맘대로였다. 버스는 어차피 거북이보다 더 느리게 가고 있으니 우리 일행이 요양에 도착하기 전에 비나 그치길 바라는 마음뿐이었다.

　단동에서 출발한 버스는 요녕성 최대의 옥광산으로 유명한 수암(岫岩)

백암성 전경

을 거쳐 안시성이 있었던 해성시에 도착할 무렵 다행히 비가 그치고 간간이 햇볕이 나기 시작했다.

 백암성은 단동에서 버스를 타고 9시간이나 가야 하는 곳이기에 그동안 쉽사리 답사를 떠날 수 없었다. 또 그곳의 위치를 정확하게 알지 못해 차일피일 미루다 떠난 날이 하필 비가 억수같이 오는 날이었던 것이다. 그러나 재수가 없으면 뒤로 자빠져도 코가 깨지고, 시집가는 날 등창이 난다는 옛말이 내게는 들어맞지 않았다.

 나의 간절함을 외면하지 않고 하늘이 비를 멈춰주었다는 생각이 들었다.

 2010년부터 단동에서 본계시를 거쳐 안산시로 가는 고속도로가 완성되어 안산까지 3시간이면 도착할 수 있게 됐지만, 내가 처음 백암성을 답사했던 2008년 당시에는 단동 출발 후 7시간이 걸려서야 요양시에 도착할 수 있었던 것이다.

우리 일행은 요양시내에 있는 요동탑(일명 백탑)을 관광하고 요양호텔에 묶었다. 다음날 아침 일찍 시외버스를 타고 1시간 만에 서대요향(西大窯鄕)이라는 작은 마을에 도착했다. 서대요에서 다시 차를 갈아타고 관둔촌으로 가야 한다.

백암성의 위치는 중국 요녕성 등탑시(燈塔市) 서대요향(西大窯鄕) 관둔촌(官屯村: 고성촌)이다.

우리가 서대요에 도착하여 관둔촌으로 가는 버스를 알아보았지만 버스는 이미 떠난 뒤였다. 우리는 할 수 없이 삼륜택시들이 손님을 기다리고 있는 곳으로 갔다.

요양시에 있는 요동탑(일명 백탑) 전경

내가 한국사람이란 걸 눈치를 챈 택시기사는 요금을 엄청 비싸게 불렀다. 그렇다고 여기까지 와서 백암성 답사를 않고 돌아갈 수는 없었다. 우리는 비싼 요금을 주기로 하고 삼륜차 택시를 탄 뒤 백암성으로 출발하였다.

시멘트 포장도로를 얼마쯤 달린 삼륜차는 비포장도로로 접어들었다. 삼륜차는 몹시 흔들려 금방이라도 길옆 밭으로 쳐박혀버릴 것만 같았다. 내가 천천히 가라고 해도 기사는 싱글거리며 속도를 늦추지 않았다.

우리는 옥수수밭길을 달려 30분 만에 백암성 입구에 도착했다. 산 위로 거대하고 장엄한 백암성의 모습이 눈에 들어왔다. 나는 차에서 내리자마자 백암성을 향해 뛰어 올라갔다. 단동을 떠난 지 이틀 만에 꿈에도 그리던 백암성에 도착한 것이다.

고구려시대 우리 민족이 축성한 백암성은 산등성이를 그대로 살려 하얀 석회암으로 자연스럽게 쌓아 올린 아름다운 성이었다.

백암성은 북방민족의 공격으로 전쟁이 끊일 날이 없었으며, 돌궐족과 수나라의 침략을 당하여 피비린내 나는 전투를 벌여야 했다. 서기 645년 당나라 태종의 침략전쟁 이후 당나라와 수많은 전투를 치르기도 했다.

백암성은 태자하가 흐르는 절벽 위로 우뚝 솟은 산줄기의 둘레를 석회암으로 축성하였기에 붙여진 이름이다. 이곳은 고구려인의 기상과 강인한 생명력이 살아서 숨쉬는 고구려 역사의 성지이다.

내가 거친 숨을 몰아쉬며 도착한 백암성 입구의 안내석에는 백암성이란 명칭은 찾아볼 수가 없었다. 그곳에는 연주성(燕州城)이라는 이름만 새겨져 있었다.

고구려 첫 번째 수도였던 환인현의 졸본성은 오녀산성으로, 봉황산의 오골성은 봉황성으로, 압록강변의 박작성은 호산장성으로 바뀌었으니, 백암성이라고 예외일 수는 없었던 것이다. 고려시대 김부식의 삼국사기에 따르면 서기 547년 백암성을 축성하였으며, 약 100여 년이 지난 후 645년 보장왕 때 당태종이 백암성을 공격해왔다는 기록이 전해지고 있다.

나는 서쪽 성벽에 올라가 산 전체를 둘러싸고 있는 성벽의 규모에 놀랐다. 남쪽으로 흘러가는 태자하(太子河)의 아름다움과 서쪽으로는 거칠 것 없이 탁 트인 평원을 바라보며 1,500여 년 전 고구려인의 기상과 위대한 역사에 감동하지 않을 수 없었다.

현재 남아 있는 서쪽 성벽은 견고하고 웅장한 모습을 그대로 간직하고 있었다. 성벽에는 3개의 치(雉)가 돌출되어 있으며, 성안으로는 수만 평의 넓은 평지가 서남향으로 펼쳐져 있었다. 성벽 안쪽에는 바깥쪽 치와 유사한 구조물을 설치하여 성벽으로 올라가는 계단의 역할을 하게 만들었다.

백암성의 둘레는 약 2.5km이며, 현재 서쪽과 동쪽 성벽이 비교적 옛 모습 그대로 남아 있으며, 성벽의 높이는 대략 6~8m이다. 북쪽 성벽의 안쪽에는 내성이 축조되었던 흔적이 많이 남아 있는데, 지금은 그 가운데에 성벽을 높이 쌓아올린 점장대(點將臺)만 남아 있다.

2010년 6월 해성시의 묘관둔으로 여성의병장 윤희순 의사의 유적을 갔다 오는 길에 백암성을 다시 가보려 했지만, 동행인들과 일정이 맞지 않아 갈 수가 없었다.

요녕성 등탑시 서대요향 고성촌 백암성(중국명 연주성)

백암성 전경

　고구려 기상과 역사를 간직하고 있는 백암성, 다시 한 번 가고 싶은 마음을 추스리며 아쉬운 발걸음을 돌려야 했다. 돌아오는 길에 몇 번이나 백암성 답사를 다짐했었지만 지금까지도 그 아름다운 백암성에 갈 기회를 잡지 못하고 있다.
　중국 요녕성 요양시의 등탑 서대요향에 연주성(燕州城)이란 이름으로 외롭고 쓸쓸하게 잊혀 가고 있는 백암성은 오늘도 위대한 고구려인의 후예, 한국인들의 관심과 사랑을 기다리고 있다.

5장

남만주 항일투쟁의 횃불을 들다
― 대한독립단

대한독립단 유적

독립기념관

중국 길림성의
성도(省都) 장춘(長春)에서

나는 며칠 동안 장춘(長春)에 머무르면서 만주 육군군관학교, 일본영사관, 대동학원 등을 돌아보는 동안 가슴이 답답하고 마음이 무거웠다. 그곳은 우리 민족이 자랑스럽게 생각하는 역사의 현장이 아니라, 부끄럽고 수치스런 역사가 남아있는 곳이기 때문이다.

세계 어느 나라를 막론하고 자랑스런 역사와 수치스런 역사가 공존하고 있다. 그러나 이곳 장춘에서 벌어졌던 일련의 근대사는 그러한 수치스러움을 넘어 분노와 울분을 자아내게 한다.

장춘은 조국과 민족을 배반하고 자신의 영달과 부귀를 위해 친일반민족행위를 서슴지 않았던 사람들이 모여들었던 곳이다.

일본군이 되기 위해 일왕에게 충성을 맹세하며 만주육군군관학교에 자원해서 입교했던 사람들, 독립투사를 체포하고, 동족을 억압하고, 한

(좌로부터)장춘역 전경, 역 앞 시내 모습, 장춘역의 옛모습, 길림시

인마을에 쳐들어가 방화와 살인까지도 서슴지 않았던 일본영사관 앞잡이들, 국내와 일본에서 저질렀던 친일행위만으로 부족했던지 스스로 만주까지 달려와 앞다퉈 친일반민족의 길로 들어섰던 사람들, 개인의 출세만을 위해 일본괴뢰정부였던 만주국의 관리가 되었던 사람들.

장춘에 있는 내내 친일반역자들의 행적을 생각만 해도 저절로 구역질이 났다.

그들의 친일반민족 행위는 일제시대에 국한된 것이 아니라 해방 후에도 이어졌기에, 그곳을 돌아보는 내내 마음이 몹시 서글프고 씁쓸했다. 내가 장춘에 다시 온다하더라도 더 이상 그곳을 찾아갈 일은 없을 것이다.

다음날 아침.

나는 수치스러움과 분노의 현장에서 벗어나 조국과 민족을 위해 목숨을 바쳤던 영웅들의 기상이 남아 있는 의열단 창설지 길림시(吉林市)로 향했다.

의열단장 약산 김원봉

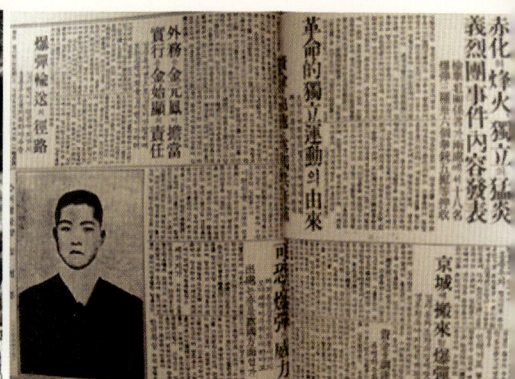
의혈단과 김원봉의 신문기사

1919년 11월 9일.

약산(若山) 김원봉(金元鳳), 석정(石井) 윤세주(尹世胄)를 중심으로 이성우, 곽재기, 강세우, 이종암, 한봉근, 한봉인, 김상윤, 신철휴, 배동선, 서상락, 권준 등 13명의 애국투사들이 길림시 파호문 밖 중국인 반 씨의 집(현재 위치 광화로(光華路))에서 의열단(義烈團)을 결성했다.

나는 친일반역자들의 역겹고 수치스런 영상을 지워버리기 위해 의열단 유적지가 있는 광화로를 찾아갔다. 그러나 의열단 창설지는 흔적조차 없어져 그 당시의 모습은 찾아볼 수 없었다.

13명의 의열단원이 독립투쟁의 의지와 애국애족정신으로 굳게 뭉쳤던 그곳은 낯선 상가 건물만 서 있을 뿐이었다. 허탈했다. 아니, 뜨거운 분노가 목구멍을 넘어왔다. 아무리 주위를 둘러보아도 의열단 유적의 흔적은 없었다.

자랑스런 역사의 현장 보존, 위대한 역사의 계승, 민족자존과 자긍심의 문화 계승 발전. 이곳에서는 헛된 구호에 지나지 않았다.

그러나 슬프지는 않았다. 지금으로부터 90여 년 전 이곳에서 결성되었던 의열단의 역사적인 현장에 서 있다는 것만으로도 기쁘고 감격스러웠다. 조국과 민족을 사랑하는 의열단원의 마음을 느낄 수 있었기에, 장춘에서 무겁게 가라앉았던 마음이 한결 가벼워지고 상쾌해졌다.

의열단 결성지에는 기념비도 없고 안내판도 없었다. 잊혀 간 역사의 현장일뿐이었다. 나는 그 허탈한 현장을 바라보며 하염없이 흘러내리는 눈물을 삼키려 하늘을 보았다.

나는 중국에서 대한민국의 초라한 위상을, 외교력의 무능과 왜소함을 또다시 느껴야 했다. 의열단 유적지, 허탈한 역사의 현장을 서성이다가 떨어지지 않는 발걸음을 돌려야 했다.

우리나라의 현대사에서 결코 빼놓을 수 없는 인물들이 신경(新京: 현재 장춘)에서 만주육군군관학교, 건국대학, 대동학원을 졸업했다. 그들은 일본군이나 만주국 관리가 되어 항일독립투사들과는 다른 길을 걸었다.

신경군관학교(만주육군군관학교)는 일본의 괴뢰정부였던 만주국이 장

의열단 의백 김원봉

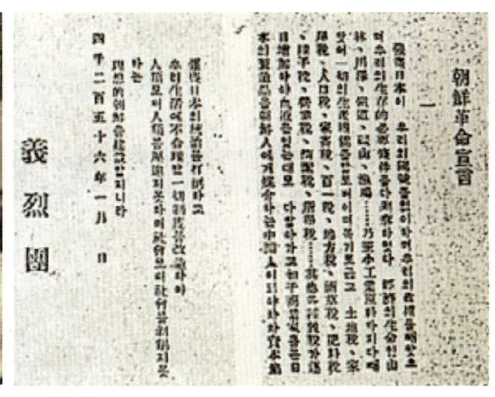
조선혁명선언

교를 양성하기 위해 1939년에 세운 4년제 군사학교였다.

신경군관학교 출신 한국인은 1기생 김동하(훗날 해병대 중장), 윤태일(사단장: 서울시장)을 비롯하여 2기생 박정희(육군대장: 대통령), 이한림(육군중장: 건설부장관), 3기생은 최주종(육군소장: 주택공사사장), 5기생 강문봉(육군중장: 국회의원), 백선엽(육군참모총장: 교통부장관) 등 48명이 이 학교를 졸업하였다.

만주국은 일본이 세운 괴뢰정부로서 한국이나 대만처럼 일본이 직접 총독을 파견하여 통치하지는 않았지만, 청나라 마지막 황제 부의(溥儀)를 꼭두각시로 세워놓고, 일본군부가 다스린 괴뢰국이었다.

요즈음 친일인명사전을 놓고 친일파 논쟁이 뜨겁다. 그 중에서 가장 관심을 끄는 대목이 만주육군군관학교 출신들을 친일파로 볼 것인지 여부를 놓고 첨예한 논쟁이 벌어지고 있다. 이러한 논쟁에서 친일반민족행위를 판단하는 핵심은 일제치하에 일본군 장교의 위상과 역할, 그리고 일본군 장교가 되었던 사람들의 행적이나 활동 성향을 살펴보는 것이 중요하다고 생각한다.

일본제국주의 시대는 일왕을 중심으로 군인들이 통치권력의 주체가 되어 활동하던 시기였다. 당시 일본 내각에서 활동했던 사람들은 거의 일본군 출신이었고, 조선총독부의 총독으로 파견된 사람들 역시 전·현직 군 장성들이었다.

당시의 일본 군대는 국가안보를 담당하는 역할을 하는 동시에 사회의 모든 분야를 관리하고 지배하는 최고의 권력집단이었다. 따라서 일왕에게 충성을 맹세하고 일본제국주의 군인이나 관리의 길로 들어섰던 사람들은 일본제국주의 체제 아래서 충성경쟁을 벌이며, 자신의 영

장춘시내 옛건물

달을 위해 친일행각을 자행했던 집단이라고 볼 수 있다. 그들은 일본인들보다 더 적극적으로 동족을 탄압한 경우도 많았으며, 항일투쟁에 나선 독립투사들의 검거에 앞장섰던 인물들이 많았던 것으로 미루어 볼 때 그들 대부분이 친일반민족행위자였음이 명백하다.

일제시대 일본군 장교의 위상은 단순히 먹고 살기 위해서 선택한 직업군인이 아니었다. 그들은 만주지역 독립투사들과 목숨을 건 전쟁을 벌여야 한다는 상황을 이미 인지한 상태에서 일본군인의 길을 선택했던 사람들이었다. 그러므로 그들의 행위는 직업 그 이상의 상징성과 의미를 내포하고 있다. 또한 만주육군군관학교가 일왕의 친위세력을 양성하는 일본제국주의 국가기관이었다는 사실을 누구도 부정할 수 없을 것이다.

그 당시 사람들이 거의 다 고인이 된 오늘, 그들의 친일행위보다 더욱 중요한 것은 그들이 살아있을 때 자신의 과오를 진심으로 뉘우치고 조국과 민족 앞에 사죄한 사람이 있었느냐는 점이다. 그들은 죽는 그 순간까지도 조국과 민족 앞에 사죄할 뜻이 없었던, 철저하게 친일정신으로 무장했던 골수친일파들이었다는 사실을 우리는 똑똑히 기억하고 있다.

친일반민족행위자 처벌법이 이승만과 그 일파들(대부분 친일파나 그에 동조했던 무리들)에 의해 좌절되었다. 이승만 정권의 비호 아래 재기하게 된 친일반민족세력은 자신들의 반민족행위를 반공이데올로기로 포장하여 일제앞잡이에서 재빨리 독재정권의 주구로 변신했고, 기득세력이 되어 민주주의를 짓밟고 분단체제의 고착화에 앞장섰던 것이다.

친일반민족자들은 국민들에게 단죄를 받기는커녕 대를 이어 각계 요직을 장악하고, 민족정기와 사회정의의 가치관을 뭉개버린 채 현대사까지 부끄럽고 치욕스럽게 만들었다.

이승만이 4·19학생의거에 의해 하와이로 쫓겨난 이후 정권을 잡았

초대 대통령 이승만

4·19의거로 철거된 이승만 동상

던 정치지도자들마저도 우리 민족의 정기를 바로 세우는 일에 소홀했다. 이제라도 석고대죄(席藁待罪)하는 심정으로 역사를 바로잡지 않으면, 민족정기로 빛나던 한민족의 반만년 역사는 그 빛을 잃어버리고, 민족배반의 인물들이 또다시 역사에 등장하는 치욕이 되풀이될 수도 있을 것이다.

삼국시대 왜구의 침략, 임진왜란, 정묘재란, 한일강제병합으로 이어진 역사적 사실을 상기해 볼 때, 우리 민족이 일본의 재침략을 당했을 경우 우리 후손들이 민족배반의 역사와 친일반민족인물들을 본받게 되지는 않을까 몹시 두렵다.

내가 장춘과 길림을 여행하며 가슴 아프게 느꼈던 사실은 일본영사관 건물이나 만주군관학교 건물(현재 중국 인민해방군 기술학교)은 그대로 보존되고 있는데, 의열단이 결성된 건물은 보존은커녕 흔적조차 찾을 수가 없었다. 더욱 놀라운 것은 김일성이 다녔던 육문중학에는 그의 거대한 동상이 서 있고, 그가 앉아서 공부했던 책상까지 완벽하게 보존되

독립기념관

국립묘지 애국지사 묘역

고 있었다.

의열단이 결성되었던 길림시에서는 그러한 항일투쟁단체가 있다는 사실조차 아는 사람이 없을 정도로 철저하게 잊혀 가고 사라진 역사였다. 중국땅에서 우리 민족의 항일투쟁과 관련이 깊은 역사 현장을 답사할 때마다 느끼는 서글픔은 길림에서도 결코 예외가 아니었다.

독립투사들이 중국인과 힘을 합쳐 일본침략자들과 싸웠던 항일유적들이 왜 이렇게 차별과 냉대를 당하고 초라한 대우를 받고 있는지 심각하게 생각해봐야 할 때이다. 중국에서 한국의 국가적 위상이 이 정도밖에 되지 않는 이유가 무엇인지, 이런 상황이 되도록 관련기관과 단체에서는 무엇을 하고 있었는지 냉정하게 돌아봐야 할 것이다.

한중수교 20주년을 맞이하는 2012년에는 중국 내 항일유적들의 실태를 정확하게 파악하고, 항일유적의 발굴과 보존 문제를 한·중 간 현안 의제로 삼아 긴밀한 협조방안을 강구해야 할 시점이며 기회라고 생각한다. 양국 관

길림시 육문중학교

계기관에서 항일유적 문제를 심도 있게 협의하여 중국내 항일유적지들이 더 이상 훼손되거나 방치되는 불행을 막아야 한다.

또한 이번 기회에 친일반민족자들에 의해 크게 훼손되었던 민족정신과 역사정의를 되살려 분열과 대립, 반목의 고리를 끊어버려야 할 것이다. 그러기 위해서는 상해임시정부의 법통을 계승한 헌법정신으로 돌

아가 친일반민족행위자들에 대한 역사적 단죄와 응징을 실행하여 민족정기를 바로 세워야 한다고 생각한다.

만약에 일제시대의 어두운 그림자를 걷어내지 못하고, 항일투사들의 업적과 유적발굴과 보존마저 소홀히 한다면, 일본제국주의 침략자들,

반민특위 재판 광경

독립문

친일행위자들, 일본국민들은 물론이요, 중국을 비롯한 주변국 국민들로부터 조롱과 비웃음을 받으며 살 수밖에 없을 것이다.

을사늑약, 한일강제병합, 35년간의 수탈과 억압을 저지른 일본제국주의자들이 반성과 사죄는 하지 않고 끊임없이 역사를 왜곡하고, 위안부 관련 망언, 독도망언을 쏟아내고 있는지, 노대제 그들이 무엇을 믿고 그러는지, 마지막 조선총독 아베 노부유키가 남기고 간 말을 깊이 생각해봐야 할 것이다.

남만주 항일독립전쟁의 성지, 삼원포를 가다

장춘에는 아침부터 많은 비가 내리고 있었다.

나는 다음 목적지인 유하현 삼원포로 가기 위해 장춘역에서 밤 10시 40분에 출발하는 삼원포행 기차표를 예매했다.

1919년 대한독립단이 창설되었던 유하현 삼원보(三源堡: 현재 삼원포) 서구 대화사(西溝大花斜), 1911년 신흥강습소와 경학사가 건립되었던 이도향 추가가(鄒家街), 1912년 부민단과 신흥무관학교가 설립되었던 광화진 합니하(哈泥河) 등지를 답사할 예정이었다.

길림성 유하현 삼원포는 1910년 한일강제병합 이후 민족주의 애국지사들이 만주로 망명하여 항일독립운동 기지를 최초로 건설했던 역사의 고장으로, 항일투쟁의 출발점이요, 남만주 한인사회의 중심지였다. 삼원포는 장춘에서 남쪽으로 약 250km 떨어진 곳에 위치한 작은 도시이다.

나는 대합실에서 출발시각을 기다리기가 지루하고 답답하여 시내를 돌아보기로 했다. 기차 출발시각에 맞춰 돌아와 삼원포행 기차를 타기로 하고 대합실 밖으로 나왔다.

밖에는 비가 계속 내리고 있었다. 우산도 없이 비를 맞으며 돌아다닐 수는 없었다. 배낭과 옷이 젖으면 갈아입을 옷도 없고 말릴 곳도 없는 형편이었다. 나는 비를 맞지 않고도 시간을 때우며 시내구경도 할 수 있는 방법을 생각해냈다. 시내버스를 타고 장춘시내를 돌아다니다가 역으로 돌아오면 되는 것이다.

만주에서 답사여행을 다니다보면 날씨 때문에 답사가 불가능해지거

장춘 시외버스터미널

나 일정이 변경되기도 한다. 그럴 때면 다음 일정까지 남은 시간을 보내는 일이 여간 고역이 아닐 수 없다. 오늘처럼 시간을 보내기 위해 의미도 없는 시내관광을 하며 거리를 배회하게 만들기 때문이다. 나는 버스요금 1위안(一元)을 내고 시내버스에 올랐다.

빗줄기는 차창을 때리며 끊임없이 흘러내리고, 우연(雨煙)에 휩싸인 거리의 풍경은 빠르게 스쳐갔다. 나는 종착역도 모르는 버스를 타고, 남은 시간을 흘려보내기 위해 버스에 앉아 있었다. 창밖에 펼쳐지는 무의미한 풍경들을 이따금 바라보면서 말이다.

어둠이 차츰 내려앉는 거리, 상가의 전등이 하나 둘 켜지고, 바쁜 걸음으로 집으로 돌아가는 사람들의 모습이 보였다. 그들의 모습을 멍하게 바라보다가 차창에 비친 지치고 초라한 내 모습을 발견했다. 순간, 내 자신이 서글퍼졌다. 비가 하염없이 내리는 낯선 도시에서 난 지금 어디로 가고 있는 것일까. 무엇을 찾아서? 왜? 만주땅에서 지치고 초라한 모습으로 시내버스에 앉아 있는가. 온갖 생각들이 꼬리를 물고 머릿속을 맴돈다.

상가에 걸려있는 시계가 오후 8시를 가리키고 있었다. 가까운 식당을 찾아 저녁을 먹은 뒤에 다시 그 노선버스를 타고 역으로 돌아갈 생각으로 버스에서 내렸다.

낯익은 한글간판의 돌솥밥집을 발견하고 너무나 반가워 문을 열고 안으로 들어갔다. 생각보다 넓은 홀 안에는 손님들로 붐비고 있었다. 나는 배낭을 내려놓고 자리에 앉았다. 종업원이 메뉴판을 들고와 무뚝뚝하게 내밀었다. 나는 그에게 환하게 웃어주며 메뉴판을 받아들었다. 그의 표정이 어떻든 나는 한글 간판이 있는 집에 들어온 것만으로도 기분이 무척 좋았던 것이다. 나는 돌솥비빔밥을 중국어로 어떻게 말하는지 몰라 메뉴판에 그려진 돌솥비빔밥을 손가락으로 가리켰다. 그는 역시 무표정한 얼굴로 물었다.

"이거런마(一個人?: 한 사람이냐)?"

나는 고개를 끄덕였다. 그는 메뉴판을 들고 주방쪽으로 걸어갔다. 중국에서 식당 종업원에게 친절과 감사는 기대할 일이 못 되었다.

어느 여행자의 말처럼 세계 만국 공용어는 손짓발짓이었다. 나는 말 한마디 하지 않고도 돌솥비빔밥을 시켜 먹을 수 있었고 물이나 냅킨을

장춘역 야경

 가져오게 했고 중국차까지 한 잔 마실 수 있었다. 참으로 오랜만에 한국식 고추장을 넣은 돌솥비빔밥을 맛있게 먹었다.

 밤 10시. 휘황찬란한 야간조명이 장식되어 낮과는 사뭇 다른 분위기를 연출하고 있는 장춘역으로 돌아왔다.

 밤늦은 시간인데도 많은 사람들이 기차역으로 향하고 있었다. 13억의 인구를 자랑하는 중국답게 어디를 가나 기차역은 언제나 인파로 붐비고 있었다.

 나는 물품 검색대에 배낭을 밀어 넣고, 무표정한 얼굴로 앉아 있는 공안원에게 미소를 던져주며 검색대를 통과한 뒤 배낭을 멨다. 그리고 무슨 일이 그렇게 바쁜지 잰걸음을 치는 사람들을 따라 개찰구가 있는 2층 대합실로 향했다. 대합실에는 이미 빈자리가 없을 정도로 많은 사람들이 기차를 기다리고 있었다.

수천 명이 넉넉하게 앉을 것만 같은 거대한 대합실, 무거운 짐을 진 사람, 큰 가방을 끌고, 보따리를 머리에 이고 대합실로 들어서는 사람들, 대합실 바닥에 앉아 늦은 저녁을 먹는 사람들, 배웅하러 나온 사람들로 마치 시장처럼 붐비는 대합실 귀퉁이에 나는 배낭을 내려놓았다. 그리고 대합실 바닥에 주저앉아 개찰이 시작되기를 기다렸다. 기차가 떠나려면 30분 정도 시간이 남아 있었다.

나는 카메라를 꺼내 대합실 풍경을 몇 장 찍었다. 갑자기 터지는 플래시에 놀란 사람들의 시선이 한꺼번에 내게로 몰렸다. 나는 그들의 시선이 부담스럽고 민망해서 카메라를 배낭에 집어넣고 대합실을 이리저

장춘 기차역 전광판

리 서성거렸다.

 홀로 다니는 여행에서 겪는 불편함은 어디를 가나 꼭 배낭을 메고 다녀야 하고, 홀로 밥을 먹고, 잠을 자는 것 외에도 가는 곳마다 의아한 눈으로 경계하는 시선들을 느껴야 된다는 점이다. 그리고 사진 한 장 찍는 것도 사람들의 눈치를 살펴야 했다.

 길림성의 성도인 장춘은 전국으로 거미줄처럼 연결된 철도의 중심지였다. 전광안내판에는 북경행, 하얼빈행, 청도행, 내가 타고 갈 통화행 등, 기차 출발시각이 번갈아 켜지고 있었다. 나는 이번 삼원포 답사도 무사히 마칠 수 있게 되기를 기원하며 승객들이 길게 늘어선 개찰구로 갔다.

 중국에서 여행을 하거나 유적답사를 다닐 때는 미리 현지의 정보를 알아볼 길이 없다. 유적지의 정보가 인터넷에 나와 있지 않을 뿐더러 현지로 전화를 걸어서 안내를 받을 수도 없기에 무작정 현지로 가는 수

장춘 시내 야경

기차역 대합실 풍경

밖에 없다. 그러다보면 가끔은 유적답사를 못하고 헛걸음을 치게 되는 경우도 생겼다.

현지 지명이 바뀌어서 옛날 이름만 가지고는 유적지를 찾지도 못하는 경우가 많았으며, 천신만고 끝에 현지를 찾아갔지만 그 당시 사람들이 모두 사망한 경우에는 증언을 들을 수 없었고, 그저 황량한 산과 들만 바라보다가 발길을 돌려야 했다.

특히 중국이 동북공정을 실시한 이후 항일유적지가 외국인 출입제한 지역(표현이 외국인이지 실제로 한국인을 통제하기 위함)으로 설정되어 출입자체를 엄격하게 통제하여 들어가 보지도 못한 채 돌아서기도 했다.

유하현 삼원포 신흥강습소 유적지도 가끔 중국 공안들이 한국인 여행자들의 출입을 통제한다는 말을 들었던 적이 있지만, 나의 답사는 관광버스를 타고 수십 명이 한꺼번에 다니는 여행이 아니기에, 그런 불행한 사태는 없을 것이라 생각했다.

내가 기차표를 예매하러 갔을 때 침대칸표는 이미 매진되어 있었다. 나는 일반석을 타고 삼원포로 가는 편이 장춘에서 무의미하게 보내는 것보다 낫다고 생각했다. 그러나 일반객실, 한국에서는 3등칸쯤 되는 표를 끊으면서 한편으로는 걱정이 되기도 했다. 그동안 일반석을 타고 여러 번 답사를 다녔던 나는 일반객실이 얼마나 복잡하고 시끄럽고 무질서한가를 경험했기 때문이다.

기차요금이 비교적 싼 일반객실은 통로까지 사람들로 꽉 차서 발을 디딜 틈조차 없는 경우가 허다했다. 공중질서가 잘 지켜지지 않는 중국에서 비좁고 딱딱한 의자에 앉아 6시간 이상을 견뎌야하는 삼원포행이 결코 녹록지 않을 것임을 예감할 수 있었다.

개찰이 시작되자 돌진하다시피 달려들고, 몸싸움을 벌이는 사람들에 밀려나 한참 동안 그들이 통과하기를 기다렸다. 중국에서 줄을 서서 기다리는 사람은 감방 죄수뿐이라는 말이 있을 정도로 기차든 버스든 먼저 타는 걸 상수로 여겼다.

출발시각이 거의 다 돼서 개찰구를 통과한 나는 플랫폼을 바삐 걸어가며 기차칸을 확인하였다. 내가 타고 갈 객실은 뒤쪽에 있었다. 나는 표를 확인하고 마지막 칸으로 올라가서 번호를 확인하며 좌석을 찾았다. 그런데 내 좌석에는 이미 다른 사람이 앉아 있었다. 그 사람에게 표를 보여주자 그가 얼굴을 찡그리며 마지못해 자리를 내줬다. 그냥 아무 자리나 앉으면 되지 무슨 좌석번호를 따지느냐는 듯한 표정이었다. 사람들이 왜 그렇게 앞다퉈 뛰었는지 알 것만 같았다. 나는 선반에 배낭을 올려놓고 내 자리에 앉아 흐르는 땀을 닦았다.

장춘역을 출발한 기차는 어둠을 뚫고 삼원포를 향해 달리기 시작했다. 이 기차의 종착역은 통화시였다. 정신을 바짝 차리지 않으면 삼원포역을 지나칠 수 있었다. 밤기차를 타고 홀로 여행을 다닐 때는 자칫하면 목적지를 지나쳐 낭패를 당하기 십상이었다.

객실 안은 예상한 대로 승객들로 꽉 차서 빈자리가 없었고 서서 가는 사람들도 많았다. 하루에 한 번밖에 운행하지 않는 탓에 좌석표가 일찌감치 매진되는 모양이다. 내 자리에 앉았던 사람이 통로에 서서 얼굴을 찡그리고 서 있었다. 오늘 여행도 왠지 편치 않을 것 같은 불길한 예감이 들었다.

기차가 장춘시내를 벗어날 무렵부터 기차 안은 사람들의 열기로 점점 더워지기 시작했다. 그렇다고 창문을 열고 갈 수가 없었다. 차가운 밤공기가 세차게 들어오고 객실 안 먼지까지 날리기 때문이다.

나는 겉옷을 벗고 앉았지만 좀처럼 더운 게 가시질 않았다. 객실 천장에 달린 낡은 선풍기가 요란스럽게 돌아가고 있었지만 바람이 좌석까지 오지도 않았다. 더구나 좁은 의자에 세 명이나 앉아 있으니 몹시 비좁고 불편했다. 내가 불편한 몸을 추스리며 조금만 움직여도 옆 사람들의 얼굴이 찌푸려졌다.

밤 12시가 지난 뒤에야 객실이 조금 조용해졌다. 목청껏 질러대는 핸드폰 통화소리도 끊어졌고, 그렇게 지저귀며 먹어대던 사람들도 지쳤는지 조용해졌다.

나도 애써 잠을 청해 보았지만 좀처럼 잠이 오질 않았다. 사람들의 땀 냄새, 쓰레기 냄새, 코고는 소리, 나는 견딜 수가 없어서 자리에서 일어나 객실이 연결되는 공간으로 나갔다. 그런데 그곳에는 담배를 피우고 있는 사람들로 가득했다. 객실 안에서 담배를 피울 수 없으니 이곳으로 몰려나와 담배를 피우고 있었던 것이다. 마치 너구리 잡는 굴속처럼 연기가 자욱했다.

바깥바람이라도 쐬고 들어가려던 나는 할 수 없이 내 자리로 돌아왔다. 그런데 이게 또 무슨 짓거리인가. 옆자리에 앉았던 사람이 내 자리까지 차지하고 버젓이 누워서 잠을 자고 있는 것이었다. 공중도덕이라곤 눈을 씻고 찾아봐도 찾을 수 없는 곳이라는 걸 익히 알고 있었지만 오늘따라 화가 나고 짜증스러웠다. 나는 그를 깨워 제자리로 보내고 가운데 끼어 앉았다. 오늘 밤 느긋하게 앉아 창밖의 야경이나 구경하면서 가려던 나의 기대는 애시당초부터 글렀던 것이다. 기차표를 미리 예매하지 못했던 나 자신의 안일함이 후회스러웠지만 이미 엎질러진 물이었다.

연신 코를 골며 비스듬히 누워버린 사람의 틈에 끼어 몹시 짜증스러웠지만, 그렇다고 자는 사람들을 깨워가며 시비하고 싶지는 않았다. 나는 가끔 몸을 흔들어 그들을 벌레 털어내듯 털어내며 앉아 있을 수밖에 없었다. 불편하고 짜증스런 공간에서 그나마 내가 위안을 삼을 수 있었던 것은 기차가 빠른 속력으로 삼원포를 향해 달려가고 있다는 사실뿐이었다.

정신없이 곯아떨어진 두 덩어리 인간들과 신경전을 치르는 동안 차창 너머로 희미하게나마 먼동이 터오기 시작하였다. 산등성이로 손톱만큼 밝아오는 여명이 이토록 반갑고 기쁘게 느껴지기는 난생 처음이었다.

새벽 5시가 가까워오자 창밖이 밝아왔다. 희미했던 들판의 윤곽들이 차츰 선명하게 보이기 시작했다. 드디어 그토록 기다리던 새벽이 밝아

삼원포 기차역의 모습

오기 시작한 것이다.

　5분 뒤 삼원포역에 도착한다는 안내방송이 들렸다. 나는 두 사람을 벌레 털듯 털어내며 자리에서 일어나 선반 위의 배낭을 꺼내 메었다. 두 사람이 게슴츠레한 눈으로 나를 바라보더니 다시 잠을 청한다. 나는 출구를 향해 걸어갔다. 삼원포에서 내리는 사람들이 의외로 많았다. 나는 빨리 삼원포에 내려서 맑은 새벽 공기를 마음껏 들이키고 싶은 마음뿐이었다.

　새벽 5시가 조금 지난 시각에 삼원포역에 도착하였다. 나는 상쾌한 발걸음으로 기차에서 뛰어내렸다. 역 앞에서 많은 택시들이 손님을 기다리고 있었지만, 나는 시내까지 천천히 걸어가기로 했다.

　길고 지루했던 6시간이었다. 그 답답한 공간에 갇혀 있던 몸과 마음을 털어내며 새벽 공기를 마음껏 들이마셨다. 나는 역사의 고향 삼원포에 도착한 기분을 만끽하며 거리를 걸어갔다. 삼원포 시내는 너무 이른 시각이라 그런지 인적은 거의 보이지 않았다. 가끔 택시가 오가는 것이 보일뿐 한산하다 못해 을씨년스럽기까지 했다.

　나는 쌀쌀한 새벽녘의 차가운 기운에 배낭을 곧추 메며 간단하게 요기할 수 있는 곳을 찾았다. 삼원포 사거리에 있는 식당 하나에 불이 켜 있었다. 사람들이 들락거리는 걸 보니 아침식사를 팔고 있는 것 같았다.

　나는 문을 열고 안으로 들어갔다. 어린 아이를 데리고 온 아주머니가 아이에게 만두와 죽을 먹이고 있었다. 나는 옆 자리에 앉았다. 주방에 놓인 죽그릇과 반찬들을 보면 금방 밥맛이 떨어질 정도로 지저분했지만, 솥에서 펄펄 끓고 있는 죽에 위안을 삼으며 강냉이죽 한 그릇을 주문했다.

　새벽에 일어나 세수도 않고 나왔는지 머리에 까치집을 지은 채로 음

삼원포 시내 새벽 모습

삼원포 사거리

식을 팔고 있는 주인아주머니가 누런 대접에 강냉이죽을 가득 퍼서 내 앞에 가져다 놓았다. 그릇을 잡은 아주머니의 손가락이 죽에 반쯤 잠겨 있었다. 나는 다시 퍼 달라고 하려다가 주인 얼굴을 보고 그냥 그쪽 부분만 숟가락으로 퍼낸 다음에 죽을 한 술 떠서 입에 넣었다.

 중국인들은 대개 아침식사로 밥을 먹지 않고 죽과 만두를 먹는 것이 습관화되어 있다. 나는 오십 전짜리(한화로 약 80원) 강냉이 죽 한 그릇을 더 시켰다. 그리고 쇼신디알 니더 쇼우즈(손가락을 조심하라는 뜻)라고 웃으며 말했다. 그녀는 고개를 끄덕이며 죽 한 그릇을 다시 퍼서 조심스럽게 내 앞에 가져다 놓았다. 나는 한 술 떠 입에 넣었다. 훨씬 고소하고 맛있었다. 밤잠을 설친 탓에 입안이 깔깔하고 목이 탔는데도 술술 잘 넘어갔다. 나는 먹음직스럽게 김을 뿜어내고 있는 1위안짜리 만두를 한 개 시켜서 먹었다. 어렸을 때 어머니가 만들어줬던 술빵 맛이 생각났다. 나는 만두를 다 먹고 나서 돈을 내며 아주머니에게 추가가 가는 버스가 몇 시에 있는지를 물었다. 그녀는 오전 8시에 그곳으로 지나가는 버스가 있다고 했다. 좁은 탁자에 긴 의자 하나가 놓인 비좁은 식당에서 버스를 기다릴 수는 없었기에, 나는 고맙다는 인사를 하고 식당에서 나왔다.

길림성
유하현 삼원포

남만주 항일독립투쟁의 출발점이요, 중심지였던 삼원포 거리를 느긋하게 거닐 수 있다는 것만으로도 나는 가슴이 벅차고 감격스러웠다.

조국광복을 위해 삼원포로 망명했던 이회영 6형제를 비롯해서 상해 임시정부 국무총리 이동녕과 이장녕 형제, 임시정부 초대국무령 이상룡 일가 등 수많은 항일애국지사들이 모여 독립군 기지 건설과 항일투쟁을 전개했던 그야말로 독립운동의 성지였다. 그러한 삼원포는 언제나 만주국 경찰과 일본군이 가장 경계하며 감시했던 곳이다.

만주지역에서 전개된 수많은 항일전투와 국내 진격작전, 청산리, 봉오동, 대전자령 전투에서 대승을 거둘 수 있었던 것은 삼원포에 망명한 애국지사들이 전 재산을 팔아 마련한 군자금으로 군대를 확충하고 항일전을 준비했었기에 가능했다. 삼원포에서 60km 떨어져 있는 합니하에 신흥무관학교를 세워 독립군을 양성하였고, 경학사, 부민단, 한족회로 이어지는 한인자치단체들이 항일독립전쟁을 미리 준비했었던 것이다.

나는 감격스럽게도 그 위대한 항일역사의 도시, 애국애족의 정신이 숨쉬던 삼원포에 지금 서 있다.

애국지사들의 피와 땀이 서려있던 삼원포에 항일투쟁의 봉화를 올린 지도 어느덧 100년이란 세월이 흘러갔다. 친일반민족자들의 부끄럽고 어두운 잔재를 걷어내지 못한 나라, 민족반역의 죄를 짓고도 반성은커녕 부끄러워 할 줄도 모르는 사람들이 사회 각계각층에 포진하여 권력과 부를 누렸던 나라에서 나는 살아왔다. 민족을 배반하고 침략자들에게 충성하며 살았던 친일파들에 대한 심판, 응징, 처벌은 어느 시대에도 허락되지 않았다. 이승만이 반민특위를 해체한 이후부터 오늘까지 친일반민족자들이 재판정에 섰다는 이야기를 들어본 적이 없었다. 그들은 해방이 되고 미국이 남한에 진주하자 반공이데올로기, 즉 미국이 가장 좋아하는 반공이념으로 변신하고 그들에게 달라붙었다. 일본제국주의자에 빌붙어 살았던 그 재주를 십분 발휘했던 것이다.

부끄럽다. 애국선열들의 피와 땀이 서려 있는 삼원포가 문득 가슴 저리게 다가선다. 이곳에 피를 뿌렸던 독립투사들의 한맺힌 절규가 들려오는 듯했다. 삼천리 강토에서 누가 이들의 피맺힌 절규를 듣기나 하는가.

항일애국지사였던 한경희 목사가 설립했던 삼원포 교회, 이상룡, 김동삼 등 애국지사들이 설립했던 한족회 본부, 동명학교, 정의부 독립군이 주둔했던 유적들을 찾아나섰다. 비록 유적은 사라져 그 모습을 다시 볼 수는 없었지만, 삼원포 거리를 거닐면서 나는 상상으로나마 그 시대 그 모습들을 그려보았다.

국권을 상실했던 암울한 시기에 이역만리 타국에서 조국광복을 위해 몸과 마음을 바쳐 투쟁했던 선열들의 눈물의 기도가 서려 있는 삼원포에 아침해가 떠오르고 있었다.

나는 오전 8시가 가까울 무렵 삼원포 사거리로 돌아와서 추가가행 버스를 기다렸다. 사거리에서 손님을 기다리고 있던 택시기사가 다가와 어느 곳으로 가느냐고 물었다. 나는 조쟈지에(鄒家街: 추가가의 중국말)에 간다고 했다. 그는 5위안(五元)만 내면 그곳까지 태워다 주겠다고 했다. 나는 버스를 기다리는 시간에 빨리 추가가로 가서 대고산을 보고 돌아와 다음 목적지인 서구 대화사로 출발하겠다는 생각에 택시에 올랐다. 그러나 그가 10여 분을 달려 도착한 곳은 추가가가 아니었다. 중국어 발음이 비슷한 주가촌이었던 것이다. 나는 어이가 없었지만 나의 중국어 발음이 신통치 않아 생긴 결과였기에 어쩔 수가 없는 노릇이었다.

나는 주가촌에서 조선족 할머니를 만나 삼원포 일대에서 독립운동을 했다는 것을 아느냐고 물었다. 느닷없이 들이닥쳐 독립운동을 묻는 나를 잔뜩 경계하는 눈빛으로 바라보더니 전혀 아는 바가 없다는 냉담한 대답이 돌아왔다. 나는 그곳에 사는 조선족 동포 몇 사람을 더 만나보았으나 그들의 대답은 똑같았다. 삼원포에 사는 조선족들에게도 항일투쟁은 잊혀 가고 있었던 것이다. 나는 다시 택시를 타고 삼원포로 돌아올 수밖에 없었다.

대한독립단 창설유적지, 대화사 가는 길

경학사 유적지인 추가가 대고산을 찾아가는 일은 뒤로 미루고 대한독립단 창설지를 먼저 찾아가기로 했다. 나는 삼원포에서 다시 택시를 타고 서구(西溝) 대화사(大花斜)로 향했다. 택시가 삼원포를 벗어나자 이미 추수가 끝난 옥수수밭이 끝없이 펼쳐진다. 그리고 황금빛으로 익어가는 벼들이 가을바람에 일렁이고 있는 드넓은 들판이 나타났다. 불모지였던 이곳을 우리 조상들이 개간하여 일궜던 논들이었다.

택시는 한인들의 고통의 땀과 눈물이 서려 있는 들녘을 지나 코스모스가 한창 피어있는 길로 접어들었다. 이유방(李油坊)이란 마을을 지나자 사청(四淸)과 난산향(蘭山鄕)으로 가는 갈림길이 나왔다. 난산은 초기 망명지사들이 삼원포에서 가옥과 토지를 구하지 못했을 때 거주했던 곳이었다.

택시는 사청방향으로 향해 한참 달려가더니 제법 마을 규모가 큰 홍석진(紅石鎭)에 도착했다. 마을은 홍석이란 이름 그대로 분홍색으로 담장과 벽을 칠해서 온통 분홍빛으로 단장한 동네였다. 홍석진을 지난 지 얼마 뒤에 유가촌을 지나자 또다시 갈림길이 나왔다. 택시는 오른쪽 길로 접어들어 옥수수밭 사이로 10여 분을 달려갔다. 동네 주위가 높은 산으로 둘러싸인 동네가 나타났다. 직감적으로 천혜의 요새라는 느낌이 들었다.

대한독립단 유적지 대화사 가는 길

택시기사가 차를 멈추고 나를 쳐다보며 여기가 서구 대화사라고 말했다. 나는 감격스런 마음으로 택시에서 내렸다. 사방으로 산줄기가 병풍처럼 둘러져 있었고, 가운데 자리잡은 동네 앞으로는 넓은 옥수수밭이 펼쳐지고 있었다. 마치 커다란 광주리를 하나 올려놓은 것 같은 모습이었다.

나는 깊은 산중에 이렇게 넓은 마을이 있을 줄은 상상도 못했었다. 일본군과 중국군의 눈을 피해 비밀리에 독립투쟁을 준비했던 곳답다는 느낌을 받았다. 역시 애국지사들이 선택한 지세는 탁월했다.

서구 대화사는 만주로 망명했던 의병장들과 신민회원들이 오랜 기간 동안 만주를 오가며 물색했던 장소 중에 하나였다. 나는 대한독립단이 창설되었던 대화사를 돌아다니며 그 당시 조상들의 발자취를 찾아보았

유화현 삼원포 황금들판

대화사 입구 옥수수밭

다. 이 역사의 땅에 우리의 피와 정신을 이어받은 동포들이 살고 있는지 알고 싶었다. 그러나 대화사에는 조선족 동포가 한 사람도 살고 있지 않았다.

대화사는 지금으로부터 100년 전 500여 명의 애국지사들이 모여 군중대회를 열었던 역사의 땅이었다. 그리고 신흥무관학교 졸업생들이 다물단, 즉 신흥학우단을 결성하고, 낮에는 논밭을 갈고 밤에는 훈련하며 항일운동을 벌였던 곳이지만 그 역사를 기억하고 보존해줄 사람이 한 사람도 없었던 것이다. 산천은 의구하되 인걸은 간 데 없다 라고 노래했던 고려말의 학자 길재의 시조가 떠올랐다. 산천은 그 옛날 그대로였으나 그 시대의 영웅들의 모습과 자취는 어디에서도 찾을 길이 없었다.

남만주 일대 독립군 유적지는 한결같이 깊은 산중이 아니면 척박하고 외딴 곳이었다. 나라를 빼앗기고 남의 땅으로 망명한 애국지사들과 가족들이 중국인들의 텃세로 안주할 터전을 찾지 못하고 이곳저곳을 유랑하다가 겨우 정착할 터를 잡을 수 있던 곳들이 대부분 사람살기가 척박하여 인가조차 없었던 산악지대나 깊은 골짜기였던 것이다.

나는 대화사 마을을 벗어나 마을 뒷산으로 접어들었다. 택시기사는 내 뒤를 졸졸 따라 다니며 알아들을 수도 없는 말들을 비맞은 중처럼 지껄여댔다.

나는 마을이 내려다 보이는 산중턱에서 그날의 함성소리를 들었다. 1919년 4월 15일, 오백 여 명의 애국지사들이 모여서 대한독립단 창립대회를 열었던 그때의 대한민국 만세 소리도 들려오는 듯했다. 순간, 가슴이 벅차오르는 감격을 느꼈다.

나는 언젠가는 대한의 젊은이들에 의해 이곳에 그날의 함성이 재현될 날이 올 것이라 확신했다. 그들이 이곳에 와서 대한독립단 기념비를 세우고, 애국지사들의 정신을 계승하는 축제의 날이 꼭 오리라 믿으며 산을 내려왔다.

나는 대화사 마을로 내려와 간절한 심정으로 조선족 동포를 다시 찾아보았다. 피는 물보다 진하다고 하지 않는가. 그러기에 조선족들이 이 땅에 살고 있다면, 그 시절 우리 민족이 대한독립만세를 부르던 역사를 기억하고 있을 것이라 생각했다. 그러나 불행하게도 이 마을에는 조선족 동포가 단 한 명도 살고 있지 않았다. 동네에서 만난 한족 할아버지에게 여기 조선의 독립운동가들이 활동하던 장소였다는 걸 아느냐고 물어보았다.

"부쯔다오!(不知道)"

예상한 대로 그저 모른다는 대답뿐이었다. 대화사의 한족들은 대부분이 1949년 중국해방 이후에 중국정부의 한족 이주정책으로 산동반도에서 동북삼성지방으로 이주해 온 사람들이라고 했다.

나는 대한독립만세 소리가 울려퍼졌던 산기슭을 한참 동안 바라보고 섰다가 아쉬운 발걸음을 돌려야 했다.

그동안 한국의 역사학자들과 여행객들이 대화사를 다녀갔다는 이야기를 들었지만, 대화사 그 어느 곳을 찾아봐도 기념비는커녕 안내팻말 하나도 세워져 있지 않았다. 대한독립단이 창설되었던 유적도 다른 지역의 항일유적처럼 사라져가고 잊어져 가는 역사의 현장이었던 것이다.

일제의 억압과 착취가 삼천리 금수강산을 집어삼킨 암울한 어둠 속에서도 결코 절망하지 않고 희망의 불빛을 찾아 만주로 망명해 조국광복을 위해 목숨을 바쳐 싸웠다. 그렇게 고귀한 역사의 현장이 황량한 옥수수밭으로 변해버린 오늘의 현실은 순국선열들에게 고개를 들 수조차 없이 부끄러운 역사현장이었다.

수천리 길을 돌아서 대화사를 애써 찾아왔으나, 선열들이 피땀 흘렸던 모습은 간 곳이 없고, 안내 팻말 하나 없는 곳에 철지난 옥수숫대만 쓸쓸히 흔들리고 있었다. 서구 대화사는 낯설고 서러운 마을로 변해버렸던 것이다.

항일투사들은 이미 돌아가셨고, 이 땅을 지키고 살아야 할 조선족 후예들마저 모두 도회지로 떠나버린 땅, 모두가 사라져 버린, 100년 전 선열들의 외침만이 메아리처럼 남아 있는 허망한 땅에서 나는 그저 할 말을 잃고 돌아설 수밖에 없었다.

삼원포로 돌아오는 길에 너무나 아쉬워서 유가촌(由家村)에 잠시 들려서 조선족 동포를 찾았다. 다행히 그곳에는 조선족 몇 가구가 살고 있었다. 나는 나이가 가장 많으신 조선족의 집을 찾아갔다. 주인 할아버지의 나이가 70세였지만 이곳이 독립 운동의 근거지였다는 사실조차 모르고 있었다. 나는 실낱같은 희망마저 버려야 했다. 장씨 할아버지는 연길에서 살다가 1950년에 이곳으로 이주해 왔다고 했다. 그는 연길에 살 때에는 그곳에 빨치산들의 항일투쟁이 활발하게 전개되었던 것은 알고 있었지만, 대화사에서 항일투쟁이 있었던 사실은 전혀 모른다고 했다.

  우리 민족이 항일투쟁의 횃불을 밝혔던 대화사, 이곳에 살고 있는 조선족 동포들이 이념과 대립의 한중관계로 인해서 우리 민족의 역사로부터 그동안 얼마나 소외되어 있었는가를 깨달았다. 더구나 조선족 동포들에게 그동안 우리들이 얼마나 무관심했던가를 뼈저리게 느꼈던 시간이었다.

삼원포 서구 대화사 마을 전경

항일무장투쟁에 횃불을 들었던
대한독립단(大韓獨立團)

1895년 8월 20일 경복궁의 건청궁(乾淸宮)에서 일본정부의 사주를 받고 사무라이로 가장했던 일본군인들에 의해 명성황후가 시해되었다. 우리나라의 궁궐까지 일본군이 무단으로 침입하여 황후를 살해하고, 건청궁에다가 불을 질러서 시해를 은폐하려 했던 전대미문의 잔인무도한 사건이었다.

명성황후가 일본에 의해 시해되었다는 소식이 전해지자 전국에서 의병들이 봉기하여 왜군들과 전투에 나섰다. 충청도 보은에서 시작된 을미년(乙未年) 의병투쟁의 불길이 전국으로 거세게 퍼져 나갔다. 항일의병투쟁이 전국에서 일어나자 당황한 일본은 군대를 파견하고, 조선정부를 협박하여 잔인한 의병진압 작전에 돌입하였다. 그러나 왜군들은

민비가 시해됐던 건청궁(좌)과 건청궁 옥호루(우)

곳곳에서 의병들에게 패했다. 황후시해를 저지른 일본에 대한 분노와 백절불굴의 정신으로 무장하고 궐기한 의병들의 거센 불길을 막을 수가 없었던 것이다.

1907년 전국 각지에서 봉기한 1만여 명의 의병이 경기도 양주에 집결하여 13도 창의군(十三道倡義軍)을 결성하였다. 전라도 창의대장 문태수, 충청도 창의대장 이강년, 관동(關東) 창의대장 민긍호, 경상 창의대장 신돌석, 관서(關西) 창의대장 방인관, 관북(關北) 창의대장 정봉준, 경기·황해 창의대장 허위(許蔿) 등이었다.

13도 창의군은 24개진을 편성하고 1908년 1월 한양진공 작전을 개시하였다. 그러나 300명의 선발군이 일본군의 기습공격으로 동대문 밖 서울근교(경기도 남양주 화도읍)에서 패하였다. 그리고 국내지리를 잘 아는 조선관리들을 앞장세운 채 신식무기로 무장한 일본군의 잔인한 진입작전으로 한양진공작전은 결국 실패로 끝나고 말았다.

(맨위)고종의 칙서
(좌측부터 시계방향으로)의병장 문태수, 신돌석, 허위, 이강년

한양작전이 실패한 후 전국 각지로 퍼져 항일투쟁을 전개하던 의병들이 1910년 경술국치로 국권을 상실하자 만주로 망명하여 조국광복을 쟁취하기 위한 무장투쟁을 준비하였다.

1910년 겨울에 길림성 유하현 삼원포로 수많은 의병들이 집결하였고, 비밀결사조직이었던 신민회 회원들, 영남항일운동의 중심지였던 안동유림의 애국지사들, 이회영, 양기탁, 이동녕, 김대락, 이상룡, 허발, 김동삼, 권팔도 등의 애국지사들도 압록강을 건너 삼원포로 망명하였던 것이다.

항일의병장 유인석은 집안현의 패왕조(覇王朝)에서 보약사(保約社)란 자치단체를 조직하였고, 백삼규, 조병준, 전덕원 등은 관전현과 환인현에서 농무계(農務契)를 만들었으며, 이진룡, 조맹선, 홍범도, 차도선은 장백현과 무송현 등지에서 항일무장단체인 포수단(砲手團)을 조직하였다.

1919년 3·1운동이 만주지역까지 확산되어 독립투쟁의 열기가 점차

경복궁 건청궁과 용연정

대한독립단 총참모장 조맹선(위)
봉오동 전투의 영웅 홍범도(아래)

고조되던 4월 13일부터 삼원보 서구(西溝) 대화사(大花斜)에 항일의병과 애국지사들이 모여 항일독립투쟁의 방안을 진지하게 토의였다.

4월 15일(음 3월 15일)에 각자 분립하였던 여러 단체를 해체하고, 한인 560명이 운집한 가운데 군중대회를 열어 독립 쟁취를 위한 단일기관으로 대한독립단을 결성하였다.

대한독립단의 최고책임자인 도총재(都總裁)에 박장호(朴長浩)가 추대되었고, 부총재 백삼규(白三圭), 총단장 조맹선(趙孟善), 군사부장 전덕원(全德元) 등의 간부를 임명하고 결사복국(決死復國)을 위하여 항일투쟁에 헌신하기

유하현 삼원포 전경

로 의결하였다.

대한 독립단은 국내외 모두 100여 개소의 지단·지부를 설치하고, 만주지역에는 한인동포 100호 이상을 구(區)로 하여 구관(區管)을 두고 10구에 단장을 두어 자치행정을 실시하도록 하였다.

대한독립단 국내 총지단장은 홍제업(洪濟業)이었다. 홍제업의 아들 홍주는 참의부에서 활동한 독립투사였으며, 전덕원과 함께 독립운동사를 편찬하기로 했던 애국지사였다.

평안북도 지단장에 정우범, 경기도 한덕리 등이었으며 만주지방 조직으로는 장백현 총지단장에 유일우, 집안현 유수림자(楡樹林子) 최남표, 집안현 외차구 홍승국 등이었다. 이들은 3, 4명씩 결사대를 조직해 평안남북도의 조선총독부 경찰대를 습격하였고, 애국지사 부호들을 상대로 군자금을 모금하면서 전국적인 조직망을 확대시켜 나갔다.

대한독립단 총지단 본부 집안시 외차고의 여름과 겨울풍경

대한독립단 도총재, 박장호

박장호는 1876년 황해도 장연(長淵)에 태어났다. 화남 박장호는 위정척사파인 유인석(柳麟錫)·홍재학(洪在鶴) 등의 유생들과 함께 개화정책에 반대하는 상소를 여러 차례 올렸다. 그러나 1905년 소위 을사늑약이 체결되어 국권이 침탈되자 1906년 홍천(洪川)에서 의병을 일으켜 관동(關東)의병장으로 활약하였으며, 1907년에는 운강 이강년(雲岡李康秊)과 함께 연합하여 강원도와 충청도 일대에서 계속 일군과 대전하였다.

1910년 한일강제병합으로 국권이 상실되었고, 일제의 강압무단통치로 인해 국내에서의 항쟁이 불가능해지자 박장호는 의병을 이끌고 항일투쟁을 위하여 만주로 망명하였다.

1919년에는 국내에서 3·1독립운동이 일어나 국내로부터 만주로 망명해오는 청년들이 수십만 명에 이르자 동년 4월 13일 각지에 산재해

박장호 초상화

대한독립단 도총재 박장호가 활동했던 홍천군 서석면 일대

의병장 박장호가 의병을 일으켰던 홍천군 서석면 자작고개

있는 의병영수·유림수뇌·대표들이 모인 가운데 박장호는 지금까지의 개별적인 행동을 지양하고 단일체로 통합하여 보다 적극적인 항일투쟁을 전개해야 한다고 역설하였다.

박장호는 항일망명지사들과 함께 대한독립단(大韓獨立團)을 창설하여 도총재에 취임한 뒤 대한독립단 신언문을 발표하였다.

공전절후한 대한독립운동이여! 주력이 그 때를 얻고 동기가 그 세를 승한지라. 각국이 합체하여 만방에 정을 표하여 국기와 특사가 "파리" 평화회의 공인을 얻음은 전지구가 우레 같이 귀를 기울이는데 아주(亞州) 한 모퉁이에 홀연히 고립하여 국교와 여론을 불구하며 정의와 인도를 무시하는 저 야만 왜놈의 존립이 몇 날이나 갈까?

국토회복에 배성일전(背城一戰)하리니, 차제에 한 방울의 유혈이 족히 국민만세의 영광이 될 지며, 한 푼의 금전이 가히 자손만대의 행복이 될 지로다.

- 대한독립단 선언문 중에서

박장호는 전국 각 지역에 대한독립단의 지단을 설치하고 항일투쟁을 전개하는 한편, 보민회(保民會)·강립단(康立團) 등 친일단체의 박멸과 친일반민족행위자들을 제거하는 데 노력하였다. 그러나 박장호의 이러한 노력에도 불구하고 대한독립단은 기원(紀元)독립단과 민국(民國)독립단으로 분열되었고, 박장호는 전덕원, 이웅해 등과 함께 기원독립단 즉 조선왕조의 복원과 그에 충성하는 수구파(守舊派)인 기원독립단에 속하였다.

대한독립단이 광복군 사령부로 통합된 이후에는 임시정부와 공동보조를 취하였고, 1921년 5월에는 광복군 총영(光復軍總營)이 창립하게 되자 이에 합류하여 활동하였다. 박장호는 조국광복의 길에는 이념이나

대한독립단 경고문

항일의병들

노선이 결코 중요한 문제가 아니란 것을 몸소 실천하였으며, 언제나 조국광복을 위한 항일투쟁에 앞장섰던 애국지사였다.

만주 일대에서 항일무장투쟁을 총지휘하던 박장호는 일제가 파견한 밀정 김헌에게 1922년 이역 땅에서 암살되었다.

한평생을 의병투쟁과 조국광복을 위해 투신했던 화남 박장호의 생애는 조국과 민족을 생각했던 올곧은 선비정신의 표상이었다. 그의 후손들이 유공자 대우를 받게 된 것은 참으로 다행스런 일이었다.

조국광복을 위해 싸웠던 수많은 독립투사의 후손들이 아직도 독립유공자 대우를 받지 못하고 있다. 그들에 대한 자료를 발굴하고 후손들을 찾아내려는 노력이 부족한 보훈행정과 무관하지 않을 것이다.

내가 만주에서 항일유적 답사를 다닐 때 만났던 독립투사 후손들 중에서 한국 당국의 무성의한 태도에 분노와 울화가 치밀어 유공자 지정을 스스로 포기했던 사람들의 증언을 들을 수 있었다. 독립유공자 지정단체의 관계자들이 중국의 현지 상황을 올바로 인식하지 못하고, 현지답사조차 제대로 하지 않은 채, 책상머리에 앉아 서류완비만을 강요하는 탁상행정이 독립투사들의 후손들을 더욱 힘들게 만들고 있었던 것이다.

6장

신흥무관학교 유적지를 찾아서

신흥무관학교 유적

신흥무관학교 합니하 유적지

경학사, 신흥강습소 대고산 유적지

항일무장투쟁의
성지(聖地)를 찾아서

2011년 12월 20일. 영하 이십 도를 오르내리며 강추위가 몰아치는 길림성 집안시(集安市)를 출발하여 합니하(哈泥河) 신흥무관학교 유적지를 찾아가는 날이었다.

통화시 광화진 합니하는 지리적으로 험하고 깊은 산중에 있는 마을이다. 그곳은 집안시보다 훨씬 더 추운 지방이기에 나는 방한용 내의와 겉옷을 든든히 챙겨 입었다.

어젯밤 신흥무관학교 유적답사를 준비하고 있던 중, 중국 텔레비전 방송에서 일제히 북한의 김정일 국방위원장이 사망했다는 소식을 긴급뉴스로 보도했다. 중국정부 고위당국자가 즉시 그의 죽음에 애도를 표했고, 방송마다 평양 현지 소식을 실시간 뉴스로 보도하고 있었다.

북한과 혈맹을 자처하는 중국이었지만, 갑작스런 김정일의 사망이 몰고 올 파장에 촉각을 곤두세우며 북한 내의 동향을 주시하고 있었다. 그리고 북한전문가들이 출연해 압록강이나 두만강 국경지역에서 발생할 수 있는 비상사태에 대비해야 한다는 발언이 이어졌다.

나는 압록강을 사이에 두고 북한의 만포시와 마주하고 있는 집안시 신흥무관학교 답사를 준비하던 중에 이런 사태를 맞게 된 것이다.

중국정부에서 가장 우려하는 것은 김정일 사망 후 북한 내부에서 발생할지도 모르는 사회적 혼란과 대규모 탈북사태일 것이다. 그동안 북한독재정권의 폭압정치와 기아사태로 탈북자들이 점점 증가하는 추세였다. 지금까지의 사례로 미루어 이번에도 중국 국경지역에 특별경계령이 내려질 것이 분명했다. 압록강 국경에 국경수비대가 증강될 것이

대고산 경학사, 신흥강습소 유적지

고, 모든 숙박업소와 중요 간선도로에 검문검색이 강화될 것이다.

나는 2000년대 초 대규모 탈북사태가 발생했을 때, 2006년 아시안게임과 2008년 베이징 올림픽이 열렸을 때, 중국 전역에서 소리 없이 진행된 특별경계령으로 곤욕을 치렀던 기억이 있었다. 가는 곳마다 검문과 조사를 받느라 답사를 제대로 다닐 수가 없을 정도였다. 외국인 여행객들은 검문소나 파출소까지 동행하여 여권과 비자를 확인하고 여행목적, 행선지, 숙박업소 등을 외국인 기록부에 등재한 다음에야 여행을 계속할 수 있었다.

세계 어느 나라를 여행해도 마찬가지겠지만, 특히 중국을 여행하는 사람들은 간단한 중국어 회화는 할 줄 알아야 하고, 항상 여권을 소지하고 다녀야 예기치 않은 검문에 당황하지 않고 불필요한 시간낭비를 방지할 수 있을 것이다.

　김정일의 갑작스런 사망이 앞으로 어떤 사태를 몰고 올지 예측할 수 없는 상황이었지만, 오래전부터 준비했던 삼원포일대 항일유적 답사를 미룰 수는 없었다. 2008년 이후 3년 만에 다시 찾는 곳이었고, 신흥무관학교 창립 100주년을 맞는 뜻 깊은 해에 유적복원을 기원하기 위해 떠나는 답사였던 것이다. 그러므로 이번 신흥무관학교 답사는 나에게 아주 특별한 의미가 있다.

신흥무관학교 창설 100주년에 즈음하여

　　　　　　　　　　남만주 항일무장투쟁의 중심지였던 삼원포를 답사할 때마다 나는 언제나 가슴이 벅차오르는 감격을 느꼈다.
　국권상실의 암울한 시기에도 결코 절망하거나 시류에 타협하지 않고, 일본침략자들과 당당하게 맞서 싸웠던 항일투쟁의 현장이며, 조국을 사랑했던 애국지사들의 정신이 살아있는 유적지였기에 다른 유적들보다 더 강렬한 감동을 느낄 수 있었다.

　2011년도 이제 열흘밖에 남지 않았다.
　나는 올해가 가기 전에 반드시 항일영웅들이 불굴의 삶을 살았던 대고산과 합니하, 고산자 등 신흥무관학교의 유적지에 가야 했다.
　지금은 온통 옥수수 밭으로 변해버린, 황무지처럼 황량하기 이를 데 없는 신흥무관학교 유적이지만, 항일애국지사들의 피와 땀과 눈물이 배어있는 그곳에 가서 눈물의 기원을 올리고 싶었던 것이다.

나는 유하현 삼원포 일대가 남만주 항일무장투쟁의 성지(聖地)라고 생각한다. 1911년 만주로 망명한 항일투사들에 의해 경학사(耕學社)가 설립된 이후 부민단을 거쳐 한족회로 이어진 항일단체가 있었고, 신흥강습소에서 출발한 신흥무관학교는 유하현 고산자, 합니하, 통화현 쾌대무자 등에 분교를 설치하고 1920년 폐교될 때까지 2,000여 명의 졸업생을 배출하여 독립군을 양성했다.

또한 신흥무관학교 졸업생들이 삼원포 대화사에 모여 창설한 다물단, 팔리초 소북차에 설립한 백서농장에 이르기까지 항일독립전쟁을 위한 준비가 이어졌으니, 삼원포 일대는 청산리 대첩과 대전자령 전투에 참가하여 조국독립을 쟁취하기 위해 싸웠던 애국투사들의 활동지였던 것이다.

삼원포 일대에서 활동했던 항일투사들은 1945년 해방을 맞이할 때까지 항일무장투쟁 선봉에 서서 불굴의 투쟁을 전개했으며, 조국광복을 위해 목숨을 바쳤다. 그야말로 삼원포 일대의 항일유적들은 애국애족 정신의 표상이요, 항일무장투쟁의 성지였다.

1945년 그토록 바라고 원하던 해방을 맞이한 조국에서는 항일지사들의 영전에 고개를 들 수조차 없는 부끄러운 일들이 수없이 벌어졌다. 1949년 반민특위(반민족행위특별조사위원회)가 해체되어 친일반민족행위자들의 단죄가 이뤄지지 못했고, 조국과 민족을 배반했던 친일파들이 이승만 정부의 비호 아래 친일의 대가로 받은 재산으로 변함없이 부를 누리며 살았다. 심지어 그들은 사회 각계각층에 진출하여 부와 명예를 누리는 어이없는 상황마저 전개되었다. 민족정기와 사회정의는 혼돈의 나락으로 떨어졌고, 개인의 출세를 위하여 수단 방법을 가리지 않

반민족행위자 체포 광경   반민특위 재판 광경

는 풍조마저 생겨나기 시작했다.

  그러나 민족정의는 살아있었고 민족정신이 부활하고 민족자각이 일어났다.

  2005년 12월 친일반민족행위자 재산의 환수에 관한 특별법이 국회를 통과하여 시행되기 시작했다. 반민특위 해체 후 실로 60여 년 만에 맛보는 감격이었다. 그리고 2009년 11월 친일인명사전이 편찬되어 그동안 사죄나 반성조차 없었던 친일반민족행위자들에게 국민들의 이목이 집중되었다.

  더욱 바람직한 일은 역사바로세우기 활동이 시작되어 조국과 민족을 배반하고 자신의 부귀와 영달만을 취했던 반민족행위자들에 대한 국민적 단죄가 다시 시작되었다. 올바른 역사의 정립에 목말라 했던 국민들의 준엄한 심판이 친일반민족행위자들에게 내려지게 되었던 것이다.

  그러나 아직도 친일재산 환수법에 반대표를 던진 정치인들이 권력 주변에 있고, 친일파 후손들은 추호의 반성도 없이 오히려 재산환수조치에 조직적으로 저항하는 작태마저 다시 일어나고 있으니 아직도 민족정기를 바로잡고 친일반민족행위자를 처단하는 길은 멀고 험하다는 생각이 든다. 해방 이후 실로 반세기만에 다시 시작된 역사바로세우기는 다소 아쉬운 부분이 있기는 하지만 해묵은 과업을 다시 시작했다는 것만으로도 충분한 의미가 있다.

2011년을 보내며 가장 안타깝게 생각했던 것은 신흥무관학교 유적은 물론, 만주지역 항일유적들을 발굴하고 보존하려는 작은 계획조차 수립하지 않고 있는 현실이다.

중국의 동북공정(東北工程: 중국의 국경 안에서 이뤄진 모든 역사를 중국역사로 만들기 위해 중국정부가 추진하고 있는 국책연구사업)을 핑계 삼아 만주지역의 항일유적 발굴과 보존정책이 불가능할 것이라 판단하고, 제대로 추진도 해보지 않은 채 손을 놓고 있는 안타까운 실정이다.

애국지사들이 전 재산을 팔아서 마련한 독립자금으로 합니하의 땅을 구입하여 신흥무관학교를 세웠고, 당시 중국정부의 합법적인 지원을 받아 독립투사들을 양성했던 항일유적지건만, 어찌하여 신흥무관학교

독립기념관

삼일공원

유적지에는 그 흔한 기념비 하나 서 있지 않은 것일까. 그곳에 당시 모습을 복원하고 기념관은 세우지 못할망정 최소한 신흥무관학교 유적지 옛터라는 팻말 하나 정도는 세울 수 있지 않았을까.

대한민국은 경제적으로 남부럽지 않게 잘 사는 나라가 되었다고 말한다. 세계에서 가장 빠른 시간 동안 급성장한 자랑스러운 나라라고 말한다. 그리고 중국보다 정치, 경제, 문화가 앞선 나라라는 말을 당당하게 할 수 있게 되었다.

그런데 순국선열들이 나라를 찾기 위해 평생을 바쳤던, 조국과 민족을 위해 피 흘렸던 유적지는 흔적 없이 사라져 잡초만 무성하다. 팻말조차 없는 옥수수 밭으로 변해버리고 있는데 누구 하나 관심을 갖지 않으니 도대체 대한민국의 정신은 지금 어디로 가고 있는 것일까.

글로벌 시대를 선도하고 첨단산업 강국이 되어 원조를 받는 나라에서 원조를 주는 나라가 된 자랑스런 대한민국이 아니던가. 다문화 시대의 도래를 인정하며 귀화여성을 국회의원으로 뽑는 대한민국이 아니던가.

역사가 증명하고 있듯이 순국선열들은 중국인과 힘을 합쳐 공동의 적, 일본침략자들과 싸웠다. 중국은 항일투쟁에 관련해서 만큼은 피를 나눈 동지의 나라가 분명하다.

그런데 항일동지들이 함께 피를 흘렸던 중국땅에서 어찌하여 우리 민족의 항일유적지들이 이토록 보잘것없는 대우를 받게 되었는가.

도대체 무슨 이유로 선열들의 유적이 옥수수밭에 초라하게 묻혀야만 하는지, 잡초더미에 묻혀 폐허가 되어가고 있는지, 기념비는커녕 안내석조차 세울 수 없는 건지 묻고 싶다.

또다시 항일유적들을 발굴하고 보존하는 일을 게을리 한다면, 강 건너 불 보듯 하며 지나간다면, 우리 민족의 정기는 빛을 잃고 어둠에 묻혀버리게 될 것이다. 대한민국 정부와 국민은 지금부터라도 지난날을 반성하고 항일유적 발굴과 복원, 순국선열추모사업에 적극 나서야 할 것이다.

만약 우리나라가 또다시 일본의 침략을 받아 국권이 위태로워지게 된다면, 그때는 누가 목숨을 걸고 그들과 싸울 것이며, 누가 전 재산을 팔아 무관학교를 세울 것이며, 누가 의병이 되고 독립군이 되어 기꺼이 나라를 위해 목숨을 바칠 것인가.

친일반민족행위자들은 대부분이 반성과 사죄의 말 한마디 남기지 않은 채 죽어갔고, 그 후손들 역시도 일말의 반성과 죄의식 없이 선대가 남겨놓은 재산으로 떵떵거리며 살고 있다. 이렇게 어이없는 한국의 현실을 앞에 두고 청소년들에게 어떻게 역사를 가르칠 수 있겠는가? 그들을 엄하게 단죄하지 못한 나라를 위해 목숨을 바치라고 말할 수 있겠는가?

세간에 회자되고 있는 말이 있다. 독립운동을 하면 3대가 망하고, 친일하면 3대가 흥한다는 역설의 논리가 역사의 진실이 되기를 바라고 있는 것은 아닌지 묻고 싶다.

나는 항일유적지 답사를 다니며 중국의 각 지역에 건립된 항일열사탑과 기념관들을 보았다. 중국 텔레비전을 켜면 일본군과 싸웠던 항일영웅들의 드라마가 매일 상영되고 있었다.

나는 잡초만 무성한 산골에서, 안내팻말 하나 없는 들판에서, 아파트촌으로 변해버린 도시에서 대한민국 순국선열들의 항일투쟁 유적지를 찾아 헤맬 때마다 절규하는 순국선열의 소리를 들었다. 폐허가 된 유적지에 남아 있는 역사의 한 조각 한 조각을 맞추어 가며 기록되고 보존

된 역사의 위대함을 깨달았다.

신흥무관학교 창립 100주년에 즈음하여 바라는 것은 3월 1일 삼일절, 4월 13일 상해임시정부 창립일, 6월 6일 현충일, 8월 15일 광복절, 11월 17일 순국선열의 날 등 애국선열을 기리는 기념식에서 약속했던 수많은 선언들이 진정으로 실행되기를 바라는 마음이다. 그리고 기념식에 참석하여 가슴에 새겼던 감동들이 잊히거나 일시적인 구호가 되지 않기를 간절하게 바란다.

항일투쟁의 성지, 신흥무관학교를 찾아서

나는 어젯밤에 몇 번이나 잠이 깨서 창문을 열고 하늘을 쳐다보았다. 답사를 떠날 때마다 직접 내 눈으로 날씨를 확인하는 버릇이었다.

날씨 걱정으로 밤잠을 설치고 새벽에 일어나 창문을 열었을 때 하늘에는 별들이 빛나고 있었다. 동트는 새벽하늘에 빛나고 있는 별들이 정겹게 다가왔다. 그리고 제설차량들이 요란한 소리를 내며 새벽거리를 분주하게 돌아다니는 것을 보니 더욱 마음이 놓였다.

나는 만주지방 항일유적을 답사하며 지난 한 세기 동안 망각의 어둠에 묻혀 있는 항일유적들을 발굴하고 복원하여 후손들에게 자랑스럽게 물려줘야 한다는 신념을 가지게 되었다.

1911년 경학사에서 출발하여 부민단을 거쳐 한족회로 발전했던 민족자주자치 정신, 신흥무관학교의 애국애족 정신·서로군정서·북로군정

집안시 오녀봉

서·청산리 전투·참의부·정의부·조선의용대 등 이루 헤아릴 수 없이 많은 항일단체와 독립투사들의 백절불굴의 투쟁정신. 이러한 정신들이 살아있는 항일유적을 발굴하고 복원하여 한국역사의 표상으로 삼아 자손대대로 물려줘야 우리 민족의 미래가 더욱 발전할 것이라 믿었다. 그래야만이 우리 세대가 순국선열들에게 부끄럽지 않은 후손이 될 것이며, 후손들에게는 자랑스러운 조상이 될 수 있을 것이라 생각했다.

새벽 5시 전화벨이 요란하게 울렸다. 오늘 유적답사에 동행하기로 한 최경도(崔京道 조선족·49세)가 호텔 앞에 도착했다는 전화였다.

그는 집안시내에서 사업을 하고 있는 조선족 동포로 오랫동안 항일유적답사를 나와 함께 했었고, 고구려 유적과 항일유적에도 조예가 있

집안시 경계 고구려문

는 사람이었다. 나는 배낭을 메고 호텔로비로 내려갔다.

우리를 태운 승합차가 집안시내를 벗어나 오녀봉(五女峰) 기슭으로 접어들 무렵이었다. 눈이 녹지 않은 도로가 나타났다. 최경도가 속도를 급히 줄였다. 그리고 조심스럽게 차를 몰기 시작했다.

오늘 답삿길이 험난하고 순탄치 않을 것 같다는 불길한 예감이 문득 머리를 스쳐갔다.

나는 눈이 내린 후 강추위가 더욱 기승을 부리는 험난한 새벽 답삿길에 기꺼이 동행해준 그에게 감사를 표하며 담배 한 대를 권했다.

"최 선생, 왠지 오늘 답사가 만만치 않게 느껴집니다. 안전운전하며 천천히 갔다가 옵시다."

"최 작가님, 너무 걱정하지 마십시오. 이 정도의 눈길 운전은 만주 땅

집안시내 모습

에선 흔하게 있는 일이지요. 그냥 누워서 떡먹기라 생각하고 운전하면 맘도 편하고 안전합네다. 오늘 가는 곳마다 설경이 아름다울 테니 멋진 답삿길이 될 것 같습네다."

그는 언제나 모든 일에 긍정적이었고 친절하였다. 나는 집안시 일대 유적답사를 다닐 때면 그에게 동행을 부탁하여 안내를 받곤 했다. 최경도와 동행하여 답사를 가면 어느 곳을 가나 언어소통 문제나 지리적 문제로 어려움을 겪는 일이 없었다.

나는 조금 긴장한 얼굴로 핸들을 잡고 있는 그에게 주먹을 불끈 쥐어 보이며 웃었다. 우리는 살얼음이 진 새벽길을 조심스럽게 달려가며 오늘의 첫 번째 목적지인 합니하로 향했다.

차창을 때리는 겨울 바람소리가 제법 매섭다. 며칠 전부터 시작된 강추위에 대비하여 내복을 입었지만, 창틈으로 스며드는 바람에 발이 시려울 정도였다. 자동차 히터를 더 올렸다. 추위는 조금 가셨지만 차창에 김이 서려 수건으로 연신 닦아내며 가야하기에 더 불편하고 번거로웠다.

새벽 빙판길을 조심스럽게 운전하다보니 예상보다 1시간이 더 걸린 오전 7시 30분에야 통화시에 도착했다. 집안에서 통화까지 거리가 102km였다. 평소 두 시간 정도면 충분히 도착할 수 있는 거리였다.

우리는 통화강변길로 접어들었다. 조선혁명군 총사령관 양세봉이 요녕민중자위군 당취오와 연합해 일본군과 싸웠던 곳이었다. 도로 사정으로 시간이 많이 지체되었던 터라 통화강변을 곧바로 지나 장춘 가는 도로로 접어들었다. 나는 통화 일대에서 일본군과 전투를 벌였던 양세봉을 생각하며 차창으로 스쳐가는 통화강을 바라보았다.

통화시에서 합니하 입구에 위치한 이밀진(二密鎭)까지는 도로제설작업이 잘 되어 있어 별 어려움 없이 20여 분 만에 도착할 수 있었다.

그러나 이밀진에서 합니하로 들어가는 시골길은 제설작업이 되어 있지 않아서 광화진 합니하로 가는 갈림길부터 내리 빙판이었다. 우리는 도로의 상태를 자세히 살펴보기 위해 잠시 차에서 내렸다.

순간, 매섭게 몰아치는 칼바람이 얼굴을 때렸다. 눈을 제대로 뜰 수 없을 정도로 세찬 바람이었다. 도로는 온통 눈으로 덮여 있었고, 도로 가운데 자동차 바퀴자국만 희미하게 나 있었다.

나는 자동차가 다녔던 흔적이 있다는 것만으로도 조금은 안도감이 들었지만, 이 정도 눈길을 헤치고 합니하까지 갈 수 있을지 판단할 수가 없었다.

통화강변로와 통화강변

    나는 불안한 표정으로 최경도를 쳐다보았다. 그는 빙그레 웃으며 이 정도 길이라면 충분히 갈 수 있다며 다시 차에 올랐다. 나는 그의 말을 반신반의하며 몇 번이나 눈 덮인 도로를 쳐다보았다. 타이어체인도 감지 않은 차로 눈이 쌓여있는 길을 운행한다는 것이 좀처럼 믿어지지 않았다.

    이밀진에서 합니하까지는 약 37km로 눈길만 아니라면 그렇게 먼 거리는 아니었다. 최경도는 차를 멈추지 않고 빙판길을 요리조리 피하며 앞으로 나갔다. 내가 손잡이를 꽉 잡고 긴장하는 모습을 보이니 그가 나를 향해 웃으며 말했다.

    "이번 합니하 답사는 어떤 경우에도 절대로 포기할 수 없다고 그러셨으니 설혹 기어가는 한이 있더라도 꼭 가야하지 않겠습네까."

    이밀진을 지나 갈림길에서 이정표의 방향에 따라 왼쪽 길로 접어들었다. 도로사정이 더욱 나빠졌다. 도로는 어제 내린 눈이 돌덩이처럼 얼어붙은 빙판길이었다. 만약에 이런 도로상태가 계속 된다면 합니하 답사는 거의 불가능하다고 생각했다.

    최경도는 조금 더 신중하게 차를 몰았다. 빙판길을 피하느라 거북이처럼 기어가다시피 차를 몰고 갔다.

합니하로 가는 길의 첫 번째 마을 마당촌(馬當村)까지 불과 2km 였는데 10여 분이 걸렸다. 마당촌 앞 도로는 동네입구라서 그런지 제설이 되어 있었다. 아스팔트가 드러나 보일 정도로 도로사정이 나아졌다.

최경도는 천천히 차를 몰면서 나를 안심시키려 애를 썼지만, 가파른 내리막이나 빙판을 지날 때 차가 옆으로 미끄러지는 걸 느낄 수 있었다. 그럴 때마다 우리는 서로의 얼굴을 쳐다보며 웃음으로써 긴장을 풀었다. 나는 손잡이를 굳게 잡은 채로 눈길을 주시하며 긴장의 끈을 놓지 않았다.

합니하 입구 마당촌

이밀진을 떠난 지 1시간이 지나서야 합니하 입구에 있는 광화진(光華鎭)에 도착할 수 있었다. 37km의 거리를 거북이처럼 기어서 겨우 목적지에 도착한 것이다. 광화진 입구에는 우리를 환영이라도 하는 듯 높고 커다란 문이 서 있었다. 나는 차에서 내려 안도의 한숨을 내쉬며 몇 장의 사진을 찍은 다음에 신흥무관학교 유적지를 향해 출발했다.

광화촌을 지나 광화진소학교 담을 끼고 오른쪽 길로 접어들자 얼어붙은 합니하가 눈에 들어왔다.

합니하와 소학교 사이로 난 길은 눈을 치운 흔적이 전혀 없었다. 겨울철 시골길이라 그런지 사람들의 발자국만 찍힌 채 얼어붙어 있었지

합니하 가는 길

광화진 합니하

만, 합니하를 마주하자 지금까지 긴장되었던 마음이 눈 녹듯 사라졌다. 오히려 눈앞에 펼쳐지고 있는 설경에 탄성이 저절로 나왔다. 그동안 마음 졸이며 달려왔던 피로도 모두 사라져버리는 것 같았다.

 광화촌 사람들이 합니하를 건너다니는 출렁다리를 지나서 1km 정도 눈길을 달려가니 신흥무관학교 터의 겨울 풍경이 눈앞에 펼쳐졌다.

 나는 차에서 뛰어내렸다. 두 팔을 번쩍 들고 대한민국 만세라도 부르고 싶은 심정이었다. 백두산맥에서 발원한 합니하가 흘러가는 작은 구릉 위에 세워졌던 신흥무관학교. 얼어붙은 합니하를 따라 곱게 솟아오른 구릉 아래 유적지는 온통 하얀 눈으로 덮여 있었다.

합니하 출렁다리

광화진 소학교

나는 겨울풍경에 빠졌던 마음을 추스르며 신흥무관학교터로 가서 눈밭에 돗자리를 깔았다. 그리고 미리 준비해 온 과일, 막걸리, 향로, 술잔 등을 배낭에서 꺼내 정성스럽게 돗자리에 놓았다. 나는 향불을 피워놓고 술잔에 정성껏 술을 따랐다.

합니하에서 바람이 불어왔다. 그러나 거칠고 매서운 바람이 아니었다. 유적지를 포근히 감싸듯 불어오는 바람이었다.

향연기가 모락모락 피어올라 유적지를 맴돌더니 바람에 춤추듯 하늘로 날아올라 허공으로 사라졌다.

나는 경건한 마음으로 순국선열들에게 큰절을 올렸다.

먼저 조국광복을 위해 이 땅에 신흥무관학교를 세웠던 애국지사의 영령 제위, 일본군과의 전투에서 순국하신 영령들께, 마지막까지 신흥무관학교를 지키다가 일본군에게 무참하게 살해된 권기일(權奇鎰) 의사, 기아(飢餓)와 풍토병으로 돌아가신 모든 영령들께 추도의 마음을 담아 명복을 기원했다.

나는 무릎을 꿇고 두 손을 모은 채 고요히 머리를 숙였다. 신흥무관학교 유적이 복원되어 후손들에게 자랑스럽게 물려줄 수 있기를 간절히 기원했다.

바람이 멈췄다. 짙은 향 내음이 꽃향기처럼 피어올랐다. 고개를 들어 유적지를 바라보니 눈이 부시도록 하얀 눈밭 위로 겨울의 햇살이 신비롭게 비추고 있었다.

그동안 답사를 다녔던 항일유적지의 모습들이 필름처럼 스쳐갔다.

북간도의 봉오동과 청산리 대첩 유적지들, 노루바위골, 약수동, 명동촌 등 경신참변유적지들, 백두산 아랫동네 내두산, 집안시의 고마령, 신빈현의 왕청문, 유하현 대화사, 의열단 유적지의 모습들. 안갯속에 잠긴 듯 아련한 모습으로 가슴을 울렸다.

　산과 강, 나무와 바람소리, 그리고 드넓은 벌판, 그 어느 것 하나 정겹지 않은 것이 없었다. 합니하 골짜기에서 신흥무관학교생들의 함성소리가 들려오는 듯했다.
　나는 무관학교 병영이 있었던 산자락을 향해 천천히 걸어갔다. 작은 등성이에 올라서자 합니하의 모습이 한눈에 들어왔다.
　합니하 건너 산등성이에 백설을 이고 서 있는 나무들이 마치 흰옷을 곱게 차려 입은 백성들이 조국광복을 기원하는 기도를 올리는 모습처럼 보였다. 들판에 서 있는 옥수수 낟가리들은 마치 동네사람들이 오순도순 모여 정담을 나누고 있는 듯 따뜻하고 정겹게 느껴졌다. 합니하의 신흥무관학교터는 우리 민족을 그대로 닮은 순백의 터전이요, 백의의 영토였음을 다시 한 번 가슴 저리게 느꼈다.

간도의 눈물로 설립한 합니하 신흥무관학교

1911년 유하현 삼원포 추가가촌 대고산(大孤山) 기슭에서 창립되었던 경학사와 신흥강습소는 중국인들의 거부로 토지를 구입할 수 없었다. 애국지사들은 어쩔 수 없이 중국인 옥수수 창고를 임시로 빌려서 신흥강습소를 세웠었다.

중국인의 경계와 냉대, 풍토병의 만연, 수년 간 몰아닥친 흉년, 식량과 자금난 등으로 갖은 풍파와 고초를 겪다가 1912년 가을 합니하에서 새로운 한인 자치단체인 부민단(扶民團)과 신흥학교로 개편되어 다시 웅비의 날개를 펴게 되었다. 합니하 신흥학교와 부민단은 애국지사들의 눈물로 세워진 항일단체였던 것이다.

1911년 압록강을 건너 추가가로 온 망명객들에게 중국인들은 토지와 가옥의 매매를 거부했다. 이회영, 이상룡 등 애국지사들이 당초 계획했던 것은 정식으로 토지를 매입해서 무관학교를 설립하는 것이었다. 그러나 중국인들의 집단적인 거부로 이 계획은 성사되지 못했다.

1912년 음력 3월부터 합니하로 이동하여 교사와 학생들이 무관학교 신축공사를 시작했던 당시의 상황을 무관학교 교관 원병상은 이렇게 회고하였다.

> 삽과 괭이로 고원 지대를 평지로 만들어야 했고, 내왕 20리나 되는 좁은 산길 오가며 험한 산턱의 돌산을 파 뒤져 돌과 흙을 어깨와 등으로 날라야만 되는 중노역이었지만, 우리는 힘드는 줄도 몰랐고 오히려 원기왕성하게 청년의 노래로 기백을 높이며 진행시켰다.

신흥무관학교 합니하 유적지

    1912년 6월 드디어 새로운 교사가 완성되었다. 애국지사들은 무관학교 학생과 가족들이 함께 모여 낙성식의 기쁨을 누릴 수 있었다.
    신흥무관학교에는 본과와 특별과가 있었는데 본과는 4년제 중학과정이었고, 6개월, 3개월의 속성과는 무관양성을 위한 특별과정이었다. 미국 여류작가 님 웨일스의 아리랑(Song of Arirang)에는 신흥무관학교에 다녔던 항일투사 김산의 회고가 이렇게 기록되어 있다.

합니하에 있는 대한독립군 군관학교. 이 학교는 신흥학교라 불렀다. 학교는 산속에 있었으며 열여덟 개의 교실로 나뉘어 있었는데 비밀을 지키기 위하여 산허리를 따라서 줄지어 있었다. 열여덟 살에서 서른 살까지의 학생들이 백 명 가까이 입학하였다. 학과는 새벽 네 시에 시작하며, 취침은 저녁 아홉 시에 하였다. 우리들은 군대 전술을 공부하였고 총기를 가지고 훈련받았다. 그렇지만 가장 엄격하게 요구되었던 것은 산을 재빨리 올라갈 수 있는 능력이었다. 게릴라 전술, 조선의 지세, 특히 국경지역의 지리에 관해서는 아주 주의 깊게 연구하였다.

1912년 합니하의 심산유곡에서 학습과 노동, 군사훈련을 병행하며 항일독립투쟁에 목숨을 바치기로 맹세했던 젊은 청년들의 어깨에 조국

합니하 일대

신흥무관학교생

의 미래가 달려 있었다. 신흥학교 학생들은 이러한 현실을 가슴 속 깊이 인식하고 있었기에 경학사, 부민단, 한족회, 신흥학교의 방침에 따라 공부하면서 농사를 짓는, 고된 노동과 훈련도 즐겁게 받아들였던 것이다.

 1920년 5월. 일본은 한반도를 식민지로 강점한 뒤 만주까지 마수를 뻗쳤다. 그들은 대한독립군을 토벌하기 위해 만주군벌 장작림과 결탁하여 중일합동 수사대를 만들기로 합의한 뒤, 봉천성(奉天省: 현재 요녕성 일대)에서 일본군과 중국경찰이 연합하여 합동수색대를 각 지역에 창설하기 시작하였다.
 일본경찰 우에다와 사카모토가 이끄는 중일합동수색대는 1920년 5월부터 서간도 일대(현재 요녕성 단동에서 길림성 유하현 일대)의 독립운동세력을 색출하기 위해 신흥무관학교를 비롯한 독립군 부대를 공격하기 시작했다. 그리고 독립군을 후원하고 있는 한인마을도 습격하였다. 독립군은 한인마을에 피해를 주지 않기 위해 산중으로 이동했다.

독립군 토벌에 실패한 수색대는 양민들이 살고 있는 한인마을을 공격하여 무차별 살인과 방화를 저질렀고, 독립군에게 협조했다는 죄를 씌워 어린애들까지 무참하게 살해했다. 서간도 일대에서 벌어진 일제의 만행은 잔인하고 참혹했다.

1919년 8월 신흥무관학교를 습격하여 윤기섭 등을 납치했던 장강호 마적떼도 합동수색대의 앞잡이가 되어 한인마을을 습격하고 약탈하는 만행을 저지르기에 이르렀다.

중일합동수사대는 삼원포 일대 서로군정서, 신흥무관학교, 그리고 한인사회를 붕괴시키기 위해 연속적인 토벌을 감행해 왔다. 무고한 양민들의 피해를 더 이상 지켜볼 수 없었던 서로군정서 수뇌부는 1920년 8월 신흥무관학교 졸업생을 주축으로 교성대를 편성하여 이청천이 이끄는 군정서와 함께 백두산 기슭 안도현 내두산(奶頭山)으로 이동하였다.

마지막까지 신흥무관학교를 지키던 추산 권기일과 독립군은 일본군 공격에 맞서 싸우다가 장렬한 죽음을 맞이하였다.

신흥무관학교는 1911년 설립 이후 1920년 폐교될 때까지 2,000여 명의 독립군 장병을 길러냈으며, 대한민국 항일투쟁사에 영원히 빛날 위대한 업적을 남겼다.

서북으로 흑룡태원 남의 영절의
여러 만만 헌헌 자손 업어 기르고
동해섬 중 어린 것들 품에다 품어
젖먹여 길러준 이가 누구뇨
우리 우리 배달 나라의
우리 우리 조상들이라

그네 가슴 끓는 피가
우리 핏줄에
좔좔좔 물결치며 돈다

장백산 밑 비단 같은 만 리 낙원은
반만 년 동안 피로 지킨 옛집이어늘
남의 자식 놀이터로 내어 맡기고
종설움 받는 이 누구뇨

우리우리 배달나라의
우리우리 자손들이라
가슴치고 눈물 뿌려 통곡하여라
지옥의 쇳문이 온다

석주 이상룡의 아들 이준형이 작사한 신흥무관학교 교가이다.

나는 신흥무관학교 교가를 읊조리며 몇 번이나 신흥무관학교 유적지를 돌아보았다. 100년 전, 나라의 운명을 짊어진 젊은이들의 함성과 고려구에 살던 한인들이 울부짖는 눈물의 통곡소리가 들려오는 듯했다. 배달나라 자손들이 가슴을 치고, 눈물을 뿌리며 절규하는 외침이 합니하 골짜기에서 들려오는 듯했다.

눈물과 땀과 고난의 골짜기에는 하얀눈이 차갑게 얼어붙어 있었고, 그 눈밭으로 매서운 바람만 불고 있었다. 황량한 들판, 얼어붙은 합니하, 낯선 이들의 땅, 잊혀 가는 땅이었다.

이제 작별을 고해야 할 시간이었다. 나는 차마 떨어지지 않는 발걸음을 옮겨야 했다. 내가 이곳을 다시 찾아오는 날에 신흥무관학교가 복원이 시작되는 기공식이 열리는 날이길 기원했다. 그날이 오면 신흥무관학교 애국지사들의 후손들과 함께 이곳으로 달려와 덩실덩실 춤을 추며 그날의 기쁨을 만끽할 수 있으리라.

합니하를 건너 훈련장이 있었던 고려구까지 돌아보고 싶은 마음이 간절했지만 겨울의 하루는 모든 곳을 다 돌아보기에는 너무나 짧았다.

나는 눈길을 헤치고 달려온 합니하 유적지에서 간절한 기원을 올리고, 순국선열의 영전에 술을 올리고 향불을 피워 올릴 수 있었던 것에 감사했다. 그리고 이곳까지 무사히 도착하여 답사를 마치고 돌아갈 수 있게 해준 영령들에게 고개 숙여 묵념을 올렸다.

나는 묵념을 마치고 광화진에서 합니하 강줄기, 그리고 고려구와 신흥무관학교 터를 내 기억 속에 영원히 남겨두기라도 하듯 천천히 바라보았다. 순간, 콧등이 시큰거리고 눈물이 왈칵 솟았다. 이 땅을 개척했던 선열들의 모습이 눈물방울마다 맺혀 있었다.

얼어붙은 합니하

남만주 독립전쟁의 총본부,
유하현 삼원포

:

합니하 강변에서 눈길을 헤치고 나와 광화진 마을을 지날 때였다. 길가에 있는 식당이 눈에 들어왔다. 집안시를 출발할 때 예상했던 것보다 길이 무척 험해서 긴장의 연속이었던 탓에 까맣게 잊고 있었던 허기가 갑자기 느껴졌다. 시계를 보니 벌써 12시를 넘기고 있었다.

내가 최선생에게 뭐라도 간단하게 먹고 가야 되지 않겠느냐고 하자, 그가 웃으며 오늘은 도로사정이 별로 좋지 않으니 삼원포까지 가서 식사를 하는 것이 좋겠다고 말했다.

최선생 말대로 삼원포로 가서 식사를 하기로 하고 다시 출발했다. 차츰 시야에서 멀어지는 무관학교 터를 바라보다가 마치 정든 고향을 떠나는 듯한 서글픔에 다시 눈시울이 뜨거워졌다.

문득 신흥무관학교생들이 합니하로 이동하며 겪어야 했던 고난과 시련의 대장정이 떠올랐다.

일본군의 공격과 감시를 피해 합니하로 올 때 식량을 조달할 겨를조차 없었고, 그동안 비축했던 식량도 턱없이 부족했다. 더구나 겨울철에 이곳에 도착하였기에 당장 농사를 지을 수도 없는 상황이었다.

그들은 굶기를 밥 먹듯 하며 병영을 지어야 했고, 가족들이 살아갈 집을 지었으며, 다음해 식량을 마련하기 위해 논밭을 개간해야 했다.

멀건 옥수수죽과 감자 몇 알로 끼니를 때웠고, 그마저도 떨어졌을 때는 산에 가서 채취한 초근목피로 간신히 연명하며 살아야 했다. 그들은 병영공사를 하느라 지치고 배가 고플 때면 산골짜기 물을 마시며 허기진 배를 채우기도 했다고 한다.

그들의 고초와 시련은 여기서 그친 것이 아니었다. 눈보라치는 강추위 속에서 무명헝겊으로 발을 감싸 짚신을 신었으며, 홑겹의 무명옷을 입은 채 눈밭을 달리며 밤늦도록 군사훈련을 받아야 했던 것이다. 굶주려 허약해진 몸으로 고된 노동과 훈련을 받느라 기진맥진했던 사람들이 하나둘 쓰러져 갔고, 물갈이 하는 사람들 사이에 수토병이 돌아 많은 사람들이 몸져누웠다.

합니하의 첩첩산중에서 갖은 고초를 겪으면서도, 오로지 광복을 염원하는 마음으로 모든 시련을 이겨냈던 선열들을 생각하니 나 자신이 너무나 부끄럽고 송구스러웠다.

역사는 단순히 지나가버린 과거가 아니라 내일을 살아가는 거울이며 지혜라고 배웠다. 역사는 현재와 과거의 끊임없는 대화이기에 오늘의 현실에 그대로 반영되는 경우가 많다. 우리가 역사에 관심을 갖고 주목해야 하는 까닭은 과거의 지식을 통해 내일을 살아가는 지혜를 얻을 수 있기 때문이다. 이 땅의 지도자들이 지나온 우리의 역사를 올바로 인식할 수 있는 혜안을 가질 수만 있다면 우리나라의 미래는 더욱 밝아질 수 있을 것이라 믿는다.

그럼에도 불구하고 사람들은 역사를 잊고, 선열들이 남겨준 숭고한 정신을 계승하려는 생각조차 없다. 그저 보이는 대로 욕망에 매달려 앞만 보고 달려가고 있다. 그렇게 살아가는 것이 얼마나 부끄러운 삶인지조차 느끼지 못하고 있는 현실이 안타까울 따름이다.

나 역시 역사를 외면하고 무관심하게 살아왔기에, 어리석었던 나의 지난날들이 매서운 채찍이 되어 나의 가슴을 때렸던 것이다.

그러나 나의 남은 세월을 다 바쳐 타국 땅에서 훼손되고 사라져가고 있는 항일유적을 찾아내고 보존하여 후손들에게 전할 수만 있다면, 항일역사를 모르고 사는 젊은이들에게 선열들의 조국애와 민족애를 느끼게 해 줄 수만 있다면, 무능하고 가난한 작가가 뒤늦게 품은 작은 소망을 이룰 수 있으리라 믿는다.

나는 고갯길을 넘어갈 때마다 다시 찾아오겠다는 기약을 남기며 잰걸음으로 삼원포를 향했다.

항일독립운동을 위한 비밀결사단체, 신민회(新民會)

1907년 4월. 이회영, 양기탁, 이동녕, 전덕기 등은 서울 상동교회 지하실에서 비밀리에 회합을 갖고 신민회를 조직하였다.

신민회는 비밀리에 회원을 선정하며 신중을 기했기에 초기 회원은 그렇게 많지 않았다. 그러나 설립 이후에 가입한 이동휘, 이관직, 이갑, 김구, 여순 등의 활발한 활동과 항일투쟁의 숭고한 뜻이 지식인 사이에 전파되면서 회원은 급속도로 늘어갔다. 신민회는 경기, 황해, 평안, 함경, 경상도 등 전국에 지부를 설치했다. 그리고 일본침략에 대항할 수 있는 국력을 증강하기 위해 애국활동을 전개하며 회원 수를 늘려갔다.

1907년 정미조약 체결 후 나라는 풍전등화의 위기에 놓였고, 이토 히로부미의 앞잡이가 된 이완용, 송병준을 비롯한 매국노들이 친일세력 확장에 혈안이 되어 날뛰었다. 그야말로 국권상실의 위기를 맞았던 암울한 시대였다.

이러한 위기에서 나라를 구하기 위해 결성한 신민회는 항일의식 고취와 애국계몽운동을 펼쳐나가면서도 철저하게 비밀을 지켰던 비밀결사였다.

신민회원간의 규약은 어떤 고난과 역경 속에서도 조국정신을 굳게 지키고, 조국광복에 헌신하며, 만약에 본회를 배반하였을 때는 생명을 내놓아야 한다는 결사조직이었다.

1909년 서울 양기탁의 집에서 비밀리에 간부회의가 열렸다. 이 회의에서 결정된 내용 중에 하나가 독립기지 건설과 군관학교의 설립이었다. 그리하여 1909년 여름 이회영, 이동녕, 주진수 등을 만주에 파견하여 독립투쟁 기지를 물색하게 했던 것이다. 그때 그들이 선택한 곳이 바로 삼원포 대고산과 합니하 일대였다.

신민회는 평양에 대성 학교, 정주에 오산 학교를 세우고 대한매일신보를 발행하는 등 꾸준히 항일 활동을 벌였으나, 한일강제병합 이후 조선총독부 총독 데라우치(寺內)를 암살하려 했다는 총독 암살 모의 사건, 즉 105인 사건으로 안창호, 윤치호, 양기탁, 이동휘 등 수많은 회원이 투옥됨으로써 해체되었다.

(위로부터)이회영, 양기탁, 이동녕, 전덕기

105인 사건과 대한매일신보 기사

국권회복운동을 전개하던 신민회는 비록 일제의 감시와 탄압으로 인해 해체되었지만, 1919년 대한민국 임시정부가 이들의 활동과 정신을 계승하게 되었다.

독립투쟁의 선봉에 섰던 언론인
우강(雩岡) 양기탁의 생애
:

우강 양기탁(梁起鐸)은 대한매일신보의 주필로서 신문을 통한 항일운동에 투신했던 언론인이었으며, 대한통의부, 의성단, 정의부 등에서 항일투쟁에 일생을 바쳤던 애국지사이다.

1907년 국채보상운동과 항일 비밀결사 단체였던 신민회를 이끈 핵심 인물이었으며, 항일합방 후에는 만주와 러시아령을 거쳐 중국 대륙에서 항일투쟁을 벌였던 대표적인 독립 운동가였다.

양기탁은 1871년 평양에서 한학자 양시영(梁時英)과 인동장씨(仁同張氏)

사이에서 태어났다. 그의 아호는 우강(雩岡)이며, 아명은 의종(宜鍾)이다.

어린 시절에는 한문사숙에서 수학했으며, 15세에 서울로 올라와 여러 우국지사들과 함께 활동하며 그들의 애국사상에 감화를 받았다. 1895년 부친 양시영과 함께 미국인 게일을 도와 국내 최초로 한영자전(韓英字典)을 편수하였다.

1896년 독립협회, 1898년 만민공동회 간부로 활동하였고, 1904년 7월 18일 영국인 기자 베델과 국한문혼용체 일간신문 대한매일신보를 창간, 주필로 활동하며 항일사상을 고취하였다.

1907년 신민회(新民會)를 조직하여 항일운동을 전개하였고, 1910년 한일강제병합으로 국권을 상실하자 이동녕 이회영과 함께 신흥무관학교 등의 독립군기지를 세우는 데 적극적으로 참여했다.

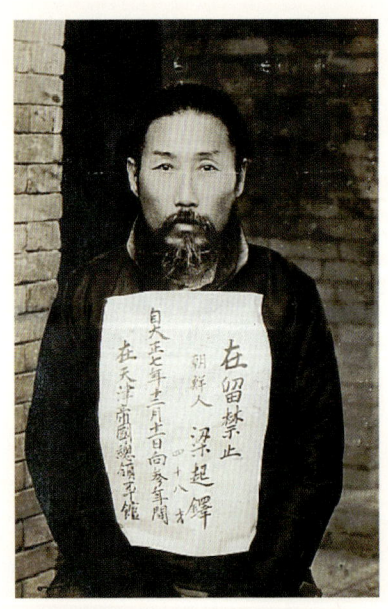

의성단 결성지 산해관과 우강 양기탁

한일강제병합 이후 일제에 의해 조작된 '사내정의 총독 암살음모사건'으로 신민회 회원 800여 명과 함께 체포되었던 양기탁은 징역 10년을 선고 받고 항소심에서 징역 6년이 확정되어 4년여 동안 옥고를 치렀다.

1915년 12월 하순에 가석방된 후 평안남도 강남군에 유배(流配)되었을 때 그곳을 탈출하여 만주로 건너간 양기탁은 신흥무관학교와 대한광복회에서 활동했다. 그러나 1918년 12월 중국 천진에서 다시

신민회 창설지 상동교회

일본경찰에게 붙잡혀 국내로 압송되었고, 전라남도 거금도로 2년간 유배되었을 때 3·1운동을 맞이하게 되었다.

남해안 거금도에서 유배가 풀려 서울로 돌아온 양기탁은 1920년 8월에 미국의원단의 동양 3국 순방에 맞춰 미국의원 환영준비위원회를 조직하고, 미국의원 일행이 서울역에 내릴 때에 대한국인의 독립의지를 보여주고 동지들과 함께 독립만세를 부르려다가 다시 총독부 경찰에게 붙잡혀 투옥되었다. 이 소식에 충격을 받은 어머니가 숨을 거두자 장례식을 치르기 위해 일시 방면된 기회를 이용하여 장례식을 치른 후 곧바로 만주로 망명하였다.

1920년 중국 봉천성 산해관(山海關)에서 편강렬, 남정과 함께 의성단(義成團)을 결성하였다. 의성단은 항일무장투쟁을 첫 번째 강령으로 세웠던 단체로서 장춘 일본영사관을 습격하고, 봉천(奉天: 현재의 심양)의

항일투쟁 언론인 양기탁 묘소(국립묘지)

일본군 전용 만철병원을 습격하는 등 장춘 일대에서 크게 활약한 무장단체였다.

1923년 남만주 일대 항일단체통합운동에 적극적으로 참여하여 오동진, 김동삼 등과 대한통의부를 창설했다. 그리고 통의부가 해체된 1925년에는 지청천, 김동삼 등과 정의부(正義府)를 조직하여 적극적인 항일투쟁을 전개하였다.

1926년에는 민족유일당운동을 추진하기 위해 고려혁명당을 창당하여 위원장에 취임하였을 때 상해임시정부의 국무령에 추대되었으나 취임하지 않았다. 그러나 1934년 1월에 다시 임시정부 주석으로 선출되자, 상해로 가서 임시정부 재건에 노력하였으며 당시 항일독립운동의 실질적인 지도자 역할을 수행하였다.

1935년 의열단, 신한독립단, 조선혁명당, 한국독립당 등이 통합하여 조선민족혁명당이 조직되자 이에 가담하여, 항일독립투쟁에 노력하다가 1938년 강소성(江蘇省) 담양현 길당암(吉堂庵)에서 순국하였다. 그의 유해는 1998년 5월 8일 국내로 봉환되어 국립묘지에 안장되었다.

항일투쟁을 위해 만주로 망명한 사람들

노블레스 오블리주, 이회영 일가

항일투쟁사에서 이회영 일가의 항일정신과 조국애는 우리 민족 역사에서 영원히 빛나는 구국항쟁의 표상이었다. 그들은 국권상실의 암담한 현실을 타개하고 조국광복을 쟁취하기 위해 의연하게 일어선 불멸의 애국투사들이었다.

1910년 12월, 이회영 6형제 첫째 이건영(李健榮), 둘째 이석영(李石榮),

우당 이회영기념관 전경

셋째 이철영(李哲榮), 넷째 이회영(李會榮), 다섯째 이시영(李始榮), 여섯째 이호영(李護榮)과 가족 60여 명은 전재산을 처분하여 마련한 자금 40여만 원(현재가치 약 600억 원)을 가지고 서울을 출발하여 만주를 향해 망명길을 떠났다. 그들은 만주로 가서 독립운동기지를 건설하고 항일투쟁을 전개하기 위해서 명문집안의 기득권을 버리고, 고난과 시련의 땅 만주로 향했던 것이다. 이회영이 신민회 활동을 통해서 미리 물색해뒀던 유하현 삼원포가 그들의 최종 목적지였다.

이회영 일가는 서울에서 기차를 타고 신의주에 도착하여 압록강을 건너려 했으나 워낙 대가족이라 한꺼번에 압록강을 건널 수가 없었다. 그들은 비밀연락처였던 신의주의 사막촌(四幕村)에서 대기하며 몇 명씩

우당 이회영기념관 전시실

나누어 은밀하게 압록강을 건넜다.

　이회영과 함께 만주로 망명길을 떠났던 부인 이은숙은 그의 회고록 《서간도 시종기》에서 당시 상황을 다음과 같이 회고하고 있다.

　팔도에 있는 동지들에게 연락하여 1차로 망명하는 분들을 차례로 출발시켰다. 신의주 연락기관을 정했는데 남들이 보기에는 주막으로 행인에게 밥도 팔고 술도 팔았다. 우리 동지들은 서울에서 오전 8시 출발하여 오후 9시 신의주에 도착하여 그 집에 몇 시간을 머물다가 압록강으로 건넜다. 경찰의 경비가 삼엄했지만 새벽 3시쯤은 안심하는 때다. 중국노동자가 얼어붙은 강에서 사람을 태워 가면 2시간 만에 안동현에 도착했다.

　이회영은 가족들을 먼저 압록강을 건너게 한 후 12월 27일 몇 명의 동지들과 함께 칠흑같이 어두운 밤을 이용하여 얼어붙은 압록강을 건넜다. 이회영은 눈썰매를 타고 압록강을 건너며 고국을 떠나는 애끓는 심정을 담은 시를 한 수 지었다.

鴨綠江水有時盡	압록강물은 언젠가 다 없어질 때가 있겠지만
此恨連綿無絶期	내 가슴 속 품은 한 면면히 흘러
	결코 없어질 날 없을 것이다

　압록강을 건너 안동(安東: 현재 단동)에 도착한 이회영 6형제와 가족들은 만주땅에서 새해를 맞이했다. 훗날 임시정부 주석이 된 이동녕의 매부 이선구가 주선한 숙소에서 며칠을 지낸 후 수십 대의 마차에 나뉘어

압록강의 겨울

타고 눈보라치는 압록강을 거슬러 올라갔다. 그들은 신민회의 다른 동지들과 만나기로 약속했던 환인현 횡도천(桓仁縣 橫道川)으로 향했다.

수십 명의 가족들과 함께 환인현으로 가기 위해서는 험준한 산길을 피해야 했다. 그들은 압록강을 따라 북쪽으로 올라가다가 비류수(현재 혼강)와 만나는 지점에서 다시 비류수를 거슬러 올라가야 안전하게 횡도촌까지 갈 수 있었던 것이다.

이은숙은 《서간도 시종기》에서 당시 상황을 이렇게 기술하고 있다.

지독한 추위를 좁은 마차 속에서 고생하던 말을 어찌 다 적으리요. 그러나 괴로운 사색(辭色)은 조금도 내지 않았다. 종일 백여 리를 행해도 큰 쾌전(快廛: 큰 가게)이 아니면 백여 필이 넘는 말을 어찌 두리요. 밤중이라도 큰 쾌전을 못 만나면 밤을 새며 가는 때도 있었다.

이회영 일가는 일 년 중에 가장 매서운 추위가 몰아치는 만주땅을 열흘 가까이 밤낮으로 달려서 환인현 횡도촌에 도착했다.

횡도천에는 안동유림의 김대락, 김동삼 등이 미리 도착하여 자리를 잡고 있었다. 이회영 가족은 그곳에서 잠시 유숙하며 행랑들을 정리하고, 수백 리 길을 달리느라 지친 말과 일행들의 몸을 추스른 뒤에 다시 유하현 삼원보(三源堡: 현재 삼원포)를 향해서 출발하였다.

그들이 갖은 고초를 다 겪으며 통화현을 거쳐 삼원포에 도착한 것은 음력 2월 초순이었다.

환인현 횡도촌

겨울 중에서도 가장 추위가 기승을 부리는 1월에 압록강을 건너 삼원포로 가야 했던 그들의 고통은 이루 말할 수 없었다.

사대부 집안에서 유복하게 살았던 그들이 솜이불을 덮은 채 눈썰매나 마차를 타고 낯설고 험한 산하를 며칠 동안 계속 달려야 했다. 마적떼가 출몰하는 산과 골짜기를 지나야 했으며, 중국인들의 경계와 냉대로 숙박소를 찾지 못하면 길가에서 숙식을 해결하며 가야 했던 것이다. 수십 대의 마차를 타고 백두 산맥의 준령들을 넘고, 얼어붙은 강을 건너야 했고, 앞이 보이지 않을 정도로 심한 눈보라를 헤치며 산길을 달려가야 하는 실로 목숨을 건 강행군이었다.

겨울 비류수(혼강)의 모습

석주 이상룡과 안동유림의 만주 망명

더없이 소중한 삼천리 우리 산하여
오백년 동안 예의를 지켜왔네.

문명이 무엇이기에 노회한 적 불렀나.
까닭 없이 꿈결에 온전한 나라 버리네.

이 땅에 그물이 쳐진 것을 보았으니
어찌 남아가 제 일신을 아끼랴.

고향 동산에 잘 머물며 슬퍼하지 말지어다.
태평성세 훗날 다시 돌아와 머물리라.

석주 이상룡이 고향을 떠날 때 지은 고별시 거국음(去國吟)이다. 석주 이상룡은 퇴계 이황 때부터 조상 대대로 살아온 임청각(臨淸閣)을 떠나면서 집안의 노비들을 다 풀어주었다. 그리고 일본경찰과 밀정들의 눈을 피해 은밀하게 재산을 처분한 뒤 가족들을 이끌고 만주행을 결행했다.

이회영 일가가 서울을 출발한 직후에 이상룡 일가를 비롯하여 김동삼, 권팔도 등의 애국지사들이 1911년 1월 5일 대가족을 이끌고 안동을 출발하여 상주를 거쳐 추풍령에서 12일 서울행 기차를 탔다.

이상룡의 손부(孫婦)였던 허은의 회고록 '아직도 내 귀엔 서간도 바람소리가'에 당시 상황이 이렇게 기록되어 있다.

기차역까지 종들이 따라왔다. 헤어져야 할 시간이 되자 주인들도 울고, 종들도 울었다. 생전 처음 기차를 탔다. 일본의 열차 수색원들이 칸마다 다니면서 독립지사를 잡아내려 감시를 했고, 한 의자에 두 사람씩만 앉게 했다.

1월 13일 서울에 도착한 이상룡은 신민회원 양기탁을 만나 만주 망명 후 활동을 상의한 뒤에 신의주로 향했다.
1월 25일 신의주에서 가족을 다시 만난 이상룡은 27일 새벽 썰매마차를 타고 압록강을 건넜다. 안동에서 솜옷을 모르고 살았던 이들이 영하 20℃가 넘는 강추위에 홑옷만 몇 겹으로 걸친 채 강추위로 얼어붙은 압록강을 건넜던 것이다.

삭풍은 칼보다 날카로워 나의 살을 에는데
살은 깎여도 오히려 참을 수 있고
창자는 끊어져도 차라리 슬프지 않다.

옥토 삼천리와 이천만 백성의 극락같은 부모국이
지금 누구의 차지가 되었는가!

차라리 이 머리가 잘릴지언정
어찌 내 무릎을 꿇어 그들의 종이 될까보냐.
집을 나선 지 한 달이 못되어 압록강 물을 건넜으니
누가 나의 길을 더디게 할까보냐
나의 호연한 발걸음을.

석주 이상룡의 생가 안동 임청각

    이상룡이 압록강을 건너며 지은 거국시(去國詩)이다. 그의 백절불굴의 선비정신과 항일투쟁의 신념이 잘 나타나 있는 작품이다.
    이상룡 일행은 안동(安東: 현재 요녕성 단동시)에서 이틀을 묵은 뒤 마차 여러 대에 나누어 타고 환인현 횡도천(橫道川)으로 향했다.
    눈보라가 몰아치는 만주의 추위는 아무리 이를 악물고 참아도 온몸이 사시나무처럼 떨려왔고, 손발의 감각조차 느낄 수 없을 정도로 매서웠다. 이상룡 일가는 마차바닥에 이불을 깔고 온몸에 이불을 감았지만, 혹독하게 몰아치는 겨울추위는 견디기 힘들 정도였다.
    이상룡 일가, 김동삼 일가를 비롯한 안동유림의 애국지사들은 한일강제병합 후 왜놈치하에서 치욕과 굴욕을 당하며 살 수는 없다고 생각했다. 만주 망명길이 아무리 험난하고 고통스럽다 해도, 기필코 모든

이상룡 일가가 건넜던 압록강

안동 내앞마을 김대락의 생가

고난을 극복하여 항일구국의 대업을 완성하리라 결심했었다.

이상룡 일가는 2월 7일 환인현 횡도천에 도착하였다. 안동을 떠난 지 한 달이 지난 뒤였다. 미리 횡도천에 도착해 있던 이회영, 정원하, 김대락 등의 가족들이 그들을 기다리고 있었다. 강추위 속을 달려오느라 손발에 동상이 걸렸고, 열병으로 온몸이 불덩이처럼 끓는 사람들을 치료하며 잠시 휴식을 취한 안동유림의 이상룡 가족과 애국지사들은 이국에서 다시 만난 기쁨을 나눴다.

온 가족을 이끌고 일찌감치 망명길에 나섰던 백하 김대락(金大洛)은 횡도천에서 학교를 열고 학생을 가르치고 있었다. 이상룡은 그의 집 한 칸을 빌려 만주 생활을 시작하였다.

영원한 자유인, 아나키스트 우당(友堂) 이회영

우당 이회영(李會榮)은 형제들과 함께 전 재산을 처분한 뒤 만주로 망명하여 신흥무관학교 등의 독립운동의 기지를 세우고, 항일투쟁에 투신하여 노블리스 오블리주(noblesse oblige)를 몸소 실천했던 독립운동가였다.

이회영은 형제들과 함께 당대 최고 명문가문의 모든 기득권을 버리고 평생을 독립투쟁에 바쳤던 항일투사였다. 그리고 그의 6형제와 아들, 딸들이 모두 독립투쟁에 나섰던 구국의 가문이었다.

나는 앞에서 이회영의 만주 망명과정과 항일투쟁에 대하여 이미 기술하였기에 이제는 이회영의 사상, 즉 아나키스트로서의 삶을 중심으

우당기념관 내 이회영 사진

로 그의 생애를 살펴보고자 한다.

  이회영이 항일투쟁을 통해서 우리들에게 보여준 아나키스트로서의 삶은 맹목적 무정부주의가 아닌 자유연합주의와 더 깊은 관련이 있었다.

  영원한 자유주의자 이회영은 개인이 자유와 평화를 마음껏 누리는 공동체, 곧 지방자치공동체의 연합으로 국가를 구성하고, 그렇게 구성된 국가간의 관계가 완전한 독립국으로 평등권을 갖는 국제평화공동체를 건설하는 것이 아나키스트이자 평화주의자로서 그가 꿈꾸던 세상이었다.

항일투쟁에 평생을 바쳤던 이회영은 수많은 독립운동단체를 조직하여 활동하면서도 어떤 직위를 탐내거나 분파를 조성하여 세력다툼에 나선 적이 없었다. 그는 결코 명예나 권력을 탐하지 않았다.

이회영은 대립과 분열, 반목과 권력다툼을 벌이느라 항일투쟁에 적극적으로 대처하지 못했던 상해임시정부를 향해 날카로운 비판을 서슴지 않았다. 그는 모든 독립운동단체를 하나로 묶어놓고, 그 위에 군림하려는 임시정부의 권위주의적 권력체제를 통렬하게 비판했던 것이다.

이회영은 다양한 이념을 가진 개인, 단체들이 각자의 성향과 이념을 가지고 서로 협력해가는 자유연합체를 주장했다. 독립투사 개인과 단체들의 모든 성향과 이념을 인정하는 가운데 서로 연합하여 투쟁하는 연합노선을 지향했던 것이다.

그는 모든 정치적 조직, 규율, 하나의 이념만을 강제하는 권력을 단호하게 거부했고, 국가권력기관이 가질 수 있는 권위적 강제수단의 철폐를 강력하게 주장했다.

이회영은 그러한 자유연합체를 통하여 개인의 자유와 평등, 사회정의, 진정한 인간애가 실현되는 이상적 사회, 이상적 국가를 구현하고자 노력했던 아나키스트였던 것이다.

이회영은 국가를 부정하고 테러를 일삼는 아나키스트들의 사상과 활동을 인정하지 않았던 자유주의자였으며, 개인의 자유와 평등을 바탕으로 자유평등연합체 건설을 꿈꿨던 진정한 아나키스트였던 것이다.

이회영은 고종 때 이조판서를 지낸 이유승(李裕承)의 넷째 아들로 1867년 서울에서 태어났다. 본관은 경주(慶州), 호는 우당(友堂)이다.

이회영은 1906년 을사늑약이 강제 체결되었다는 소식을 듣고 안창호, 이갑, 전덕기, 양기탁, 이동녕, 신채호(申采浩) 등과 같이 비밀결사

삼원포 대고산 일대

신민회(新民會)를 조직하였다.

  이회영은 항일투쟁을 위해서는 교육진흥운동이 무엇보다 시급하다고 판단하여 신민회원들을 각 학교에 파견해 교육활동을 전개하였으며, 상동청년학원(尙洞靑年學院)을 설립하고 학감으로 취임하여 교육사업에 매진하였다.

  1910년 일본제국주의자들에 의해 국권이 강탈당하자 이회영은 형제들과 함께 모인 자리에서 만주로 망명하여 항일투쟁에 투신할 것을 설득하였다.

지금 한·일 강제병합의 괴변으로 인하여 한반도 산하가 왜적의 것이 되고 말았다. 우리 형제가 당당한 명문 호족으로서 차라리 대의가 있는 곳에 가서 죽을지언정 왜적 치하에서 노예가 되어 생명을 구차히 도모한다면 어찌 짐승과 다르겠는가?

이회영의 의견에 흔쾌히 동참한 6형제는 온 가족을 이끌고 만주로 망명, 삼원포 대고산 일대의 황무지를 개간하면서 독립운동기지 건설을 준비하였다. 1911년 교민자치기관으로 경학사(耕學社)를 조직했고, 독립군지도자 양성을 목적으로 신흥강습소(新興講習所)를 설립하였다. 주경야학(晝耕夜學), 즉 낮에는 일하고 밤에는 독립투쟁을 위한 배움을 연마했던 것이다.

이회영은 1912년 경학사를 부민단(扶民團)으로 확대 개편하여 통화현 합니하(哈泥河: 현재 통화시 광화진 합니하)로 옮겼다. 그리고 부민단과 신흥강습소를 모체로 신흥무관학교를 건립하여 독립군을 양성하며 본격적인 항일활동에 돌입하였다.

1912년 합니하 일대 혹독한 가뭄이 닥쳐왔고, 그로 인한 흉년과 풍토병 등으로 애국지사와 그 가족들이 가혹한 시련을 겪게 되었다. 수많은 사람들이 기아의 고통 속에서 풍토병으로 죽어갔다. 합니하 일대 한인사회는 물론 신흥학교도 엄청난 피해를 입을 수밖에 없었다.

혹독한 시련 속에서도 신흥무관학교를 이끌던 이회영은 1913년에 이르러 고국에서 가지고 온 독립운동 자금이 바닥나게 되자, 그의 형제들에게 학교 운영을 맡기고 주위 사람들의 만류에도 불구하고 서울로 돌아갔다.

우당 이회영 기념관

    서울로 돌아간 이회영은 친지들과 애국지사들을 은밀하게 만나 독립자금을 모아서 만주로 보냈다. 심각한 자금난을 겪고 있는 신흥무관학교를 존속시키기 위해 위험을 무릅쓴 이회영의 필사적인 노력이었다. 그의 멸사봉공 애국정신을 여실히 느낄 수 있었던 활동이었다.

    1917년 아들 이규학(李圭鶴)이 고종황제의 조카딸과 신부례를 올리는 기회를 이용해 고종의 중국 망명을 계획하고 은밀하게 추진하였다. 그는 오세창, 한용운, 이상재 등과 은밀하게 협의한 뒤 고종의 망명계획을 세웠다. 그리고 고종의 시종 이교영(李喬永)을 통해 고종의 승락을 받았다. 이제 남은 것은 고종을 안전하게 중국 상해망명을 성공시키는 일만 남았었다. 그러나 1919년 1월 고종의 갑작스러운 사망으로 고종망명 계획이 수포로 돌아갔고 이회영은 3·1운동이 일어나기 직전에 북경을 거쳐 상해로 망명했다.

1919년 4월, 상해에서는 이승만을 중심으로 임시정부 수립을 준비하고 있었다. 이회영은 임시정부 수립에 반대했다. 정부라는 행정적, 외교적인 조직보다는 독립투쟁을 총괄하는 본부를 설립하여 적극적인 항일무장투쟁을 펼쳐나갈 것을 주장했다. 그는 손정도, 이동녕, 조소앙 등과 함께 임시정부 수립에 반대했지만, 이승만을 비롯한 임시정부 수립파들은 4월 13일 대한제국을 대신할 임시정부 수립을 선포하기에 이르렀다.

임시정부 수립 이후 창조파와 개조파로 나뉘어 분열과 대립과 반목으로 권력을 다투는 분규가 끊이질 않자, 임시정부는 1923년 전국대표자회의를 소집했지만 아무런 합의를 도출하지 못한 채 폐회되고 말았다.

이회영은 상해와 천진을 오가며 의열단, 다물단, 흑색공포단, 남화한인청년연맹 등을 조직하고 일제의 고관, 군부 수뇌, 친일파 거두, 기관을 공격하는 등 무장독립투쟁에 심혈을 기울이고 있었다.

그리고 아나키스트로서 항일투쟁을 더욱 적극적으로 전개하기 위해 다시 만주로 돌아갈 결심을 하게 되었다. 아나키스트 남화연맹 동지들은 이회영의 만주행을 극구 만류했지만, 그의 굳은 결심을 꺾을 수는 없었다. 1930년 9월 맏딸 이규숙과 사위 장기준을 먼저 흑룡강성 해림시로 보냈다.

정화암, 백정기 등 남화연맹원들이 재차 이회영의 만주행을 만류하자 이회영은 만주지역 항일세력과 연합하여 항일무장투쟁을 전개하기 위해 만주행의 필요성을 역설하였다.

> 내 늙은 사람으로서 덥수룩하고 궁색한 차림으로 가족을 찾아간다면 누가 나를 의심하겠는가. 내가 만주에 가면 딸과 사위에게 의탁할 수 있으니 내가 먼저 가서 준비공작을 해놓을테니 그대들은 내가 연락을 하면 출발하여 오게나.

이회영은 남화한인청년연맹 회원인 백정기, 원심창, 김성수, 유자명, 정화암, 이강훈, 오면직과 작별인사를 나누고 만주를 향해 출발하였다. 그 당시 남화연맹회원 누구도 그날의 인사가 이회영과의 마지막 만남이 될 줄은 꿈에도 몰랐던 것이다.

1932년 11월 초, 남루한 중국옷을 입은 이회영은 상해의 황포강 부두에서 아들의 배웅을 받으며 남창호(南昌號)에 올랐다.

이회영이 자리 잡은 곳은 제일 밑바닥인 4등 선실이었다. 이회영은 흔들리는 선실에서 몸을 기댄 채 만주에 가서 활동할 일들을 생각하며 사색에 잠겼다.

이회영은 1910년 삼원포로 망명한 이후 22년의 장구한 세월을 오직 한 가지 목적을 위해 살아왔다. 그동안 죽을 고비도 여러 번 넘겼고 숱한 고초와 시련을 겪었지만, 조국광복을 하루라도 빨리 이룩하기 위해서는 다시 만주로 가서 독립투쟁 단체들과 연합하여 항일무장투쟁을 전개해야 한다고 생각했다. 그는 상해사변 이후 장개석의 국민당을 비롯한 중국 항일세력과도 연대하여 새로운 투쟁의 길을 모색하기로 결심했던 것이다.

이회영이 탄 배가 대련 앞바다를 통과할 즈음 일본경비선이 따라오며 정선을 명령하였다. 배 안에 있던 이회영은 대련(大連)의 일본경찰에게 체포되어 수상경찰서로 연행되었다가 다시 여순 감옥으로 이송되었다.

한평생을 오로지 조국광복을 위해 싸웠던 애국지사 이회영은 일제의 밀정이었던 연충렬과 이규서의 밀고로 체포되었던 것이다.

이회영은 일본경찰의 가혹한 고문을 당하는 순간에도 당당하고 의연함을 잃지 않았다. 죽음을 각오한 투사의 의로운 항거였고, 젊은 동지들을 지키기 위한 외로운 투쟁이었다. 이회영은 일본경찰의 혹독한 고문을 받고 만신창이가 된 몸으로 1932년 11월 17일 여순 감옥에서 순국했다. 향년 65세였다.

인류역사에서 그 유래를 찾아볼 수 없을 정도로 악랄하고 교활했던 일제는 고문사의 흔적을 지우기 위해 이회영의 시신을 서둘러 화장한

대련수상경찰서(상), 여순 감옥(하)

뒤에 딸에게 사망 소식을 알렸다. 이회영은 조국광복과 민족해방을 위한 투쟁에 평생을 바쳐 싸우다가 여순 감옥의 차가운 감방에서 외로운 죽음을 맞이했던 것이다.

이회영 의사의 묘소(국립묘지)

　우당 이회영은 오늘을 살아가는 젊은이들에게 노블레스 오블리주의 삶과 신성한 자유인의 길, 그리고 조국과 민족을 위한 애국투사의 위대한 좌표를 남겨주었던 불멸의 영웅이다.

애국지사들의
고난과 시련

1910년 경술국치 이후 삼원포로 망명하여 독립운동 기지를 건설하고 독립투쟁의 터전을 일궜던 애국지사들은 이회영 6형제를 비롯해서 이동녕, 이장녕 일가, 경북 안동에서 망명한 이상룡, 김대락, 김동삼 일가, 경북 구미 임은에서 망명한 허형 부자, 권팔도 일가, 장유순, 김창환, 이관직, 윤기섭, 여준 등 수많은 애국지사들과 그 가족이었다. 그리고 항일독립투쟁에 투신하기로 결심하고 전국 각지에서 단신으로 망명한 젊은이들도 있었다.

애국지사들이 삼원포에 정착하기까지는 혹독한 고난와 시련의 연속이었다. 매섭게 몰아치는 만주의 겨울은 보통 영하 삼사십 도를 넘나들었다. 거친 바람이 불어오는 날이면 거의 앞을 분간할 수조차 없는 엄청난 눈보라가 몰아쳤고, 온 세상이 꽁꽁 얼어붙은 채 벌판을 가르는 바람소리만 요란했다.

이상룡의 손부(孫婦)인 허은의 회고록 《아직도 내 귀엔 서간도 바람소리가》에는 이때의 참상이 적나라하게 실려 있다.

무서운 것은 추위뿐 아니라 봄까지 먹고 살아갈 식량문제, 집단생활에서 나타나는 홍역, 천연두, 장질부사와 같은 전염병과 '수토병' 또는 '만주열'이라고 하는 풍토병으로 수많은 사람이 죽어갔다. 성산(性山)의 처조카 송병기도 이때 사망했고, 권팔도는 하나 밖에 없는 애기를 잃었다. 애, 어른 할 것 없이 많이들 죽었다.

삼원포에 망명한 애국지사들을 괴롭히는 것은 추위와 식량, 병마로 인한 고통만이 아니었다. 승냥이처럼 달려드는 중국 마적 떼의 습격으로 목숨을 잃고 재산을 빼앗겼다. 1911년 겨울 중국마적의 습격을 받은 추가가(鄒家街) 한인촌에서 이회영의 부인 이은숙은 관통상을 입어 삼원포의 병원에서 오랫동안 치료를 받아야 했다.

이국땅에서 겪어야하는 풍토병과 전염병, 차별과 냉대, 중국 관리들의 횡포는 애국지사들의 가슴에 울분과 분노를 자아내게 만들었다. 더구나 한인들에 대하여 날이 갈수록 극도의 경계심을 보이는 중국인들과의 갈등은 말로 표현할 수 없을 정도로 견디기 힘든 고통이었다.

그러나 나라 잃은 망국민으로서 남의 나라에서 살아가기 위해서는 그들의 횡포와 차별과 냉대를 감내할 수밖에 없었다. 빼앗긴 조국의 광복을 위해, 억압받는 민족의 설움과 고통을 하루 빨리 걷어내기 위해서 우리 민족의 역량을 키울 때까지 모든 시련을 인내하며 살아가야 했던 것이다. 만주의 잔인한 겨울은 한인사회를 더욱 침울하고 고통스럽게 만들었다. 그 당시 간도 땅에서 흘려야 했던 망국민의 눈물이 하루도 마를 날이 없었다.

삼원포 추가가(鄒家街)는 추씨들의 집성촌으로 만주 토착민이 대부분이었고, 산동반도에서 이주해온 사람들이 함께 모여 살고 있었다. 그들은 한인들이 일본인과 힘을 합쳐 중국을 치러 왔다는 근거도 없는 소문에 현혹되어 한인들을 경계했고, 심지어는 중국 관리들을 앞세워 어서 빨리 만주 땅을 떠나라고 윽박질렀다.

그들은 한인들에게 가옥과 토지를 팔지 않았다. 애국지사들이 직접

경학사, 신흥강습소 유적지 추가가

추가가 마을

나서서 중국인들을 설득하고, 중국관청에 호구등록과 토지 매매 청원을 하였으나 매몰차게 거부당했다.

그 당시 삼원포로 망명했던 애국지사들의 한인사회는 설상가상(雪上加霜) 사면초가(四面楚歌)에 빠진 형국이었던 것이다.

청(淸)나라 관리가 한인들에 대한 경계령을 내렸고, 군대까지 파견하여 중국인 마을을 수비토록 했다. 그리고 마을마다 관리를 파견하여 한인들에게 가옥이나 토지를 빌려주는 것을 엄하게 금지시켰다.

삼원포 일대로 망명한 애국지사의 가족들이 집을 구하지 못하고 추운 겨울에 노숙하는 사태까지 이르게 되었다.

중국인들의 심각한 한인배척 상황에 직면한 애국지사들은 '변장(變裝) 운동'을 전개했다.

이상룡의 생가 임청각

이상룡의 회고록에 보면 중국인들의 배척과 경계심을 완화시키기 위해 동지들과 함께 솔선하여 머리를 깎았고, 중국옷으로 바꿔 입었다. 그리고 만주 토착인들과 함께 어울리며, 그의 이름도 상룡(相龍)이라고 개명했다.

이상룡은 한인들에게 중국인 복장을 입고, 중국문화를 익히며 더불어 살아가자고 역설하였으며 나아가 중국 국적도 취득하자는 운동까지 벌였다.

이상룡이 머리를 깎고 중국옷을 입은 것을 비난하는 사람들이 생겨나자 이상룡은 자신의 변장운동에 대해 이렇게 말했다.

머리카락은 작은 몸(小體)이고 옷은 바깥을 꾸미는 것(外裝)인데, 일의 형편상 혹 바꿀 수도 있는 일입니다. 큰일을 하려는 자가 어찌 자잘한 것에 얽매여서야 되겠습니까.

중국에서 독립운동을 전개하려면 중국인들과 대립하거나 충돌하면 곤란한 일이 더 발생할 수도 있다는 판단이었으며, 그의 변장운동은 십보전진을 위해 일보 후퇴였던 것이었다.

유하현 삼원포 일대에서 겪는 한인 망명객들의 고통을 해결하기 위하여 이회영과 이계동(이상룡의 아우)이 북경으로 직접 가서 임오군란 때 인연이 있는 중화민국 초대총통 원세개(袁世凱)를 만나 토지 구매 청원을 했다.

이회영은 원세개에게 중국으로 망명하여 항일투쟁에 나선 의연한 결의를 천명하며 그를 설득했다.

우리들은 나라를 떠나 이주해온 후 다시는 압록강을 건너지 않겠다고 맹세한 무리들입니다. 대개 저 원수놈들과는 같은 하늘을 이고는 살 수 없는 존재들입니다.

이회영의 단호한 항일의지에 감명을 받은 원세개는 그의 비서 호명신(胡明臣)을 이회영 일행과 함께 보내 봉천성 총독을 만날 수 있도록 주선해 주었다. 그리하여 이회영은 이계동과 함께 동삼성에 입적과 토지 매매 청원을 하여 성사시킨 후에

토지 매매 확인서

심원포로 돌아왔다. 그들의 피나는 노력으로 마침내 한인들이 삼원포 일대에서 토지를 구입하여 정착할 수 있게 되었다.

추가가 대고산 일대

임시정부 초대 국무령,
석주(石洲) 이상룡(李相龍)

이상룡의 본관은 고성(固城)이며 본명은 상희(象羲). 호는 석주이다. 이상룡은 1858년 경북 안동에서 이승목과 부인 권씨 사이에서 장남으로 태어나 영남학계 김흥락(金興洛)의 문하에서 학문적 수업을 받았다.

1895년 일제의 명성황후 시해에 항거하여 외숙인 권세연이 의병을 일으키자 이에 참전하였다. 1905년 을사늑약이 체결되자 이상룡은 러일전쟁에서 승리한 일제에 대항하는 의병항쟁만으로는 풍전등화의 국난을 타개하기 어렵다고 판단했다. 그리하여 안동의 유인식(柳寅植), 김동삼(金東三) 등과 애국계몽운동을 전개하고, 항일투쟁의 인재를 양성하기

석주 이상룡

위해 1907년 협동학교(協東學校)를 설립하였다.

1910년 항일비밀결사 단체인 신민회에서는 망국의 국난을 극복하고, 독립운동의 새로운 방향을 모색하기 위해 해외에 독립운동 기지 개척을 추진하고 있었다. 주진수와 황만영을 통해 이 계획을 전해들은 이상룡은 1911년 1월 서둘러 가산을 정리하고 일가를 거느린 채 중국 동삼성으로 망명을 결행하였다. 이미 50이 넘은 고령에 안동을 떠나 항일투

안동 협성학교와 이상룡의 임청각

쟁에 투신하기로 결심하고 이를 실행에 옮길 수 있었던 것은 모두 이상룡의 확고한 결단이 있었기 때문이다.

1911년 1월 서울에서 양기탁과 협의한 뒤 2월 서간도 회인현 항도천(懷仁縣恒道川, 현재 환인현 횡도천)에 도착하여 김대락(金大洛) 등과 약 2개월 간 머무르면서 한만관계사를 연구하고 책을 집필하였다.

1911년 4월 봉천성 유하현 삼원포로 이동하고 산중에서 개최된 노천대회에서 항일민족독립운동의 방략과 진로를 천명하였으며 이를 추진하기 위한 경학사를 설립하고 취지서를 발표하였다.

> 부여의 옛 땅은 눈강(嫩江: 송화강 지류)에 달하였은즉 이곳은 이국의 땅이 아니요, 고구려의 유족들이 발해에 모였은즉 여기 있는 사람들은 모두 옛 동포들이 아닌가.
>
> 아아! 슬프다 한민족이여, 사랑해야 할 것은 한국이로다. 땅이 없으면 무엇을 먹고 살며, 나라가 없으면 어디서 살겠는가? 내 몸이 죽으면 어느 산에서 묻힐 것이며, 우리 아이가 자라면 어느 집에서 살게 하겠는가.
>
> 차라리 칼을 빼어 자결하고 싶어도, 내 몸 죽여 도리어 적을 기쁘게 할 염려가 있다. 곡기를 끊어 굶어죽고 싶어도, 나라를 팔아먹고 이름만 사게 되는 일이니 어찌 차마 하겠는가? 눈물을 흘리며 하늘 끝까지 치욕을 받을 것인가, 그렇지 않으면 힘을 길러 끝내 결과를 보겠는가. 이에 남만주 땅에다 여러 사람의 뜨거운 마음을 합하여 하나의 단체를 조직하니 이름을 '경학사' 라 한다.
>
> — 경학사 취지서 중에서

이상룡은 이동녕(李東寧), 이시영(李始榮), 이회영(李會榮), 김대락 등에 의해 1911년 경학사장에 추대되었다.

이상룡은 항일민족독립운동 방안에 따라 산업과 교육, 군사양성을 위해 설립되었던 경학사와 신흥강습소의 설립취지에 맞춰 적극적으로 운영해 나갔다.

경학사는 1911년부터 거듭된 흉작과 토착민들의 반발 등 어려움을 극복하고 부민단과 한족회로 변천하며 한인사회의 토착화를 이뤘고, 신흥강습소는 신흥학교, 신흥무관학교로 발전하며 군사교육기관으로서 수많은 독립군 장병들을 길러냈다.

이상룡은 군사중심주의를 바탕으로 조직된 서로군정서의 총재로 추대되어 항일무장투쟁을 이끌었고, 남만통일회의를 개최하여 남만주 일대 항일단체를 통합하여 대한통군부를 조직한 뒤 대한통의부로 확대, 항일무장부대 의용군을 조직하여 국내진격작전을 전개하였다.

상해임시정부는 1925년 3월 개최된 국민대표회의에서 창조파와 개조파로 분립된 이후 항일투쟁단체의 통합을 위해 안간힘을 쓰고 있었다. 상해임시의정원은 미국의 위임통치안을 제안했던 이승만을 탄핵하고, 임시대통령에 박은식을 선임하였다. 박은식이 임시정부 지도체제를 내동령 중심에서 내각책임세에 해낭하는 국무녕제도 바꾸었을 때 이상룡은 당시 만주지역 독립운동세력의 대표로 초대 국무령에 선출되었다.

이상룡은 만주지역 일본군과의 수많은 전투 속에서 무장투쟁을 전개하고 있던 중국 동삼성 지역의 김좌진, 김동삼, 오동진 등을 국무위원에 임명하여 임정이 다시금 활발한 항일무장투쟁을 이끌기를 바랐다. 그러나 이상룡의 이러한 노력은 임시정부 내의 분열과 대립으로 말미

국립묘지 이상룡의 묘소

암아 뜻을 제대로 펼칠 수가 없었다. 상해인사들과 항일무장독립투쟁의 방법론이나 상황인식이 너무나도 달랐기 때문이었다.

이상룡은 임정 국무령직을 사임하고 만주로 돌아와 1928년 5월부터 전민족유일당 결성을 위해 만주지역 독립운동의 대표적 조직이었던 삼부(신민부, 참의부, 정의부) 통합에 심혈을 기울였다.

삼부가 국민부로 통합되었던 1932년 5월 12일 중국 길림성 서란 소성자에서 "외세 때문에 주저하지 말고 더욱 힘써 목적을 관철하라"는 유언을 남기고 조국의 광복을 보지 못한 채 눈을 감았다.

50여 년에 걸친 이상룡의 일관된 구국활동은 의병, 계몽운동, 항일무장투쟁 등 당시 가능한 모든 독립투쟁 방안을 섭렵한 것이었으며, 명문가 유림으로서 자신의 모든 기득권을 포기하고 일반 민중들과 함께 투쟁하며 더불어 살았던 위대하고 숭고한 삶을 보여주었다.

석주 이상룡의 유해는 1990년 9월 유족과 국가보훈처 관계자들로 구성된 유해봉환단에 의해 중국 흑룡강성에서 봉환되어 국립현충원 임시정부 요인 묘역에 안장되었다.

신흥강습소 설립 유적지, 이도향 추가가 대고산(大孤山)

2011년 12월 20일. 신흥강습소와 경학사가 창립되었던 삼원포 대고산 유적지를 찾은 것이 오늘로 세 번째였다. 2008년에 처음으로 대고산 유적지를 찾았고, 2011년 여름 연변 화룡의 청산리, 용정을 돌아 길림성 매하구(梅河溝) 일대 한중연합군 유적지를 돌아보고 삼원포에 들른 게 두번째였다.

남만주(南滿洲: 요녕성과 길림성 일대) 항일무장투쟁은 대고산 기슭에서 결성된 신흥강습소에서 시작되었다고 해도 과언이 아니다. 따라서 삼원포 대고산 일대를 돌아보시 않고는 남만주 항일투쟁 유적지를 답사했다고 말할 수 없을 것이다.

며칠 전부터 내린 눈때문에 추가가로 가는 도로는 눈이 녹지 않고 빙판길로 변해 있어 무척 미끄러웠다. 삼원포에서 서쪽으로 4km 정도 떨어진 곳이지만, 몇 번이나 차가 빙판에 미끄러지며 비틀거리길 거듭하느라 30분이 지나서야 추가가 마을에 도착할 수 있었다. 새벽부터 서두른 답삿길이었지만 벌써 오후 2시를 넘긴 시각이었다.

삼원포 추가가 대고산 유적지

합니하에서부터 이곳까지 긴장하며 운전대를 잡았던 최경도의 입에서 저절로 한숨소리가 터져 나왔다. 눈 덮인 빙판길을 운전하느라 어지간히 긴장했던 모양이다.

나는 눈 덮인 추가가 마을을 돌아보며 잠시 감회에 젖었다. 지금으로부터 100년 전 이곳에 항일애국지사들이 모여 군중대회를 열고 경학사와 신흥강습소 설립했던 역사의 고장을 다시 찾아온 기쁨이었다. 나는 추가가 마을 뒤편에 우뚝 솟아 있는 대고산(大孤山)을 향해 천천히 올라갔다.

지난여름에 이곳을 찾았을 때는 온통 푸른 빛의 옥수수밭 천지였는데 지금은 산과 마을과 들판이 하얀 눈으로 덮여 눈부신 백설의 향연이 펼쳐지고 있었다. 계절에 따라 옷을 갈아입는 대자연의 아름다움에 취해서 한참 동안 대고산 자락을 바라보노라니 어느새 마음이 숙연해졌다.

발길에 밟히는 눈의 감각을 느끼며 경학사가 자리를 잡고 있었던 대고산 유적지에 도착했다. 추가가 마을이 한눈에 들어왔다. 끝없이 펼쳐진 평야 저 멀리 삼원포 시내 모습도 보였다.

경학사 창립 군중대회가 열렸고, 신흥학교가 세워졌던 유서 깊은 역

사의 현장이었다. 그런데 날씨가 추운 탓인지 온 세상이 얼어붙은 채 인적마저 끊어져 있었다. 황량한 들판에 쌓인 눈 위로 차디찬 바람만 불고 있었다.

지난여름의 푸르른 자태를 벗어던진 나목들만 바람을 견디며 서 있는 대고산 자락 위로 회색빛 하늘이 내려앉아 있었다. 하늘마저 잔뜩 찌푸린 날, 역사의 영웅들은 모두 세상을 떠났고, 그 자취마저 사라져 버린 서글픈 현장에서 나는 또다시 무능한 후손임을 뼈저리게 느껴야만 했다.

1911년 4월 15일, 지금으로부터 100년 전 애국지사들이 창립한 경학사, 신흥강습소. 애국충정으로 독립운동의 기지를 건실하기 위해 모였던 수많은 사람들을 떠올렸다.

이역만리 타국에서 한마음을 가진 300여 명의 우국지사들이 모여 노천군중대회를 개최하고, 경학사 취지서를 발표했던 역사의 현장을 찾아왔지만 그 어디에도 그 옛날의 우국충정을 기념하는 어떤 표식도 보이지 않았다. 대고산 자락으로 차가운 겨울바람만 서글프게 불어오고 있었다.

남만주 한인자치단체,
서간도 한족회(韓族會)

남만주 최대의 한인자치단체였던 한족회(韓族會)는 1919년 4월 초순 이상룡(李相龍), 김동삼, 이탁 등이 중심이 되어 유하현 삼원포에서 조직한 독립운동단체이며 한인자치기구이다.

한족회는 1911년 4월 삼원보 대고산 기슭에서 결성된 경학사의 취지와 목적을 계승한 단체였다. 경학사는 만주로 망명한 민족주의자들이 새로운 독립운동 기지를 건설하고자 대고산 일대를 개척하여 정착한 뒤 남만주 일대 한인사회의 자치를 위해 설립된 최초의 자치기구였다.

1911년 가뭄과 흉년으로 경학사(耕學社)가 해산되자 '부여(扶餘)'의 옛

유하현 삼원포 전경

부민단 결성지 합니하

땅에서 부여유민이 부흥결사를 세운다.'는 뜻을 가진 부민단(扶民團)을 1912년에 합니하에서 다시 조직하였다.

부민단의 대외적인 사업은 첫째, 한인사회의 자치를 담당하여 지방조직에서 발생하는 일체의 분쟁을 해결하고, 둘째, 중국인 또는 중국관청과의 분쟁사건을 맡아 처리하며, 셋째, 신흥학교(新興學校) 등 한인학교의 설립과 운영을 맡아 민족교육을 실시하는 것이었다.

부민단의 이러한 목적을 효율적으로 수행하기 위해 기관지《한족신보(韓族新報)》를 발간하여 서간도 일원의 한인사회를 지도하고 항일운동의 정신을 고취시켰다.

1919년 고종의 장례 소식을 듣고 남만주지역의 13개 단체 대표자들은 국상(國喪)을 반포하고 복제(服制)를 시행함과 동시에 새로운 독립운

부민단 검찰사장 최명수 기념비

부민단 학무사장 윤기섭(상),
부민단 서무사장 김동삼(하)

동방안들을 모색했다.

1919년 3·1운동이 국내에서 거국적으로 일어나자 부민단을 중심으로 한 남만주지역 민족대표들은 4월초 독립선언 축하식을 거행하고, 동포자치기관으로 한족회를 결성한 뒤에 남만주 독립전쟁의 총본영으로 군정부(軍政府)를 구성했다.

총본영은 유하현 삼원포에 본부를 두었으며, 중앙총장에 이탁(李鐸), 서무사장 김동삼, 외무사장 양규열, 법무사장 이진산, 검찰사장 최명

수, 학무사장 윤기섭, 재무사장 안동원, 상무사장 김정제, 내무사장 곽문을 내정했다.

남만주 일대 최대의 한인자치기관으로 창립된 한족회는 지방자치조직을 점차 확대해 나갔으며, 운영조직을 효율적으로 체계화하였다. 당시 한족회의 지방 조직은 유하현, 통화현, 흥경현(현재 신빈현), 환인현, 집안현, 임강현, 해룡현(현재 매하구시) 등지에 지부가 결성되었으며, 한인들의 거주호수는 1만여 호에 달하였다.

한족회는 한인마을 천 호마다 천가장(千家長), 백 호마다 백가장(百家長), 십 호마다 십실장(十室長) 1인씩을 두었다. 이러한 한족회의 자치조직은 1911년부터 조직되어 있었던 경학사와 부민단 등의 체제를 이어받아 발전적으로 개편된 것이었다. 한족회의 주요활동으로는 군정부의 재정을 부담하여 독립군의 양성과 편성, 무기구입, 독립전쟁의 지원이었다.

1920년 10월 북만주와 남만주 일대에서 일본군의 만주출병으로 시작된 경신참변으로 한인사회는 막대한 피해를 입게 되었다. 경신참변 후 한족회는 광복군사령부, 광복군 총영, 대한통의부 등에 통합되었다.

신흥학우단(新興學友團),
별칭: 다물단(多勿團)과 백서농장(白西農庄)
:

신흥무관학교 졸업생들은 1913년 3월 삼원보 대화사(大花斜)에서 다물단, 즉 신흥학우단을 결성했다.

다물(多勿)은 '고토를 회복 한다'는 뜻의 고구려어로 일본 침략자에게 빼앗긴 나라를 되찾겠다는 의지의 표현이었다.

신흥학우단의 설립목적은 독립투쟁의 대의를 바탕으로 조국광복을 위하여 헌신하며, 신흥학교의 정신을 살려 최후의 일각까지 투쟁한다는 것이었다.

첫째 강령이 다물(多勿)의 원동력인 모교의 정신을 후인에게 전수하자는 것이므로 당시 독립투쟁의 중심지였던 서간도에서 핵심적인 역할을 수행했다.

신흥학우단은 교장 여준과 교감 윤기섭을 비롯해 제1기 졸업생들인 김석(金石), 강일수(姜一秀) 등의 발기로 조직되었다. 교원과 졸업생은 정단원이 되고, 재학생은 준 단원이 되는 일종의 동창회 조직이었다.

1914년 신흥학우단과 부민단 간부들은 통화현 팔리초 소북차(八里哨 小北岔: 현재 유하현 양수향 소북차)에 척박한 땅을 개간하고 산에 나무를 벌목하여 비밀군사기지 건설을 준비하기 시작하였다. 중국인들의 경계심을 자극하지 않고 일본군의 정탐이나 습격을 피하기 위해 깊은 산중에 터전을 닦아서 병영을 완성하고 백서농장이라는 이름을 붙였다.

소북차는 백두산맥이 서쪽으로 뻗어내려 형성된 험준한 골짜기 아래에 작은 평원을 이루고 있는 곳으로 인가조차 없었던 산림지대였다. 밤이 되면 호랑이, 곰, 삵, 늑대 등 산짐승이 득실거리는 깊은 산중이었다.

신흥학우단 창설지 대화사 전경

　신흥학우단원들은 깊은 산골에 병영을 구축하기 위해 삼림을 베어내어 병영터를 닦았고, 벌목해 온 나무로 기둥을 세우고, 돌과 흙으로 벽을 쌓아올려 귀틀집(틀목집)을 지었다. 그리고 산림 속 은밀한 곳에 넓은 터를 닦아 훈련장을 만들었다.

　김동삼은 동지들과 함께 만반의 준비를 끝내고, 1917년 봄부터 신흥무관학교, 부민단, 노동강습소 등에서 385명의 젊은이들을 백서농장에 입영시켜 본격적인 항일무장투쟁을 준비하였다.

　김동삼은 백서농장 장주(莊主)로서 솔선하여 밭을 갈고 씨를 뿌리는 초부가 되어 살면서도 철두철미하게 항일독립전쟁의 준비를 진행시켜 나갔다. 낮에는 식량을 마련하고 군량미를 비축하기 위해 땀흘려 농사를 짓고, 밤에는 피나는 군사훈련을 실시했다.

김동삼과 백서농장 독립단원들은 1914년에 1차 세계대전이 일어나자 중국과 일본이 머지않아 전쟁을 일으킬 것이라 생각하고 더욱 훈련에 열중하며 때를 기다렸다.

사방 200여 리 안에는 인가조차 없는 심산유곡에서 기아의 고통을 겪어야 했고, 엎친 데 덮친 격으로 남만주 일대에 불어 닥친 혹독한 가뭄으로 땅이 갈라지고 밭작물들이 말라죽어갔다. 식량마저 떨어져 초근목피로 연명하며 훈련에 임하는 병사들에게 괴질, 수토병이 창궐하여 수많은 병사들이 전쟁을 치르기도 전에 안타깝게 죽어갔다.

그러나 백서농장 항일투사들은 김동삼을 비롯한 애국지사들은 피로써 맺은 굳은 맹세를 실천하며 모든 고난을 이겨내고 있었다. 견딜 수 없는 고난이 닥쳐올 때마다 그들은 항일독립전쟁에 승리할 날만을 생

백서농장 입구 소북차

서로군정서 김동삼 장군 내두산 밀영

각했다.

  이토록 조국광복을 열망하며 고난과 시련을 감내하는 이들에게 하늘은 너무나 무심했다. 1919년 삼원포에서 결성된 한족회 총회의 권유로 백서농장의 장병들을 서로군정서와의 통합을 위해 1920년 소북차를 떠나야 했다.

  1920년 8월, 일본군과 만주군벌 장작림이 창설한 중일합동수색대의 잔악한 토벌로 인해 많은 피해를 입는 한인사회를 보호하기 위해 김동삼은 서로군정서를 이끌고 백두산 아래 내두산(奶頭山)으로 이동하였다.

  조국광복을 위해 소북차에 세웠던 백서농장은 비록 그 뜻을 이루지는 못했지만, 김동삼을 비롯한 백서농장투사들의 불타는 조국애는 지금도 소북차 깊은 산중에 영원히 타오르고 있다.

유하현 삼원포 가는 길

서로군정서 백두산 유적지. 내두산 전경

한 그루 솔빛으로
한 겨레 밝힌 의로운 삶이여
거룩한 투쟁이여

섬나라 오랑캐
磨島로 쫓는
그날을 위하여

백두산 자락
흰 터전에 밭 갈고
씨를 뿌리던 가슴들

이로운 사람들 두루 이어지는
아침나라 백의민족 굽어 살피소서

　백서농장을 이끌었던 장주(庄主) 김동삼(金東三)과 함께 항일독립전쟁을 준비했던 백서농장의 애국지사들은 총무 김정제(金貞濟)를 비롯하여 훈독(訓督) 양규열(梁圭烈), 교도(敎導) 이근호(李根澔), 농감(農監) 채찬(蔡燦: 白狂雲), 경리 김자순(金子淳) 등이었다.

만주의 호랑이, 일송 김동삼 장군

　일송(一松) 김동삼(金東三)은 북로군정서 사령관 김좌진, 광복군 총영장 오동진과 더불어 항일무장투쟁의 3대 명장이라 칭송받는 항일명장이다.
　김동삼은 서로군정서 총참모장, 대한통의부 총사령관, 정의부 군사위원장 등의 직책을 수행하며 항일무장조직을 이끌었던 명장이었다.
　김동삼의 본명은 원래 긍식(肯植)이었으나 만주로 망명한 뒤 독립군이 항일투쟁을 벌여야 할 동북삼성에서 활동하기 위해 자신의 이름을 동삼(東三)으로 바꿨다. 그의 항일투쟁 의지와 만주독립군에 대한 자긍심을 느낄 수 있다.

김동삼 장군 어록비

안동내앞마을

김동삼 생가터

김동삼은 서간도 독립군 기지 개척의 선구자였으며, 항일무장투쟁에서 조국광복을 위해 섬나라 오랑캐들과 총을 들고 싸웠던 애국지사였다.

김동삼은 1878년(고종 15) 경상북도 안동시 임하면 내앞마을에서 김계락(金繼洛)의 장남으로 태어났다.

김동삼은 1907년 3월 류인식, 김후병, 하중환 등과 함께 안동에 근대식 학교인 협동학교(協東學校)를 설립하고 교감으로 취임했고, 협동학교에 재직하는 동안에도 김동삼은 비밀결사 조직인 신민회와 대동청년단에도 가입하여 활동하였다.

1910년 대한제국이 멸망하자 김동삼은 해외에 독립운동 기지를 건설하기 위해 서간도로 망명하였다. 1911년 서간도 유하현 삼원포에 도착한 그는 신흥강습소 설립

김동삼과 협성학교 학생들(사진자료 보훈처)

에 참여하고, 경학사 사장 이상룡(李相龍)을 도와 독립운동 기지 건설에 힘을 쏟았다.

1914년에는 신흥학교 1회~4회 졸업생들과 노동야학 졸업생 385명을 인솔하여 통화현 팔리초 깊은 산속에 백서농장(白西農庄)을 건립하고, 그곳의 장주(庄主)가 되었다. 백서농장은 김동삼이 항일독립전쟁을 준비하고 서간도 일대의 독립군을 양성하던 비밀기지였다.

1919년 국내 3·1운동의 영향으로 길림에서도 〈대한독립선언서〉를 발표했다. 김동삼은 민족 대표 39인의 한 사람으로 서명하였고, 3·1운동 후 서간도 일대 한인자치단체가 한족회로 통합되었을 때 한족회의 서무사장(庶務司長)을 맡았으며, 서로군정서로 개편되면서 참모장에 취임하였다.

1921년 5월 한족회 본부가 있던 삼원포가 일본군의 습격을 받아 김동삼의 아우이자 동지였던 김동만이 순국하는 사건이 발생하였다. 서로군정서 동지들은 아우의 죽음을 전해 듣고 삼원포로 향하는 그를 만류했다. 그 당시 삼원포 일대는 일본군의 공격을 받고 있어 너무나 위험한 상황이었기 때문이다. 아우를 잃은 충격과 슬픔에 젖은 김동삼은 만류하는 동지들에게 밀했다.

이역만리 타국 땅에서 함께 고생했던 내 아우가 나를 대신하여 죽었는데 자신의 위험만을 생각하여 어찌 가보지 않을 수 있는가.

김동삼은 아무리 위험해도 동생이자 동지였던 김동만의 죽음을 외면할 수는 없었다. 그는 일본군에게 체포될지도 모를 위험을 무릅쓰고 삼원포로 달려가서 아우의 장례식을 치르고 서로군정서로 돌아왔다. 김동삼은 아우의 처절한 죽음 이후 왜놈들에 대한 적개심이 더욱 깊어졌다.

1920년 김동삼은 일본군의 대토벌 작전으로 붕괴되어 버린 한인사회와 독립군을 통합하기 위해 남만통일회를 주도하여 대한통군부를 탄생시켰다.

같은 해 8월 30일 전만한족통일회(全滿韓族統一會)가 결성되었고, 통군부가 통의부(統義府)로 확대 개편되자, 교육부장이었던 김동삼은 통의부 군사위원장 겸 총사령관에 임명되었다.

김동삼은 통의부 의용군의 국내진격작전을 총지휘하였고, 의용군을 이끌고 압록강을 건너 의주, 삭주, 철산 등의 헌병대와 주재소를 습격하여 왜경을 사살하고 주재소를 불태웠다. 통의부의 국내진격작전은 조선총독부 경찰국과 국경지역을 수비하는 왜놈들에게 막대한 피해를 주었으며 적의 간담을 서늘케 하였다.

1923년 1월 상해에서 국민대표회의(國民代表會議)가 열렸을 때 김동삼은 대한통의부와 남만주의 한인대표로 참석하여 의장으로 선출되었으며, 만주일대 독립운동세력의 통합을 위해 노력하였다.

1923년 가을 국민대표회의가 끝내 합의를 도출하지 못하고 결렬되자 만주로 돌아온 김동삼은 독립군의 분열을 극복하기 위하여 남만통일회, 전만통일회, 민족유일당운동촉성회 등 독립운동 단체의 통합에 주력하였다. 1924년에는 10개 단체 대표들이 길림에 모여 전만통일회의 주비회(全滿統一會議籌備會)를 개최하였을 때 김동삼은 의장으로 활약하였다.

1924년 11월 24일 김동삼은 정의부(正義府)를 탄생시키는 주역으로 활약하였으며, 중앙행정위원 겸 외무위원장으로 선임되었다. 1927년 4월 15일 길림 남쪽 영길현 신안둔에서 민족유일당촉성회의가 결성되었을 때는 위원장이 되어 촉성회의를 이끌었다.

김동삼은 1931년 만주사변이 일어나자 북만주로 가서 이원일, 남자현과 항일투쟁을 모색하던 중 하얼빈에서 일제 밀정의 밀고로 일본영사관 경찰에 체포되어 신의주로 압송되었다.

일본경찰은 김동삼에게 참혹하기 이를 데 없는 온갖 고문을 가하기 시작했다. 양팔을 등뒤로 묶어 공중에 거꾸로 매달아 놓고서 각목으로 타격하는 잔인한 구타, 수건을 얼굴에 덮고 물을 부어 숨을 못 쉬게 만드는 물고문, 혹독한 전기고문 등 갖가지의 악형이 가해졌다. 그러나 김동삼은 가혹한 고문 끝에 만신창이가 된 몸으로도 일제에게 결코 굽히지 않았다. 일제는 김동삼을 통해 독립단체의 소재와 독립투사들을 일망타진할 계획이었으나 김동삼은 단 한마디도 그들에게 발설하지 않고 고문을 견뎌냈다.

김동삼은 온몸에서 피가 흐르는 가혹한 고문을 당하면서도 의연한 기상을 잃지 않았고, 오히려 왜놈들을 향해 호통을 쳤다.

내 망국민의 처지가 되어 네놈들에게 잡히는 치욕을 낭했지만, 네놈들이 아무리 악형을 가한다 하더라도 내게는 나라를 잃은 슬픔보다는 가볍다. 내 몸이 토막이 쳐지고 살점을 저며 낸다 하더라도 나라를 잃어 아픈 가슴만큼은 아프지 않을 것이다. 내게서 어떤 정보를 얻으려고 생각을 한다면 그야말로 어리석은 짓일 것이다. 내게 아무리 고문을 들이댄다 해도 네놈들에게 굴복할 일은 절대로 없을 것이다. 괜한 헛질 하지 말고 어서 나를 죽여라! 이 천인공노할 왜놈들아!

김동삼은 일본 경찰에게 가혹한 고문을 당하면서 만주 땅에서 항일 투쟁을 하고 있는 동지들을 생각했다. 자신의 몸이 만신창이가 되어 죽을지라도 함께 투쟁하던 동지들의 안전을 위태롭게 할 수 없었다.

신의주에서 평양으로 옮겨 평양복심법원에서 15년형을 선고받은 그는 얼마 후에 서대문 형무소로 다시 이송되었다.

김동삼은 열악한 감옥에서 고문의 여독으로 고생하며 복역하면서도 조국의 광복을 염원하는 마음을 잃지 않았다. 그러나 가혹한 고문의 여독으로 병세가 악화되어 1937년 4월 13일 그토록 염원하던 조국광복을 8년 앞두고 차디찬 감옥에서 숨을 거두고 말았다. 향년 60세였다.

나라 없는 몸, 무덤은 있어 무엇 하느냐. 내 죽거든 시신을 불살라 강물에 띄워라. 혼이라도 바다를 떠돌면서 왜적이 망하고 조국이 광복되는 날을 지켜보리라.

서대문형무소

김동삼이 숨을 거두기 전 아들에게 남긴 유언이다.

시인 한용운(韓龍雲)이 김동삼의 시신을 서대문형무소에서 거두어 자신의 집 심우장에서 장례를 치렀다. 그리고 김동삼의 유언대로 화장하여 유해를 한강에 뿌렸다.

삼천리강산이 울부짖고 온겨레가 통곡했다. 지조의 시인 조지훈은 김동삼을 추모하는 시를 지어 그의 죽음을 애도했다.

아 철창의 피눈물 몇 세월이던가
그 단심 영원히 강산에 피네
심상한 들사람들도
옷깃 여미고 우러르리라
온 겨레 스승이셨다
일송선생, 그 이름아

일송 김동삼 묘지

시인 한용운(김동삼 장군 영결식)   시인 조지훈(김동삼 장군 추모시)

한용운 기념관

 우리 민족의 영원한 독립군 총사령 김동삼 장군은 조국 광복을 이루지 못하고 눈을 감았지만, 그의 위대한 삶과 애국정신은 대한민국의 국민들의 가슴에 남을 것이며, 청청한 기상을 자랑하는 불멸의 소나무가 되어 영원히 우리와 함께할 것이다.

7장

조선혁명군 총사령관
양세봉 장군의 유적을 찾아서

양세봉 장군 순국 유적지. 신빈현 향수하자향 소황구

양세봉(梁世鳳)은
왜 낯선 이름의 독립투사였을까
:

양세봉(梁世鳳)은 1930년대 남만주 지역 항일독립전쟁에서 불멸의 업적을 남긴 항일투사이며, 수많은 전투에서 빛나는 전공을 세웠던 조선혁명군 총사령관이다.

1919년 항일투쟁에 투신한 양세봉은 광복군 총영, 참의부, 정의부, 조선혁명군에서 활동하며 일본군과 수백 차례 전투를 벌였고, 일본군 천여 명을 사살한 전과를 올렸던 불세출(不世出)의 항일명장이었다.

양세봉은 백범 김구나 백야 김좌진의 항일투쟁에 버금가는 업적이 있음에도 불구하고 그동안 널리 알려지지 않았던 낯선 이름의 독립투사였다.

그러나 항일독립전쟁사에서 빛나는 업적을 남긴 양세봉의 생애에 대한 연구가 한국학계에서는 활발하게 이뤄지지 않았고, 그의 업적에 걸맞은 평가를 받지 못했다. 양세봉의 유적 발굴과 추모사업도 한국보다 중국 조선족 사회에서 더 활발하게 진행되어 왔음은 이미 주지의 사실이다.

조선혁명군 총사령관 양세봉 장군상

그렇다면 양세봉은 왜 한국사학계에서 그의 업적에 걸맞은 평가를 받지 못했던 것일까.

그동안 양세봉의 생애와 업적이 한국독립운동사, 학술논문, 독립투사

전기 등에서 다뤄지지 않았던 이유를 조선혁명군의 활동과 양세봉의 생애, 광복 이후 양세봉 가족의 행적 등에서 추론해 볼 수 있을 것이다.

먼저 양세봉의 생애를 살펴보면, 그는 평안북도 철산군에서 가난한 농민의 아들로 태어나서 1910년 한일강제병합 후 일제의 억압과 착취로 더욱 궁핍해진 고향을 떠나 1917년 가족과 함께 만주로 이주했다.

남만주 왕청문 홍묘자 사도구(四道溝)에 정착한 양세봉은 1919년 3·1운동을 계기로 항일투쟁에 투신했고, 1934년 왕청문 소황구에서 순국할 때까지 15년간 항일투쟁을 계속했던 독립투사였다.

양세봉은 이춘윤의 중국의용군, 당취오의 요녕민중자위군, 장개석의 국민당군, 모택동의 동북항일연군과 전략상으로 항일연합전선을 구축해 항일투쟁을 전개했다. 그는 민족과 사상을 초월하여 모든 항일세력과 연합하여 독립투쟁을 수행해야 조국광복을 더 빨리 쟁취할 수 있다는 신념을 가지고 있었다.

친일식민사관의 신봉자였던 조선사편수회 이병도, 신석호와 그의 추종세력들은 항일무장투쟁을 왜곡, 축소하였고, 조선혁명군과 동북항일연군의 항일연합이 공산주의 노선을 추종한 것으로 왜곡하였다.

양세봉은 공산주의자가 아니었으며, 공산주의를 칭송하거나 용인했다는 기록도 찾아볼 수 없었다. 그는 침략자 일본군을 격퇴하기 위하여 중국 공산당 계열의 항일단체와 연합전선을 구축했으나, 결코 민족주의 노선을 버리지 않았던 열성적인 민족주의자였음은 세상이 다 알고 있는 사실이다.

양세봉이 김일성의 아버지 김형직과 의형제를 맺었던 사실, 김형직이 사망한 뒤 김일성을 정의부가 설립한 화흥학교에 입학할 수 있도록 도와주었기에 공산주의자나 좌익분자라는 오해를 받게 되었던 것이다.

그리고 양세봉을 존경했던 김일성이 1946년 양세봉의 부인 임재순과 아들 양의준을 북한으로 초청하여 평양에 정착할 수 있도록 도왔고, 양세봉의 무덤을 신빈현에서 평양의 열사릉으로 이전하여 안치한 뒤부터 양세봉의 생애와 업적에 대한 왜곡과 오해가 더욱 증폭되었으리라 추론할 수 있다.

또한 1945년 남한에 진주한 미군정의 반공노선에 편승하여 반공주의자로 변신했던 친일파와 이승만의 제휴, 광복 후에도 역사학계 주도세력으로 부상한 친일사학자들(조선총독부 조선사편수회 이병도, 신석호 등)에 의해 은밀하고 조직적으로 항일독립투사들의 업적들이 왜곡, 축소되었던 것도 원인이라 할 수 있다.

1961년 군사쿠데타를 일으켰던 박정희 정권 시기에는 반공을 국시(國是)의 제일로 내세웠고 무언의 압력을 가하여 양세봉에 관한 연구나 저술을 꺼리게 만드는 분위기가 조성되었다고 볼 수 있다.

국민부와 조선혁명군은 전통적 민족주의를 바탕으로 진보적인 흐름을 적극적으로 포용했던 항일단체였다. 그럼에도 불구하고 양세봉과 김일성의 관계, 동북항일연군과 연합, 친일식민사학자들의 항일투쟁사 축소, 남북분단과 반공이데올로기 등 복합적인 원인들이 작용하여 양세봉과 조선혁명군이 한국독립운동사에서 왜곡되었던 것이다. 조선혁명군의 항일투쟁업적, 애국애족정신마저 외면당한 정치적, 사회적 풍토는 그들의 올바른 평가와 대우를 가로막았다.

이제부터라도 그러한 시대적 착오를 바로잡아 항일투쟁사의 왜곡과 축소가 되풀이 되지 않도록 올바른 역사관의 정립이 절실하다고 생각한다. 이데올로기에 편향된 평가는 우리 민족의 미래발전과 민족통합에 결코 도움이 되지 않기 때문이다.

 항일독립전쟁에서 불멸의 업적을 남겼던 조선혁명군, 조선혁명당, 국민부는 우리 민족의 위대한 역사문화 유산이다. 그리고 조국광복을 위해 평생을 바쳐 무장투쟁을 전개했던 양세봉은 국민들로부터 존경받아야 할 민족영웅이다.

세상은
아는만큼 보인다
︙

 남만주 일대 항일독립전쟁을 배경으로 장편소설을 쓰기 위해 남만주지역의 항일유적의 답사를 준비하고 있었다. 어떤 특정한 인물이나 사건을 미리 선정하여 답사를 계획한 것이 아니라, 남만주 일대 항일투사들의 발자취를 찾아가다보면, 내가 쓰고자 하는 소설에 적합한 인물의 캐릭터를 발견할 수 있으리라는 막연한 기대감에서였다.

 나는 남만주 항일단체인 대한독립단을 비롯하여 광복군총영, 대한통의부, 참의부, 정의부, 조선혁명군 등의 자료를 수집히며 답시를 떠날 준비를 서두르고 있었다.

 '세상은 아는 만큼 보인다.' 는 말이 있다. 항일유적답사도 마찬가지였다. 역사적 사실을 많이 알수록 역사유적들이 더 많이 눈에 들어오는 법이다. 나는 역사학자가 아니고 유적전문가도 아니었다.

 항일유적답사를 준비하면서 비로소 한국독립운동사를 숙독하게 되

양세봉 장군 기념공원(위치 신빈현 왕청문)

었고, 항일독립전쟁 관련 자료를 수집하며, 그동안 모르고 살았던 항일투사들을 만나게 되었다.

내가 만약에 항일투쟁사에 대한 지식과 안목도 없이 항일유적 답사를 떠난다면, 척박한 지식이 무지의 어둠 속을 헤매게 할 것이다. 머지 않아 보이는 것이 없는 답사를 포기하게 될 것이고, 본래의 열정과 의욕을 잃고 남만주를 떠날 것이다.

항일투쟁의 유적에 대해 '아는 것'이 별로 없는 사람이 아무리 만주 일대를 수백 번 여행한다하더라도 눈에 보이는 것은 그저 산과 들, 나무와 풀, 낯선 사람들의 낯선 삶들, 지평선 너머까지 지천으로 깔린 옥수수밭뿐이기 때문이다.

조선혁명군 총사령관, 양세봉 장군

양세봉(梁世奉)은 1894년 평안북도 철산군 세리면에서 가난한 농부의 아들로 태어났다. 아버지가 병으로 일찍 세상을 떠난 뒤 가산이 더욱 궁핍해져 학교에 다니지 못하고 동네 서당의 일을 도와주며 어깨너머로 한문을 배워야 했다.

1910년 한일강제병합 이후 일본인들이 물밀듯이 밀려들어왔고, 농민들은 농토를 빼앗기고 소작할 땅마저 잃게 되었다. 농민들은 일제의 억압과 수탈로 인해 빠르게 몰락해 갔고, 급기야 살길을 찾아 고향을 등지고 만주로 떠나는 사람들의 행렬이 이어졌다.

1917년 여름에는 엎친 데 덮친 격으로 평안도 일대에 혹독한 가뭄이 몰아쳤다. 논바닥이 갈라지고, 밭작물들이 말라 죽어갔다. 농민들도 굶주림과 전염병으로 많은 사람들이 죽었다.

양세봉 역시 소작을 잃은 후 피땀 흘려 개간했던 산다랭이 논마저 가뭄으로 농사를 지을 수 없게 되었다. 고향에서는 더 이상 실낱같은 희망도 보이지 않았다.

1917년 겨울, 양세봉은 정든 고향을 등지고 가족과 함께 만주로 떠났다. 눈보라치는 압록강을 일제의 감시를 피해 건넌 양세봉 가족은 문전걸식을 하다시피 하며 고향사람들이 먼저 이주해 살고 있는 흥경현 영릉가(永陵街: 현재 신빈현 영릉가)를 찾아갔다.

고향을 떠난 지 한 달 만에 영릉가에 도착한 양세봉 가족의 행색은 몹시 초라하고 남루했다. 고향사람들조차 양세봉 가족을 금방 알아보지 못할 정도였다. 그래도 낯선 타국땅에서 양세봉 가족에게 희망을 안겨준 이들은 고향사람들이었다. 먼저 이주한 고향사람들의 도움으로 남의 집 행랑채를 얻을 수 있었고, 중국인의 논을 빌려 농사도 지을 수 있게 되었다.

양세봉, 항일투쟁의 전선에 서다

1919년 봄, 양세봉 가족은 조선인들이 가장 많이 살고 있는 신빈현 홍묘자(紅廟子) 사도구(四道溝)로 이주하였다.

1919년 3·1독립만세운동이 국내에서 일어났다는 소식을 들은 흥동학교(興東學校) 교장 이세일(李世日)이 주동하는 만세운동에 양세봉도 참가해 신빈현 일대 한인들이 학교 운동장에 모여 대한독립만세를 목이

영릉가 농촌과 영릉가 입구

터져라 외쳤다. 조국이 독립하면 왜놈들이 쫓겨가게 될 것이고, 그러면 정든 고향으로 돌아가 옛날처럼 살 수 있다고 생각했다. 그는 하루라도 빨리 고향으로 돌아가고 싶었다. 2년이란 짧은 세월이었지만 남의 나라에 사는 것이 얼마나 고달프고 고통스러운지를 절실히 느꼈기 때문이다.

1922년 양세봉은 대한독립단 홍묘자의 공작원이 되어 민병대장인 김명봉(金明鳳), 정창하(鄭昌夏) 등과 연계하여 독립군 식량을 공급하는 지원활동에 적극적으로 가담하였다. 그리고 천마산유격대에 입대하여 창성군 대유동의 경찰서, 금광사무소와 영림창을 습격, 군수물자와 금괴 등을 노획하여 군자금으로 충당하는 전투에 참가하였다.

천마산대는 의주와 삭주 사이에 있는 천마산을 중심으로 활동한 무장투쟁단체였다. 1920년 12월 최시흥, 최지풍, 박응백 등이 중심이 되어 청장년 500여 명으로 조직한 무장독립군으로 일본경찰에게 빼앗은 무기로 무장하고, 평북지방 각지에서 유격전을 전개하여 적의 주재소, 경찰서, 면사무소를 습격하고 일제의 밀정과 경찰들을 처단하는 등 맹활약을 펼쳤다.

1923년 봄, 일본군경의 독립군토벌작전이 강화됨에 따라 천마산대는 서간도로 이동하여 광복군총영에 합류하였다. 양세봉은 광복군총영

홍묘자향 사도구촌 전경

양세봉 장군 만주 정착지 신빈현 왕청문 홍묘자향

압록강에서 바라본 천마산(광복군총영 천마산대 유적지)

의 검사관 직책을 맡아 활동하였고, 광복군 총영이 1923년 대한통의부로 통합되었을 때도 최지풍 중대장과 함께 국내진격작전에 참가했다.

통의부가 의군부로 분열되었을 때 최지풍과 함께 참의부에 가담한 양세봉은 1924년 6월에 참의부 소대를 이끌고 평북 강계, 위원으로 진격하여 일본 경찰대와 교전을 벌인 끝에 적을 사살하고 친일파를 처단하는 등의 전과를 올린 후 창성군과 초산군을 공격하여 주재소를 태워버리고 일본인 경찰과 밀정을 사살하였다.

1924년 5월 19일 한국 식민통치의 원흉인 조선총독 사이토 마코토(齋藤實)가 국경지역인 압록강을 순시한다는 정보를 입수하게 되자, 참의부 1중대 소대장 장창헌이 이끄는 부대와 김창균, 한웅권(韓雄權: 본명 이의준) 참위(參衛)가 이끄는 참의부 제2중대 제1소대와 합세하여 집안시 압록강변인 마시탄 절벽에 정예병을 배치하고 사이토(寺內) 총독이 국경 순시차 압록강 경비선을 타고 지나갈 때 사격을 개시하였으나, 의외로 거리가 멀고 또 사이토가 탄 선박이 전속력으로 도망치게 되어 뜻을 이루지 못하였지만, 국민들에게 항일독립정신을 고취하고 조국광복의 희망을 심어주는 불씨가 되었다.

1928년 만주지역 독립운동 단체들의 통합을 위해 민족유일당회의가 개최되었을 때 양세봉은 참의부 대표의 한 사람으로 참가하였고, 그해 9월 길림 신안둔(新安屯)에서 열린 삼부통합회의에도 참석하였다.

1929년 독립운동 단체의 통합이 성사되어 삼부(참의부, 정의부, 신민부)가 통합되어 국민부(國民府)가 탄생하게 되었다. 국민부는 신빈현 왕청문에 본부를 두고 남만주 일대 한인사회의 정부 역할을 했던 항일단체였다.

이때부터 남만주 일대 한인들은 신빈현 왕청문을 수도(首都: 서울)라고

사이토 마코토 조선총독 저격 집안시 압록강

부르기 시작하였고, 왕청문은 국민부와 조선혁명군 활동의 중심지가 되었다.

　통화 일본영사관에서는 조선혁명군을 진압하기 위해 영사관 경찰대를 조직하고, 영사관 외부조직으로 친일파 집단인 선민부(鮮民府)를 조직하였다. 선민부는 통화현(通化縣)에 본부를 두었고, 각 현마다 일본 보민회사무소, 농민의무조합, 일본권업회사 등을 비밀리에 설치했다. 이들 조직은 모두 일본 영사관 외곽 단체들로 조선혁명군과 국민부에 맞서기 위해 조직된 친일파 집단이었다.

　조선혁명군에서는 선민부 토벌지휘부를 결성하고, 사령관에 이웅,

조선혁명군. 국민부 본부 신빈현 왕청문 전경

부사령관에 양세봉을 임명하였다. 토벌지휘부는 특수요원들을 선발하여 먼저 각 현에 파견하고 선민부의 동태 파악을 시작하였다.

선민부원들은 일본영사관 앞잡이 노릇을 하면서 그 위세를 이용하여 한인들을 위협하고 매월 징수금을 걷어 갔으며, 춘궁기에 징수금을 내지 못하는 사람들을 선민부로 끌어가 혹독하게 고문하기도 했다. 환인현에서는 농민이 고문으로 사망하는 사태까지 벌어졌고, 관전현에서는 독립군 가족이 선민부원에게 살해되기도 하였다.

양세봉은 통화, 집안, 관전, 환인 등 네 개 지역의 선민부 본부를 공격 목표로 잡고, 단기간 훈련을 끝낸 특수요원들을 그 지역으로 급파했다. 동시에 사령관 명의로 조선혁명군이 선민부를 무력으로 없애버리 겠다는 격문을 발표하였다.

양세봉은 특수요원과 함께 통화현 선빈부 본부를 심야에 습격하여, 한인사회에 갖은 악행을 저질러 한인들로부터 원한을 높이 샀던 문영선을 비롯한 간부들을 모조리 처형하고, 선민부 본부에 불을 질러 다시는 활동할 수 없도록 만들어 버렸다.

양세봉 부대는 선민부원을 처형하기 전에 한인들에게 온갖 악행을 저질렀던 그들의 죄상을 밝히고, 무장도 하지 않은 한인들을 죽인 죄과를 응징하고, 비명에 간 한인들에 대한 복수를 천명한 뒤 사살했던 것이다. 선민부 토벌대는 그 여세를 몰아서 집안현 관전현의 선민부도 공격을 단행하여 왜놈앞잡이들을 처단하고 선민부를 해체시켜 버렸다.

양세봉 부대의 선민부 토벌 소식이 전해진 한인사회에서는 조선혁명군을 칭송하고 고마워하였으며, 일본영사관 경찰과 일제 앞잡이들을 처단한 조선혁명군의 사기도 크게 높아졌다.

일본의 만주침략과 흥경사변

1931년 9월 18일, 심양 노구교 사건을 일으킨 일본군이 중국 동북지방을 침략하여 점령했다. 이른바 만주사변이었다.

조선혁명군과 국민부 주요간부들은 1931년 12월 17일 흥경성 하북 (현재 신빈현 시내) 서세명의 집에 모였다. 일본군의 만주사변 이후 상황 변화와 그에 따른 항일투쟁의 방안을 수립하기 위해 전략회의를 열었

흥경사변(신빈현의 현재모습)

던 것이다.

 선민부 토벌 이후 새로 조직된 친일단체인 보민회의 밀고를 받고 출동한 일본영사관 경찰의 습격을 받아 조선혁명당 중앙집행위원상 이호원, 조선혁명군 사령관 김보안, 부사령 장세용, 부관장 박치화, 경위대 대장 이규성, 국민부 공안부 집행위원장 이종건 등 10여 명이 피체되었다. 이후 3월 초까지 계속된 일본경찰의 공격으로 남만주 일대에서 국민부 간부 83명이 피체되는 사태가 벌어졌다. 이른바 흥경사변으로 국민부와 조선혁명군은 치명적인 타격을 입게 되었다.

국민부 본부 건물(국민부 회의 유적)

한·중 연합군을 결성하다

조선혁명군 총사령관에 임명된 양세봉은 일제와의 결전을 수행하기 위하여 혁명군의 조직을 5개사로 개편하여 제1사령에 박대호(朴大浩), 제2사령에 한검추(韓劍秋), 제3사령에 조화선(趙化善), 제4사령에 최윤구(崔允龜), 제5사령에 정광배(鄭光培), 참모장에 김학규를 임명하였다. 그리고 조선혁명군 사령부를 홍경현 왕청문에 설치하고, 정의부에서 세운 화흥중학(化興中學)을 속성사관학교로 개편하여 조선혁명군 관할에 귀속시키는 동시에 통화현 강전자(江甸子)에 사관학교를 설립하였다.

조선혁명군 부사령관 박대호 장군

속성사관학교의 명예교장은 양세봉이 맡고, 교장에 양기하, 총대장에 윤일파, 교관에 한국신을 임명하여 독립군 양성과 항일정신을 함양하는 교육장으로 삼았다.

조선혁명군 참모장 김학규 장군

2011년 12월, 통화현 강전자의 조선혁명군 속성사관학교 유적답사를 떠났다.

통화시 삼원포의 대고산과 합니하의 신흥무관학교 유적을 돌아본 뒤, 통화현 쾌대무자(快大茂子)를 거쳐 강전자 사관학교 유적지로 향했다.

조선혁명군 군기

통화에서 쾌대무자까지의 거리는 약 20km였다. 신흥무관학교 분교, 조선혁명군 부대가 주둔해 있었던 쾌대무자에서 환인현 방향으로 가다 보면 호마령(虎馬嶺)을 만난다. 한겨울이라 해가 짧아 강전자 입구인 호마령에 도착했을 때 해가 서쪽 산마루에 걸려 있었다. 강전자행을 망설이는 택시기사를 재촉해 강전자로 향했다. 호마령을 지나자마자 고려도촌(高麗道村) 갈림길에서 좌측길로 접어들어 민주촌을 지나 28km를 남쪽으로 내려가 강전자진(江甸子鎭)에 도착했다.

강전자진에서 3km정도 더 들어가니 속성사관학교 유적지인 동강촌이 나왔다. 동강촌 사거리에서 북쪽 산기슭을 향해 바라보면, 그 아랫동네는 속성사관학교가 있었던 곳이다. 내가 유적지에 도착했을 때는 이미 날이 어두워져 사진을 제대로 찍을 수가 없을 정도였다.

나는 어둠이 내려앉은 속성학교터를 돌아본 뒤, 아쉬운 마음을 그곳에 남겨놓은 채 발걸음을 돌려 통화시로 돌아왔다.

조선혁명군 속성사관학교 유적지 통화현 강전자진

강전자 가는 길

양세봉은 중국 의용군 총사령인 이춘윤과 협의하여 요녕민중자위군(遼寧民衆自衛軍)을 조직하였다. 조선혁명군은 요녕민중자위군의 특무대와 선전대대로 각각 편성되었고, 양세봉이 특무대 사령으로, 김광옥(金光玉)은 선전대 대장으로 활동하게 되었다.

1932년 3월 21일 중국 항일단체의 지도자였던 당취오, 왕육문, 이춘윤과 조선혁명군 양세봉, 박대호, 최윤구 등이 환인현에 모여 요녕민중항일자위군 총사령부를 조직하였다. 자위군은 20로군으로 편성되었는데 양세봉이 이끄는 조선혁명군은 10로군에 소속하였고, 사령관은 양세봉의 오랜 동지였던 중국인 왕동헌이 맡았다.

양세봉은 연합전선에서 한인이 앞에 나서는 것을 억제하고, 중국인을 상관으로 내세웠으며, 총사령관 당취오의 명령에 따라 묵묵히 주어진 임무를 충실히 수행했다. 병력 숫자가 월등히 많고, 각종 신무기로 무장한 중국 항일의용군과 협조하면서 우리 민족의 염원인 조국독립을 앞당기기 위한 양세봉의 전략이었던 것이다.

강전자 입구 통화현 호마령

강전자 동강촌 전경. 속성사관학교 유적지

조선혁명군 속성사관학교 유적지

"나는 높은 직책을 바라지도 않고, 명리를 다투는 것도 싫다. 단지 큰일을 하고 싶은 뿐이다."

양세봉이 그토록 열망했던 큰일은 당연히 조국독립의 성취였다.

양세봉은 참모장 김학규, 중대장 조화선, 최윤구, 정봉길 등의 3개 중대를 인솔하고 중국 의용군 왕동헌, 양석복 등의 부대와 합세하여 신빈현의 왕청문에서 무순 천금채(撫順 千金寨)를 공격하기 위해 진군하여 가던 중 날이 저물어 신빈현 남쪽 영릉가에 숙영하게 되었다. 이 정보를 입수한 무순현 주둔 일본 관동군은 박격포, 기관총 등 중화기로 무장하고, 비행기까지 동원하여 공격하여 왔다.

흥경현 영릉가의 전투는 사흘 동안 피를 말리는 접전이 계속되었다. 그렇지만 일본군보다 지리에 익숙한 조선혁명군의 노련한 전술에 말려들은 일본관동군은 고지를 빼앗기자, 더 이상 버티지 못하고 퇴각하기 시작했다. 양세봉 부대는 30여 리를 추격하여 신빈 서북쪽에 있는 영릉가성(永陵街城)을 점령하였고, 그 여세를 몰아 목기와 상협하(上夾河)까지

점령하였다. 한중연합군이 일본관동군 정규부대를 상대로 대승을 거두어 관동군에게 치욕적인 패배를 안겨주었던 영릉가 전투였다.

영릉가 전투에서 승리한 연합군은 수많은 전리품을 노획하는 전과를 거두는 한편, 한·중 양 민족 간의 갈등을 융화시키고 유대를 더욱 공고히 하는 결정적인 계기가 되었다.

친애하는 동지들.
이번 전투는 南滿 동지들의
생사를 담판하는 결전입니다.
나를 따라
생명을 각오하는 동지들은
손을 들어주십시오.
조국 광복과
남만의 백 만 동포들의 생명을

두 어깨에 짊어진 우리는
일당 백(一當百)의 용감한 정신과 아울러
이번 전투에 승리의 믿음을 선포합니다.

영릉가 전투에 앞서 양세봉이 조선혁명군 장령들에게 한 연설의 한 대목이다. 그가 얼마나 우리 민족을 사랑했고 또한 얼마나 조국광복을 염원했는가를 보여주는 연설이다.

영릉가 전투에서 참패를 당한 일본군이 폭격기까지 동원하여 영릉가에서 멀리 떨어지지 않은 흥경성(현재 신빈현)을 공격하여 점령했다.

양세봉은 흥경성을 빼앗지 않으면 영릉가와 왕청문까지 공격당할 수 있다고 생각해서 중국 의용군 이춘윤 부대와 연합하여 흥경성을 공격

신빈현 영릉가

하였다.

조선혁명군은 흥경성 동문으로 공격하고, 중국 의용군은 북문으로 진입하고 공격을 가하자, 영릉가, 상협하 등지의 한중연합군과의 전투에서 겁을 집어먹었던 일본군은 남문으로 퇴각하고 말았다. 한중연합군이 적의 도주로를 열어놓고 공격을 감행했던 작전이 주효했던 것이다.

마침내 최정예를 자랑하는 일본관동군으로부터 탈환된 흥경성에 태극기와 청천백일기가 휘날렸고, 한중연합군이 어울려 전승(戰勝)을 축하하는 축제까지 벌어졌다. 영릉가에 이어 일본군을 격퇴시킨 한중연합군의 사기는 하늘을 찌를 듯이 높아졌고, 한인들은 가축을 잡고 음식을 마련하여 연합군의 노고에 감사를 표했다.

당시 요녕민중자위군 중국측의 사령관이던 왕동헌은 중경(重慶)에서 발간되던 《한민(韓民)》에 기고한 글을 보면 흥경현성 전투를 다음과 같이 회고하고 있다.

> 한·중 민중으로서 총이 있는 사람이면 총, 총이 없는 사람은 호미, 낫, 괭이 심지어는 단도까지 들고 나와서 동지(同志)들을 모았다. 이와 같은 호소에 호응하여 적을 격멸하기를 지원해 나온 자가 한국사람이 8백 명, 그리고 중국측에서는 전 자위단(前 自衛團) 용사 5백 명을 빼고도 2천 5백 명이나 되었다. 곧 맹세해서 의거를 일으켰다.

1933년 1월에 왕청문 남의목수둔(南依木樹屯)에서 조선혁명군 수뇌부 회의를 개최되어 양세봉이 총사령관에 재임명되었고, 부사령에 박대호(朴大浩)를 임명하고 조선혁명군을 3개 방면군으로 개편하였다. 조선혁명당 총령에 고이허, 국민부위원장은 김동산이 임명되었다.

요녕민중자위군 총사령관 당취오 동상

조선혁명군 사령관 양세봉은 독립군 장병들과 동포들로부터 '군신(軍神)'이라고 불리었으며, 신빈현 일대 한인사회의 절대적인 수호자로서 신망과 존경을 받았던 항일영웅이었다.

양세봉의 발자취를 찾아서
⋮

2008년 7월 15일 오후 5시. 나는 인천국제여객터미널에서 단동행 여객선 동방명주(東方明珠)를 타고 중국으로 향했다. 그동안 항일유적을 답사하느라 머물렀던 적이 있던 단동으로 가서 양세봉 유적에 대한 사전준비와 자료를 더 조사한 뒤 신빈현으로 갈 생각이었다.

1990년 신빈현문화원의 조문기(曺文奇: 중국만주족)가 양세봉 전기(傳記)를 중국 심양에서 펴낸 후 2009년 한국어로 번역·출간되기 전까지 그의 생애와 업적은 거의 알려진 적이 없었다. 양세봉은 한국에서 잊혀 간 항일투사였다.

나는 조문기가 쓴 양세봉의 전기를 읽고, 동북아역사재단 장세윤 박사가 쓴 논문을 읽으며 답사를 준비했다. 그리고 조문기가 살고 있는

양세봉 전기. 조문기 저

단동행 국제여객선 인천국제여객터미널

단동페리 선상에서 바라본 서해바다 노을

신빈현에 가면 그의 안내를 받을 수 있다는 희망을 가지고 양세봉 유적 답사를 떠나게 되었다.

인천항에서 단동항까지는 약 450km의 거리에 불과하지만 인천항에서 출발하는 여객선을 타고 가면 무려 16시간이나 걸리는 길고 지루한 여정이었다.

일주일에 세 번 인천에서 단동항을 오가는 동방명주호(東方明珠號)는 월수금은 인천항에서 오후 5시 출발하며, 화목일은 단동항에서 오후 4시 30분에 출발하고 있었다.

중국으로 여행을 떠나는 사람들로 붐비는 동방명주호에서 나는 조문기가 쓴 《조선혁명군 총사령관 양세봉》을 읽으며 다시 한 번 신빈현 일대를 머릿속에 그려보았다.

오후 6시에 저녁식사를 하기 위해 식당으로 갔다. 식당 앞에는 이미 관광객들이 줄을 길게 서 있었다. 그들은 단체여행을 가는지 모두 목에다 이름표를 걸고 있었다. 그런데 아무리 살펴봐도 항일유적답사를 떠나는 사람들은 보이지 않았다. 대부분 백두산이나 고구려 유적을 여행하려는 사람들이었다.

민족의 영산 백두산, 우리 민족의 늠름한 기상이 서려 있는 고구려 유적을 찾아가는 사람들의 밝은 표정을 보면서, 나는 왠지 아쉽고 서운한 생각이 들었다. 조국광복을 위해 피흘려 싸웠던 항일유적들이 사람들의 관심 밖이란 사실이 너무나 안타깝게 느껴졌기 때문이다.

다음날 오전 9시가 조금 지났을 때 단동항(丹東港)에 도착했다. 워낙 관광객이 많아서 배에서 내리는 데도 꽤 많은 시간이 걸렸다. 나는 하선을 기다리는 동안 항구 건너편으로 보이는 북한땅을 바라보았다. 압록강과 서해바다가 만나는 곳에 위치한 동강항구의 맞은편은 평안북도 용암포였다.

멀리 바라보이는 갯벌에는 북한사람들이 나와서 무엇인가를 열심히 잡고 있었다. 분단의 아픔이 가슴을 쳤다. 손을 내밀면 닿을 듯 가까운 곳이건만 가고 싶어도 갈 수 없는 땅, 만나고 싶어도 만날 수 없는 사람들이 있다.

나는 배에서 내려 셔틀버스를 타고 5분쯤 이동해 입국장에 도착했다. 입국장은 관광객과 따이공(帶工: 보따리상)들로 발디딜 틈조차 없었다. 따이공은 중국을 오가면서 장사를 하는 사람들이었다. 나는 무질서하고 번잡한 입국장에서, 무표정한 중국공안들의 얼굴에서, 석탄먼지를 쓴 건물들의 모습에서 중국의 현주소를 보았다. 그들은 지금 경제발전의 달콤함만을 쫓느라 다른 것은 신경 쓸 겨를조차 없었다. 나는 중국여행

단동항에서 바라본 북한 신의주 용암포

단동의 동강항구

에서 흔히 겪는 일이라 차례가 올 때까지 기다리며 그들의 모습을 지켜볼 여유까지 있었다.

입국수속을 마치고 나서 단동시내로 이동하기 위해 또다시 셔틀버스를 탔다. 중국돈으로 25위안을 내고 단동으로 향한 시각은 오전 11시였다. 항구에서 단동시까지 거리는 약 45km로 버스로 이동할 경우 40분 정도 소요되었다. 나는 단동시에서 한국사람이 많이 살고 있는 한국성 아파트의 민박으로 가서 여장을 풀었다.

단동에서 신빈현까지의 거리는 318km였다. 단동에서 신빈으로 가는 버스는 오전 8시 한 차례밖에 없었다.

단동에서 신빈현으로 가는 방법은 두 가지였다. 하나는 단동에서 신빈으로 가는 시외버스를 타고 가거나 심양시(沈陽市)와 무순(撫順)을 거쳐 신빈으로 가는 방법이었다.

단동에서 신빈으로 직접 가는 버스는 갈아타는 번거로움이 없는 편

한국인이 많이 사는 한국성 아파트   단동버스터미널

리함이 있으나, 가는 곳마다 손님을 태우고 내리는 완행버스라 8시간 이상 걸리고 차량도 오래되고 낡아서 무척 불편하다고 민박집 주인이 알려줬기에, 나는 조금 돌아가더라도 심양을 거쳐서 신빈으로 가는 코스를 선택했다. 심양까지 고속버스를 타고 간 뒤 버스를 갈아타고 무순을 거쳐 신빈현으로 가는 노선이 거리는 조금 멀더라도 비교적 안전하고 편하다고 했다.

단동에서 심양까지는 비교적 익숙한 길이었다. 심양시의 서답가는 독립운동가들이 자리잡았던 곳으로 현재도 한국인들이 많이 살고 있고, 병자호란 당시 인질로 끌려왔던 봉림대군과 소현세자 유적이나 봉천군관학교, 청나라 고궁 등을 여행하며 몇 번 다녀봤던 코스였다.

나는 고속버스를 타고 3시간 30분을 달려 심양버스터미널에 도착한 뒤 버스를 갈아타고 1시간 만에 무순시에 도착, 곧바로 신빈현 버스를 갈아타고 2시간 30분만에 신빈현에 당도하였다. 오전 8시에 단동을 출

심양버스터미널

신빈현 시외버스터미널

발하여 오후 4시가 넘은 시각에 신빈현 버스터미널에 내렸으니 8시간이 더 걸린 셈이었다.

나는 호텔에 도착하여 배낭을 내려놓고 곧바로 만주족문화원으로 조문기를 찾아갔다. 그런데 그는 다른 지방의 만주족 문화행사에 참석하느라 출장을 가고 자리에 없었다. 그의 일정을 확인하지 않은 채 약속도 없이 무작정 달려온 나의 행동이 너무나 무모하고 어리석었다는 걸 깨달았지만 이미 엎질러진 물이었다. 전화번호를 남겨놓고 호텔로 돌아오는 수밖에 없었다.

다음날 아침, 조선족 택시를 타고 양세봉의 석상이 있는 왕청문 조선족학교를 찾아갔다. 신빈현에서 왕청문까지 거리는 30km였다. 교정에는 학생들이 보이지 않았다. 택시기사의 말에 의하면 조선족 학생이 매년 줄어들어 몇 년 전에 조선족학교가 폐교되었다고 했다. 학교 운동장 한편에 양세봉의 석상이 외롭게 서 있었다.

양세봉의 석상 앞에 서는 순간, 나는 콧등이 시큰거려오고 가슴이 뛰기 시작했다. 그동안 얼마나 마음속에 그렸던 양세봉의 모습이었던가. 나는 석상을 향해 옷깃을 여미고 머리 숙여 묵념을 올렸다.

혁명군 위험에서 구해내시고
연합의 기치들고 적을 무찔러
겨레의 생명재산 보위한 어른
혁명군 총사령관 양세봉 장군

조선족 김순화가 작사 작곡하여 조선족 학생들이 불렀던 〈양세봉을

조선족학교의 양세봉 석상

왕청문 조선족학교터

노래하네〉의 가사이다.

양세봉 석상은 조선족 동포들이 성금을 모아 1995년에 조선족학교 교정에 세웠고, 매년 학생들의 답사와 추모행렬이 끊이지 않았다고 했다. 한국에서 이미 잊혀 간 독립운동가에 불과했지만 오래전부터 조선족 동포들 사이에서는 양세봉의 업적을 칭송하며, 그에 대한 추모의 열기가 무척 뜨거웠던 것이다.

다음 답사는 조선혁명군이 일본군을 대파했던 영릉가(永陵街) 전투 유적이었다. 내가 영릉가로 가자고 하니까 조선족 기사의 얼굴이 갑자기 굳어졌다. 영릉가는 다시 신빈현을 거쳐 가야 한다는 것이었다. 나는 이곳 답사가 처음이라 지리를 잘 모르니 이해하라고 간신히 그를 달랜 뒤에 영릉가로 향했다.

영릉가 전투가 벌어졌던 신빈현 영릉가

　영릉가는 신빈현 서쪽방향으로 거리는 18km였다. 영릉가는 청나라 시조 누루하치의 고향으로, 만주족의 성지였다. 나는 영릉가에 도착하여 양세봉의 영릉가 전투 유적지를 정확하게 알고 있는 사람을 만나기 위해서 조선족 마을인 노성촌(老城村)을 찾아갔다. 그곳에서 만난 동포들 대부분이 양세봉을 알고 있었지만, 영릉가 전투유적지에 대해서는 아는 사람이 없었다. 나는 영릉가와 왕청문 일대를 답사한 것으로 만족하고 단동으로 돌아와야 했다.

조선혁명군의
항일투쟁 유적지
︙

2009년 여름. 신빈현 왕청문 조선족소학교에 세워졌던 양세봉의 석상을 보고 온 뒤 1년쯤 지났을 때였다.

나는 관전현 향로구의 광복군 사령부 유적지, 청산구의 이진룡 장군 유적지를 오가며 항일유적을 답사하느라 바쁜 일정을 보내고 있었다. 민박집에서 우연히 조선족 신문을 읽다가 양세봉의 석상이 사라질 위기에 처했다는 기사를 보게 되었다.

조선족소학교를 매입한 중국기업이 양세봉 석상을 빠른 시일 내에 옮겨가지 않으면 내다버리거나 파괴해 버릴 수밖에 없다고 했다는 것이다. 그런데 양세봉 석상을 옮겨갈 마땅한 장소를 아직까지 찾지 못하고 있다는 안타까운 내용이었다.

나는 그동안 잊고 있었던 양세봉을 떠올렸다.

아! 후손들의 무능함이여!

나도 모르게 탄식이 흘러나왔다.

나는 안산시의 윤 선생에게 전화를 걸었다. 친구가 무순시 조선족 문화원에 근무하고 있다는 이야기를 들었던 기억이 나서 그와 동행을 부탁하기 위해서였다. 윤 선생은 친구와 함께 신빈현 양세봉 유적답사 동행을 흔쾌히 수락했다.

나는 양세봉 장군의 유적을 다시 답사할 수 있게 되었다는 기쁨에 밤잠을 설치고 아침 일찍 버스터미널로 향했다. 고속버스를 타고 심양을 거쳐 무순으로 가서 윤 선생과 그의 친구를 만나 신빈으로 갈 작정이었다. 단동의 날씨는 금방이라도 소나기를 퍼부을 듯 하늘이 잔뜩 흐려있었다.

내가 단동을 떠난 지 5시간이 지날 무렵 무순시 버스터미널에 도착했다. 무순에는 장대비가 억수같이 내리고 있었다. 윤 선생이 조선족문화원 친구와 함께 터미널에서 기다리고 있었다. 나는 윤 선생 친구와 인사를 나눈 뒤 그들에게 비가 너무 많이 오니 오늘 답사가 어렵겠다고 말했다. 그러자 그들은 한국에서 여기까지 와서 답사하려는 사람도 있는데, 비가 온다고 답사를 미뤄서야 되겠느냐고 했다.

우리 일행은 터미널 근처에서 점심식사를 하고 택시를 대절하여 신빈현으로 향했다. 무순시를 출발하여 신빈현으로 가는 길, 빗줄기는 다소 약해졌지만 비는 계속 내리고 있었다.

무순에서 신빈현까지 거리는 110km였다. 택시기사 말이 비가 많이 내려서 2시간이 더 걸릴 것이라고 했다.

줄기차게 내리는 빗줄기를 뚫고 남잡목(南雜木)에서 상협하(上俠河)를 거쳐 목기진(木奇鎭)을 지날 무렵이었다. 비가 서서히 그치고 서쪽 하늘 구름 사이로 이따금 해가 얼굴을 내밀기도 했다. 나는 양세봉과 조선혁명군 영령들이 우리 일행을 돕고 있다고 생각했다. 총알택시 안이 갑자기 편안해지고, 납덩이처럼 무겁던 마음이 가벼워졌다.

우리 일행은 신빈현 버스터미널에서 택시를 갈아탄 후에 곧바로 양세봉 장군 기념공원이 조성되고 있는 왕청문 이도구(旺淸門二道溝)로 향했다. 왕청문까지 거리는 이정표에 32km였다. 잔뜩 끼었던 먹구름이 우리 일행을 위해 빗겨가고, 여름햇살이 구름 사이로 비에 젖은 들판을 비추고 있었다.

국민부본부 왕청문 전경

양세봉 기념공원 전경

왕청문에서 8km 떨어진 이도구(二道溝) 골짜기의 양세봉 기념공원에 도착하여 반갑고 기쁜 마음으로 택시에서 내리던 나는 눈앞에 펼쳐진 광경에 실망하지 않을 수 없었다. 넓은 광장 가운데 양세봉 석상이 덩그러니 세워져 있었고, 공원은 이제 막 공사를 시작한 것처럼 건축자재들이 여기저기 어지럽게 쌓여 있었다.

양세봉의 석상을 빨리 이전하지 않으면 파괴해 버리겠다는 중국회사의 엄포에 급하게 옮겨오느라 공원조성공사를 대강 마무리하고 이전을 서둘렀구나 하는 생각이 들면서도 산골짜기에 외롭게 서 있는 양세봉의 석상을 바라보는 내 마음은 몹시 서글프고 씁쓸했다.

양세봉 석상은 중국동포들의 성금으로 1989년 8월 29일 신빈현 왕청문 조선족학교 운동장에 세워졌다.

신빈현문화관에 근무하던 중국동포 전정혁 씨의 발의로 시작된 양세봉 장군 석상 건립은 연변대학, 길림신문, 민족출판사 등의 후원과 조선족학교 학생들과 조선족 동포들의 성금으로 건립되었던 것이다. 조선족문화관장 김순화 선생이 〈양세봉을 노래하네〉라는 노래를 작사 작곡하였고 지금까지도 그 노래는 신빈현에서 불려지고 있다.

신빈현 왕청문 일대 항일유적

우리 일행은 조선혁명군 사령부가 있었던 왕청문(旺淸門) 일대의 유적을 답사하고 향수하자(響水河子) 강남촌의 촌장 집에서 민박을 했다.

왕청문 향수하자촌 전경(좌), 향수하자 조선족촌(우)

　다음날 아침 촌장의 소개로 우리일행을 안내하기로 한 김 교장과 함께 양세봉이 3·1만세운동에 참여했고, 독립군에 투신했던 홍묘자향 사도구촌(四道溝村)을 향했다. 차안에서 우리 일행과 비로소 인사를 나눈 김 교장은 향수하자소학교에서 교장으로 재직하다가 3년 전에 정년퇴임했다고 한다.
　우리 일행은 양세봉의 생애와 유적지의 위치까지 소상하게 알고 있는 그의 안내를 받게 되어 정확하고 확실한 유적답사를 할 수 있게 되었다.
　우리 일행이 향수하자 강남촌을 떠나 쌍립자(双砬子)로 가던 도중 며칠 전부터 내린 비로 물이 넘치고 길이 막혀서 더 이상 통행이 불가능했다. 우리 일행은 할 수 없이 차를 돌려 왕청문을 거쳐서 사도구로 가야 했다. 직선거리로 8km밖에 되지 않는 거리를 65km 씩이나 돌아가야 했지만, 양세봉이 활동했던 유적지를 볼 수 있다는 기쁨에 짜증스럽지가 않았다.

향수하자촌(響水河子村)라는 이름은 뜻 그대로 물소리가 항상 들려오는 동네라고 했다. 부얼강 줄기가 마을을 가로질러 흘러가고 있어서 이곳에 비가 조금만 내려도 강물이 금방 넘쳐 길 끊기는 일이 많다는 것이었다.

우리 일행이 양세봉이 살았던 사도구에 도착한 것은 향수하자를 떠난 지 1시간 30분이 경과한 뒤였다. 다행히 아침부터 오락가락하던 비는 멈췄다. 우리 일행은 차에서 내려 양세봉의 무덤이 있었던 고구려산성으로 걸어갔다. 비가 내리기 전에 서둘러 답사를 하고 사도구촌으로 다시 돌아와 양세봉이 살았던 집터를 돌아볼 생각이었다.

고려산성을 향해 30분쯤 갔을 때 비가 다시 쏟아지기 시작했다. 김 교장이 비가 많이 내리면 산길이 위험하니 그만 돌아가는 것이 좋겠다고 말했다.

양세봉이 살았던 사도구촌

왕청문 전경

얼마나 기대하며 마음을 졸이고 찾아왔던 곳인데 비 때문에 답사도 못하고 돌아가야 하다니. 이런 상황이 못내 아쉬웠지만 그렇다고 혼자서 산행을 강행할 수는 없는 노릇이었다. 나는 아쉬운 마음을 카메라에 담아 몇 장의 사진을 찍고 발걸음을 돌려야 했다.

사도구촌의 양세봉 집터는 옥수수밭으로 변해 있었다. 위대한 항일투사의 역사는 몇 포기 옥수수 사이에 묻혀 흔적조차 없이 사라진 것이다.

사도구에서 왕청문으로 돌아오는 길에 조선혁명군 본부가 주둔했었던 홍묘자향(紅苗子鄕)에 들렀다. 양세봉, 서세명, 고이허, 김동산, 박대호 등 수많은 조선혁명군 항일투사들이 조국을 향해 불태웠던 사랑과 그리움의 노래가 울려퍼지던 홍묘자는 낯선 이민족들의 도시로 변해 있었다.

길에서 우연히 만난 조선족 노인은 나에게 탄식하듯 말했다.

"그 옛날 얘기는 뭐 하러 묻고 그럼네까? 지금은 다 쓸데없는 얘기가 돼버렸는데...."

홍묘자는 젊은 사람들이 거의 다 도회지나 한국으로 나갔고, 노인들과 어린아이들만 살고 있는 이름뿐인 조선족향이 되었다고 했다. 손자를 돌보며 살아가는 노인들의 바람은 남보다 더 잘 살아보려고, 멀고 먼 낯선 땅, 차별과 냉대를 겪으며 눈물로 돈을 벌어야 하는 나라, 한국으로 간 아들, 딸, 며느리가 돈을 많이 벌어와 하루 빨리 도시로 나가 사는 것이었다. 나라를 찾기 위해 피 흘려 싸웠던 그 옛날의 역사는 그들에게 그저 쓸데없는 이야기일뿐이었다.

나라를 잃고 농토마저 빼앗겼던, 일본인들의 억압과 착취가 고통스

조선혁명군 유적지 훙묘자향

럽고 서러웠던 사람들이 만주로 이주하여 피와 눈물과 땀으로 일궜던 훙묘자의 드넓은 들판을 나는 하염없이 바라보고 서 있었다.

유적답사를 다니다 보면 잊혀 간 역사의 현장을 만나게 되지만, 오늘처럼 철저하게 사라지고 존재조차 미미해진 유적지들을 돌아다니긴 처음이었다. 나는 훙묘지 마을과 들녘을 바라본 뒤 차에 올랐다.

우리 일행은 신빈현으로 돌아왔다. 무순문화원 이윤선(조선족·사진작가)의 연락을 받고 나온 조문기가 기다리고 있었다. 그는 양세봉 전기를 저술한 항일유적 전문가이다. 우리 일행은 조문기에게 양세봉의 생애와 유적지 이야기를 들으며 늦은 점심을 먹었다.

조문기(曹文奇)는 신빈현에서 태어난 만주족(滿洲族)으로 양세봉의 항일투쟁에 감명을 받아 그와 관련된 자료를 수집하고, 현장을 답사하여 압록강 항일명장 양세봉이란 중국어판 책을 출간했다고 한다. 그리고 한국에서 온 양세봉 기념사업회장의 제의와 동북아역사재단의 후원을 받아 한국에서 책이 번역되어 출판되었다는 것이다.

나는 그에게 정중하게 감사의 마음을 전했다. 대한민국에서 그 누구도 하지 못했던, 왜곡하고 축소하고 소외시켰던, 양세봉의 전기를 훌륭하게 집필해준 데에 대한 진심어린 감사였다.

신빈현 향수하자 조선족촌

조문기는 한국보훈처의 훈장 수여에 대한 강한 불만을 토로했다. 항일투쟁에서 총 한 번 잡아보지 않고, 책상머리에 앉아 독립운동하던 사람들에게 1등 훈장을 수여하면서, 평생을 항일전투 현장에서 치열하게 일본군과

신빈현 아리랑 식당

싸웠던 양세봉에게 3등 훈장을 추서한 한국정부의 처사는 중국에서는 있을 수 없는 일이라고 했다. 나는 그의 말에 전적으로 동감했다. 독립운동에 몸바쳤던 선열들을 등급을 매기고 차별을 두는 것은 순국선열들의 고귀한 희생정신과 명예를 손상시키는 일이고, 객관성이 결여된 등급수여는 앞으로 개선되어야 할 문제라고 생각했다.

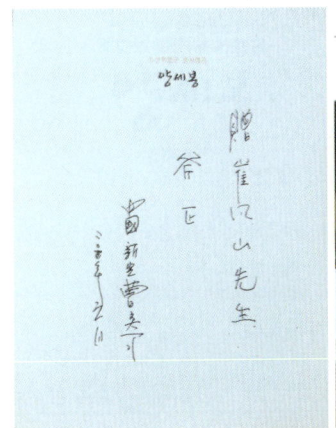
조문기 친필 사인

조선혁명군 총사령관 양세봉 저자 조문기 작가와 함께

나는 조문기와 대화를 나누면서 그의 해박한 항일투쟁사에 감동했고, 양세봉 장군에 대한 그의 존경심을 느낄 수 있었다. 한편으로는 그에게 몹시 부끄러운 심정이었다.

만약에 그가 양세봉의 자료를 수집하지 않고, 책도 출판하지 않았다면, 한국에서 과연 양세봉에 대한 책이 출판되었겠는가 하는 생각이 들었기 때문이다.

나는 한국에서 가지고 간 그의 저서 《조선혁명군 총사령관 양세봉》에 그의 친필 사인을 부딕했다. 그는 감회어린 눈으로 책을 한참 바라보았다. 그리고 환하게 웃는 얼굴로 서명을 한 뒤 내게 주며 말했다.

"양쓰펑스 웨이따 더 캉르밍짱!(양세봉은 위대한 항일명장이다)"

조문기의 안내로 신빈현 시내에 있는 조선혁명군과 국민부 본부의 유적을 찾아갔다. 1930년대 항일투쟁을 지휘하던 곳으로 한국독립운동사에서 불멸의 업적을 남겼던 항일독립전쟁의 성지(聖地)였다.

  1931년 12월 국민부와 혁명군 간부들이 모여, 일본군의 만주침략 이후 독립군의 활동방향과 대책을 마련하기 위한 회의를 하던 중에 일본 경찰의 습격을 받고 많은 간부들이 체포되었던 장소이기도 했다.

  금방이라도 무너져버릴 것 같이 몹시 낡고 퇴락한 모습이었지만, 역사의 질곡을 간직한 건물이 지금까지 고스란히 남아 있는 것만으로도 너무나 반갑고 기뻤다.

  조문기는 심각한 얼굴로 건물 주위를 둘러보며, 당시 국민부와 조선혁명군 활동을 설명하더니, 한국정부나 관련기관에서 이 건물을 매입하고 보수하여 철저하게 관리보전하는 것이 시급하다고 말했다.

  나는 몹시 작고 낡은 건물을 바라보며 생각했다. 이토록 비좁고 남루

국민부 본부 유적

한 집에 당대 독립운동 지도자들이 모여서 항일전략을 논의하고, 한인 사회를 보호하는 방안을 숙의하고, 조국광복을 위해 노심초사했던 장소란 사실이 좀처럼 믿겨지지 않았다. 독립투사의 고초와 시련 가득한 삶들이 눈앞에 펼쳐지는 듯 애틋하고 가슴이 저미어오는 아픔을 느꼈다. 나는 몇 번이나 건물을 돌아보며, 다시 찾아올 때까지 건물이 그대로 남아 있기를 간절히 기원하며, 국민부 본부 앞 진흙길을 걸어나왔다.

남만주 항일무장투쟁의 큰별이 지다

양세봉의 조선혁명군에게 패전을 거듭하던 일본관동군 사령부와 일본영사관에서는 남만주 일대에서 활동하던 조선총독부 경찰의 밀정인 박창해를 신빈현에 은밀히 침투시켜 양세봉의 행적을 염탐하였다.

박창해는 통화현의 대지주 양명번을 앞세워 항일산림대 두목이었던 압동양의 투항을 받아낸 후 그를 이용하여 양세봉의 소재를 찾아다녔다. 그러나 양세봉의 행적을 쉽사리 알아낼 수가 없었다. 박창해는 압동양에게 거금을 미끼로 던져놓고, 양세봉을 찾아가서 투항을 권유해보라고 술수를 부렸다.

돈에 눈이 멀어 은밀하게 양세봉을 찾아간 압동양은 조선혁명군이 무기와 물자가 부족하여 고통을 받고 있다는 사실을 알게 되었다. 일본군 앞잡이가 되어 교활해진 압동양은 양세봉에게 예의를 다해 인사를 올렸다. 그리고 박창해의 밀정이 된 것을 숨긴 채, 일본군 토벌로 인해

산림대를 지탱할 수 없으니 산림대를 이끌고 혁명군에 들어오겠다고 말했다.

일본관동군과 경찰대와의 전투로 많은 독립군을 잃었고, 일본의 방해로 독립자금 모금조차 할 수 없어 무기마저 부족한 상황이었기에 압동양의 제의가 반가울 수밖에 없었다. 이러한 양세봉의 마음을 눈치챈 압동양은 산림대가 가진 장총 70자루, 권총 70자루, 중기관총 등을 지금 가서 가져가는 것이 어떻겠냐고 양세봉을 유인했다.

양세봉이 지금은 날이 저물었으니 내일 가는 것이 좋겠다고 하자, 교활한 압동양은 지금 가지 않으면 산림대원들이 도망을 갈 것 같으니, 양사령이 직접 가서 그들을 설득하여 부대를 이끌고 와달라고 했다.

1934년 음력 9월 19일 밤, 양세봉은 장명도, 김두칠, 정광배 사령과 총기를 운반할 20여 명의 장병을 데리고 향수하자촌 북산 주둔지를 출발하여 산림대 주둔지로 향했다. 압동양이 앞장을 서서 길을 안내했다.

양세봉이 저격당한 소황구 골짜기

소황구촌 전경

양세봉 일행이 소황구(小荒溝)로 접어들었을 때 검은 구름이 달을 가리며 사방이 갑자기 어두워졌다. 옥수수밭 사잇길을 구분할 수 없을 정도로 골짜기가 캄캄해졌다. 압동양이 양세봉 일행의 발걸음을 재촉했다. 불길한 예감이 든 양세봉은 장명도에게 귓속말로 오늘 밤 조심해야 할 것 같다고 말했다. 장명도는 앞서 가던 정광배에게 주의를 당부했고, 혁명군 병사들에게도 전해졌다. 그 순간 압동양이 갑자기 자취를 감췄다. 양세봉은 가던 걸음을 멈추고 병사들에게 멈추라는 신호를 보냈다. 그때였다. 어둠에 덮인 옥수수밭에서 총소리가 울렸다. 압동양과 산림대원 두 명이 양세봉을 향해 총을 쏜 것이었다.

양세봉은 가슴에 관통상을 입고 쓰러졌다. 김두칠이 재빨리 양세봉을 안았을 때 그의 가슴에서 붉은 피가 흘러내리고 있었다. 부하들이 응급지혈을 했으나 멈출 수가 없었다. 양세봉 사령관의 생명이 위급한 상황이었다.

의료관 강해산이 응급조치를 다했지만 출혈은 멈추지 않았다. 장명도 사령이 양세봉을 엎고 가까운 밀영으로 달렸고, 정광배와 군사들이 압동양을 추격했지만 깜깜한 밤에 키를 넘긴 옥수수밭에서 그의 자취를 찾을 수가 없었다. 압동양은 양세봉에게 총격을 가하고 자취를 감춰버렸던 것이다.

"나 이제 죽소만 당신들은 끝까지 투쟁하기 바라오."

양세봉이 혁명군 부하들에게 마지막으로 남긴 말이었다. 순국 당시 양세봉 사령관의 나이는 41세였다.

양세봉의 시신은 비밀리에 향수하자촌 고구려산성 아래 김도선의 집으로 옮겨졌다.

　1934년 9월 25일 조선혁명군 양기하, 고이허, 김활석, 윤일파, 박대호, 김동산, 조화선, 박윤걸 등 간부들과 혁명군 병사들, 수많은 한인들이 운집한 가운데 눈물의 애도 속에 양세봉의 장례식이 열렸고, 그들이 지켜보는 가운데 양세봉은 고구려산정 아래에 묻혔다.

　양세봉의 무덤은 일본군이 찾을 수 없도록 산 중턱에 평장(平葬)을 하였는데, 통화 일본 영사관 경찰이 이를 탐지하여 묘를 파헤치고, 시신을 꺼내와 김도선 노인에게 도끼로 그의 목을 자르라고 강요하였다.

　김도선 노인이 내 손으로 독립군 사령의 목을 자를 수 없다고 거절하자 일본군도로 양세봉의 목을 잘라낸 왜경은 김도선 노인을 사살하고, 양세봉 장군의 목을 가져가 통화현 영사관에 걸어놓는 천인공노할 만행을 저질렀다.

　어찌 잊을 수 있는가.

　누가 이들의 악행을 잊었다고 말하는가.

　천하에서 가장 교활하고 잔악한 무리요, 인륜마저 저버린 섬나라 오랑캐들의 만행을.

김도선 노인의 집터(상), 김도선 집터에서 본 고려산성(하)

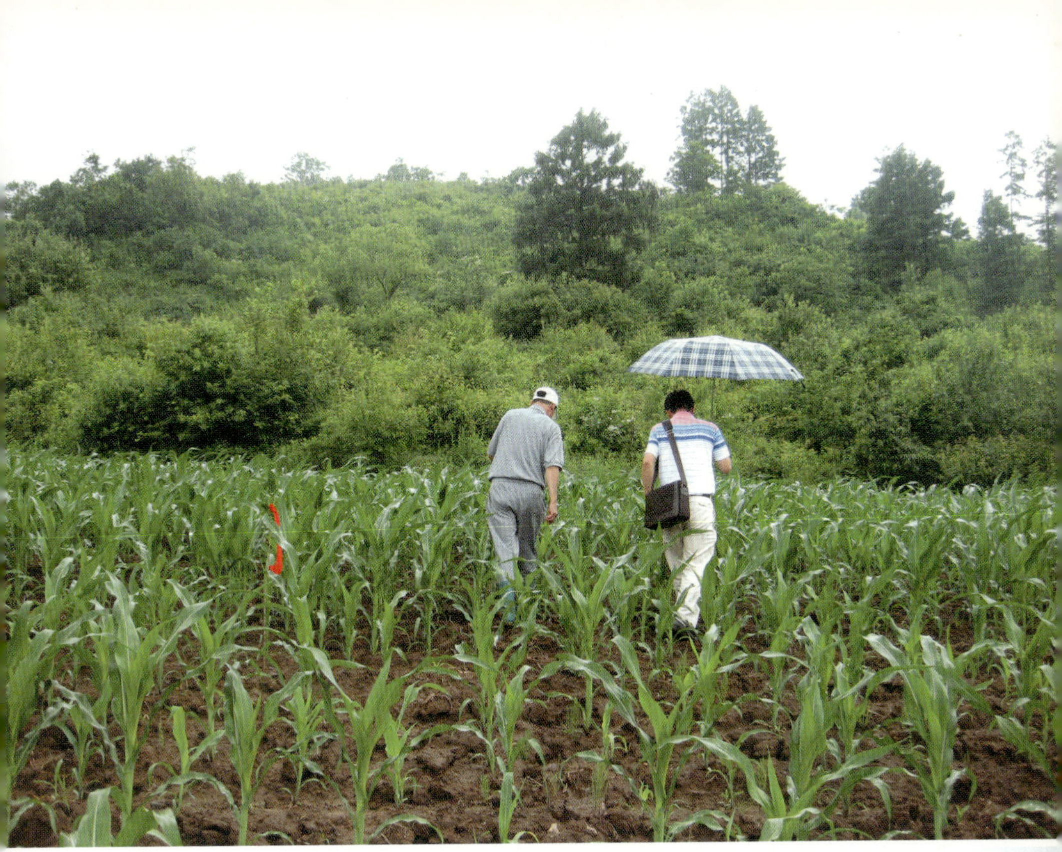
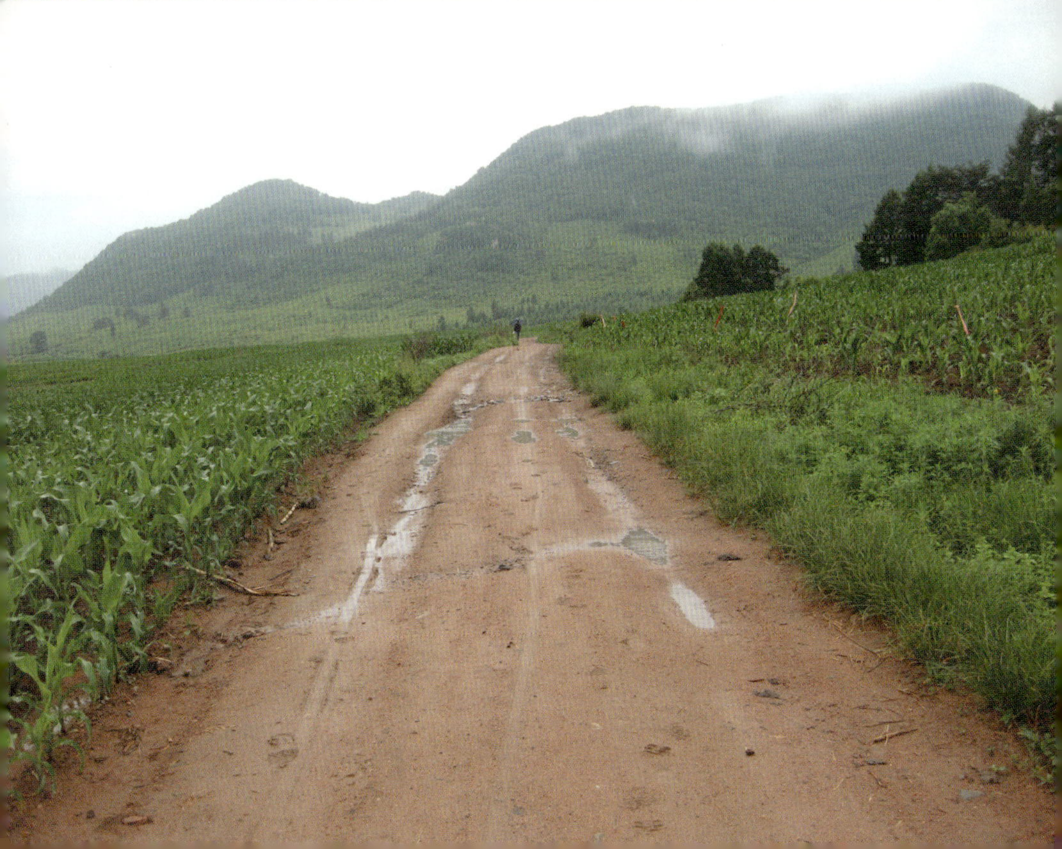

양세봉 장군 순국지를 찾아가다

신빈현 왕청문 향수하자 강북촌에서 2km쯤 북쪽 길로 올라가자, 소황구촌(小荒溝村)이 보였다. 우리 일행은 향수하자 소학교 김 교장의 안내로 양세봉 장군이 압동양의 총에 맞아 순국한 고갯길을 향해 천천히 올라갔다. 하늘도 설움에 겨운 듯 간간이 빗방울을 뿌렸다.

골짜기 입구를 지나 양세봉이 저격당했던 장소가 가까워오자 갑자기 가슴이 답답해지고 다리가 무거워졌다. 나는 숨을 깊이 들이마시며 심호흡을 몇 번 한 뒤에 고갯길을 천천히 바라보았다.

좁은 산길의 양편으로 산줄기가 길게 뻗어 있었다. 그리고 산등성이가 기와지붕처럼 흘러내린 골짜기의 양쪽에는 옥수수밭이 펼쳐지고 있었다. 양세봉이 불의의 총격을 받고 순국한 곳이었다.

우리 일행은 팻말하나 서 있지 않은 양세봉의 순국장소에서 한참 동안 할 말을 잃고 멍하게 서 있었다. 정말로 믿고 싶지 않은 정경이 내 눈앞에 펼쳐지고 있는 것이다.

나라를 위해 평생 동안 침략자 섬나라 오랑캐들과 싸웠던 독립투사가 순국한 장소에, 그의 고귀한 희생을 기리는 기념탑은 세우지 못할망정, 항일투사가 순국한 장소를 알리는 표지석조차도 세울 수 없었단 말인가.

독립투사의 피와 눈물과 희생으로 독립을 찾은 나라에서, 경제적 발전과 민주적 사회를 이룩한 대한민국에서, 오늘을 살아가는 후손으로 고개를 들 수조차 없는 부끄러운 현장이었다.

양세봉 장군 묘소(국립묘지)

양세봉 순국 장소(신빈현 왕청문 소황구촌)

나는 어린애처럼 소리 내어 펑펑 울고 싶었다. 골짜기를 향해 울분을 토해내며 소리치고 싶은 충동을 참았다. 그러나 마음 깊은 곳에서 치밀어 올라오는 분노를 참을 수는 없었다. 눈물이 솟았다. 그토록 자랑스럽게 여겼던 한국인의 긍지가, 항일유적 답사의 자긍심마저 낡은 토담처럼 와르르 무너져내렸다.

나는 조용히 눈을 감고 왜놈들의 억압과 횡포가 없는 하늘나라에서 양세봉 장군이 평안히 안식하기를 기원했다.

양세봉 조선혁명군 총사령관은 1962년 대한민국 건국훈장 독립장이 추서되었고, 양세봉의 묘는 1986년 9월 북한으로 옮겨져 평양 애국열사릉에 묻혔다.

1990년에는 중국인 조문기(曹文奇)에 의해 《압록강변의 항일명장 양세봉》이 심양에서 출판되었고, 2009년 한국어로 번역되어 서울에서 출판되었다.

지금도 신빈현 일대의 동포사회에서는 양세봉의 업적을 기리고 추모하는 노래가 불리고 있다.

조선혁명군 항일투쟁 유적지 왕청문 향수하자 강북촌

8장

육군주만참의부 항일유적을 찾아서
― 고구려의 수도 길림성 집안시(集安市)

집안시 항일유적

육군주만참익부 고마령전투 유적지 입구

대한민국임시정부
육군주만참의부(陸軍駐滿參議府)
:

　　　　　　　　　　육군주만참의부(약칭 참의부)는 1923년 8월 환인현 마권자(馬圈子: 현재 환인현 향양)에서 대한통의부의 의용군을 주축으로 창설되었던 항일무장단체이다.

　참의부는 우리 민족의 항일투쟁사에서 위대한 업적을 남긴 무장단체 중에 하나였다. 1922년 1월 한족회, 서로군정서, 대한독립단, 광한단 등이 연합하여 결성한 대한통군부, 같은 해 8월 23일 서로군정서, 대한독립단, 관전동로한교민단, 대한광복군영, 대한정의군영, 대한광복군총영, 평안북도독판부 등의 대표 71명이 환인현 마권자에 모여 남만한족통일회(南滿韓族統一會)를 열어 대한통의부(大韓通義府)를 결성하고 의용군을 조직했다.

　남만주 지역 항일단체가 최초로 통합되어 창설된 대한통의부는 연호 문제로 대립하다가 결국 분열로 치닫게 되었고, 전덕원을 중심으로 한 복벽주의자들이 의군부를 조직하여 통의부에서 이탈하였다.

　통의부의 분열에 실망한 백광운, 최석순, 박응백 등은 독립투쟁을 총괄하는 기관이 대한민국임시정부이어야 한다는 신념에서, 임시정부 군무부(軍務部) 산하의 참의부를 1923년 8월에 결성하게 되었다.

　상해임시정부에 대한 평가와 운영에 관해 여러 의견들이 있지만, 이것이 불완전함도 우리의 책임이며, 이것을 완전케 함도 우리의 당연한 의무라. 그러한즉 우리 군민은 물론하고 단순한 혈성(血誠)으로 원리와 원칙에 따라 임시정부 기치하에 모이자. 우리는 대한민국 육군으로 내외 각 무장 단체의 가입을 권유하며 임시정부 직할에 참여하여 대동 통일의 선봉에 설 것을 선언한다.

- 참의부 선언문 일부

백광운, 박응백, 조태빈 등의 참의부 대표단은 상해임시정부로 가서 광복군사령부의 전통을 계승할 수 있는 군사단체로 승인해 줄 것을 요청하였다.

상해임시정부는 독립신문사 사장이던 김승학을 만주로 파견하여 참의부 조직을 적극적으로 지원하였다. 그리고 참의부 대표들의 요구를 받아들여 부대의 명칭을 대한민국임시정부 육군주만참의부로 결정하였다.

그리고 남만주의 집안(輯安), 무송(撫松), 장백(長白), 안도(安圖), 통화(通化), 유하(柳河) 관전(寬甸) 등의 7개의 현(縣)을 참의부 관할구역으로 지정하여 민정(民政)과 군정(軍政)을 이끌도록 하였다.

통의부와 참의부 창설지인 환인현 마권자 전경

참의부 본부 집안시 유림 두도구

초대 참의장에 임명된 백광운(白狂雲. 본명: 채찬)은 대한통의부와의 갈등을 피해서 집안현 유수림자(輯安縣楡樹林子: 현재 집안시 유림진)로 참의부 본부를 이전하였다.

참의부는 압록강 유역의 동포사회에 기반을 둔 독립군 무장단체로서, 집안현을 중심으로 활발한 국내진격작전을 펼쳐 국경지역의 일본경찰주재소, 헌병대, 일본군 진지를 수백 차례 공격하였으며, 압록강을 순시하던 재등실(齋藤實) 조선총독을 저격하는 등 활발한 무장투쟁을 전개하였다.

초대참의장 백광운(본명 채찬)

초대 참의장 백광운이 1924년 통의부 세력인 심용준의 부하 백세우에게 암살을 당했고, 최석순이 2대 참의장으로 참의부를 이끌었으나, 1925년 3월 고마령 전투에서 참의부 간부 29명과 함께 순국했다. 그후 3대 윤세용, 4대 김승학이 참의장이 되어 참의부 재건에 심혈을 기울였으나, 1929년 삼부통합의 결과로 국민부와 조선혁명군에 통합이 되었다.

4대참의장 김승학

참의부
유적답사를 떠나다

2008년 여름부터 길림성 집안시(吉林省集安市)의 참의부 유적답사를 시작한 후 2008년 10월, 2009년 7월, 2010년 8월, 2011년 12월 등 수차례에 걸쳐 집안시의 항일유적을 답사했다.

내가 관심을 가졌던 참의부 유적은 집안시 유림진(榆林鎭,) 고마령(古馬嶺), 화전자(花甸子), 환인 이붕전자(二棚甸子) 일대의 참의부 본부 유적과 참의부 통신본부가 활동했던 입자구(砬子溝), 치안촌(治安村), 대양차촌(大陽岔村) 등이었다.

2008년 7월에 참의부 유적을 처음으로 찾아갔을 때였다. 광개토태왕비, 장군총 등 고구려 유적들이 중국의 세계문화유산으로 등재된 후라, 한중간에 고구려 역사에 대한 논쟁이 격화되었고, 반한(反韓), 반중(反中) 감정이 첨예하게 대립하고 있었다.

집안시 일대에서 항일유적답사를 다니는 동안 중국 관계당국의 감시와 제지, 유적지 출입제한 등의 어려움을 겪었다. 한국인들이 동북지방에서 역사유적지를 여행하며 사진촬영을 하려다가 금지 당하는 일이 많았고, 유적지마다 공안이 배치되어 한국인들의 모든 행동을 주시하는 상황이었다.

나는 두 번째 답사를 떠나기 전에 참의부 활동지역과 유적의 위치를 정확하게 기록한 문헌을 찾아보았으나, 한국독립운동사, 참의부 논문 등에 1920년대 참의부 활동 당시의 지명(地名)이 실려 있을 뿐, 최근에 현지를 답사하고 정확한 위치를 기록한 문헌을 발견하기 힘들었다.

1949년 중국정부 수립 이후 집안시의 지명이 많이 바뀌었고, 유적지의 답사 자료가 거의 없었기에, 참의부 유적지를 찾아가는 것 자체가 거의 불가능한 상황이라고 해도 과언이 아니었다. 그렇다고 자료 부족을 탓하며 집안시 일대 참의부 유적지를 찾는 일을 포기할 수가 없었다.

　나는 독립운동사에 나와 있는 자료를 가지고 집안시의 주민들을 만나 옛 지명과 현재 지명을 확인하고, 참의부와 조금이라도 관련이 있는 지역을 돌아다니며 탐문하여 자료를 수집하고 기록했다.

　2008년 10월 24일, 나는 오전 8시 30분에 집안행 버스를 타고 단동버스터미널을 출발했다. 참의부 유적지를 찾아서 떠나는 두 번째 답사였다.

　단동에서 집안시까지 거리는 314km이며, 시외버스로 약 5시간 정도가 소요되는데, 버스는 하루에 단 한 차례만 운행하고 있었다.

단동시외버스터미널

압록강에서 바라본 위화도

나는 집안시 유적답사를 준비하면서 첫 번째 답사에서 미진했거나 찾지 못했던 유적들을 확인했다. 이번 답사에서는 참의부 본부, 고마령 전투, 통신본부, 재등실 총독 저격장소 등의 유적답사를 통해 참의부 활동지의 정확한 위치를 확인하고, 새로운 유적을 발굴하는 좋은 결과가 있기를 바라는 마음이 간절했기 때문이다.

단동터미널을 출발한 버스는 압록강 철교 옆을 지나서 강변을 시원스럽게 달리고 있었다. 우리 민족 오천 년 역사의 애환, 망국의 아픔과 처절한 항일투쟁사를 간직한 채 유유하게 흘러가고 있는 압록강 너머로 고려시대 말기 1388년 이성계가 회군하였던 위화도(威化島)가 눈앞에 펼쳐지고 있었다.

위화도는 평안북도 의주군에 속하는 지역으로 지금은 행정구역상 신의주시 상단리와 하단리가 있으며, 면적은 약 11.2㎢이다. 지금은 남북 분단의 아픔을 간직한 섬이 되어 가고 싶어도 갈 수 없는 땅이 되었고, 역사 저편으로 잊혀진 섬이었다. 중국 단동지역의 눈부신 발전을 외면한 채 개방과 변화를 거부한 유일한 국가, 강 건너 신의주와 위화도는 수십 년간 거의 변한 것이 없는 북한의 낙후된 섬일 뿐이었다.

버스가 바람을 가르며 압록강을 따라 동쪽으로 달려가니 6·25 전쟁 때 중공군이 압록강을 건넜던 목교(木橋)가 폭격당한 당시의 모습으로 압록강을 가로지르고 있었고, 목교 건너편으로 평안북도 의주(義州)의 모습이 눈에 들어왔다. 연암 박지원이 1780년 압록강을 건너 심양, 산해관, 북경, 열하에 갔던 체험을 바탕으로 쓴 기행문 《열하일기》의 출발점이었다

압록강변을 따라 10여 분을 더 달려가자, 강변에 우뚝 솟아있는 호산장성(虎山長城)이 보였다. 고구려 시대에 축성되었던 박작성(泊灼城)이 오랜 세월의 풍상을 견디다가 1894년 청일전쟁으로 폐허가 되었고, 중국인들이 1995년에 산성을 복원한 후에 중국 만리장성의 동쪽끝(東端)이라는 구호와 함께 호산장성(虎山長城)이라고 이름을 붙인 곳이다. 호산장성은 만리장성의 동쪽 출발점이 아니라, 동북공정(東北工程)의 출발점이었다. 호산장성 안에 세워진 박물관에는 만리장성이 이곳에서 시작되었다는 요란한 선전물들이 전시되고 있었다.

버스는 가는 곳마다 승객들을 태우고 내리는 승객서비스 만점의 시외버스였다. 가까운 곳을 다니는 사람들은 편리할지 모르나 장거리를 가야 하는 나로서는 집안행 버스는 언제나 복잡하고 지루했다.

호산장성에서 압록강을 끼고 30여 분을 달려간 버스는 관전현 고루자 조선족향(古樓子朝鮮族鄕)을 지나고 있었다. 고루자는 대한독립단 국내총지단장을 역임했던 홍제업(洪濟業)이 여생을 마쳤던 곳이다.

홍제업은 참의부 간부였던 홍주(洪疇)의 부친으로 1919년 의주에서 3·1운동에 참가했고, 아들 홍주와 함께 만주로 망명하여 대한독립단에

6·25전쟁 때 중공군이 도강했던 압록강 목교

연암 박지원의 열하일기 출발지 압록강 의주 일대

고구려 박작성(중국명 호산장성)

관전현 고루자

서 항일투쟁을 전개하였다. 1921년 독립군 진영이 통의부와 의군부로 갈라져 서로를 공격했던 동지전쟁(同志戰爭), 즉 서간도 사변이 일어난 뒤 독립군 진영의 분열을 개탄하며 중재노력을 하였으나 모든 일이 수포로 돌아가자, 이곳으로 들어와 농사를 지으며 평생을 보냈다.

차창 밖으로 펼쳐지는 들판에는 추수가 끝난 옥수숫대를 세워둔 낟가리들이 을씨년스럽게 서 있었다. 남만주에서 항일유적지를 답사하며 돌아다니는 동안 어느새 10월도 하순으로 접어들고 있었다. 산등성이엔 단풍도 시들어가고 서너 개의 나뭇잎을 단 채 앙상한 가지를 드러낸 나무들이 눈에 들어왔다.

세월은 흐르는 물과 같다더니 올해도 이제 얼마 남지 않았다. 별로 이룬 일도 없이 또 한 해를 보낸다고 생각하니 웬지 마음이 쓸쓸하고 서글퍼졌다.

무심히 흐르는 세월에 젖어 가을을 타는 내 마음을 아는지 모르는지 버스는 압록강을 따라 곧게 뻗은 길을 시원스럽게 달리고 있었다.

아리랑 아리랑 아라리요
아리랑 고개로 넘어간다

청천하늘에 잔별도 많고
이내 가슴에 수심도 많다

아리랑 아리랑 아라리요
아리랑 고개로 넘어간다

지금은 압록강 건너는 신세
삼천 리 강산을 잃었구나

백두산 천지서 나린 압록은
이천 리를 돌아 흐르는데

나라 잃은 이천만 동포는
눈물의 압록강을 넘는구나

아리랑 아리랑 아라리요
아리랑 고개로 넘어간다

경기명창 민필호 압록강 아리랑 공연

나는 압록강 일대를 답사하며 조선족 동포들 사이에서 불리던 아리랑을 채록하여 복원하였고, 2010년 12월 단동한인회의 송년회에서 경기명창 민필호 외 2인이 본조아리랑 곡에 맞춰 재연하였던 압록강 아리랑의 가사이다.

압록강 일대를 답사하면 만주로 이주한 동포들이 삶이 힘들고 어려울 때마다 고국을 그리워하며 아리랑을 불렀다는 증언을 들을 수 있었다.

오전 10시 장전하구(長甸河口)를 지나 장전진에 도착한 버스는 승객을 태우느라 잠시 정차하고 있었다. 장전진에서 20여 km 떨어진 곳에는

압록강 아리랑 공연

오동진 장군이 광복군 총영을 창설했던 안자구(安子溝) 유적지가 있다.

　버스는 영전진(永甸鎭)을 거쳐 굽이굽이 산길을 돌아 대한독립단 관동지소가 있었던 호자구(蒿子溝), 광복군 총영의 본부가 이전하였던 태평초(太平哨)를 지나고 있었다. 단동시 관전현 일대는 독립군의 역사를 간직하지 않은 마을이 없을 정도로 항일투쟁사와 깊은 관련이 있는 지역이었다.

　정오가 될 무렵 버스가 보달원(步達遠)에 도착하자, 안내양이 15분간 정차한다는 안내방송을 했다. 보달원은 한국의 면소재지 정도로 휴게

항일의병장 유인석 장군 유적지 관전현 보달원 전경

소도 없는 작은 마을이지만, 집안행 버스가 도로변 작은 가게 앞에 버스를 세워놓고 기사와 승객들이 간단하게 식사를 하는 휴식처였다.

보달원에서 북서쪽으로 한 시간 정도 산길로 들어가면 항일의병장 의암 유인석(毅菴 柳麟錫)이 말년을 보내며 저술활동을 하다가, 1925년 1월 29일에 숨을 거두었던 고려구(高麗溝)가 있었다. 또한 보달원은 수많은 독립운동 단체들이 주둔하며 국내진격작전을 수행했던 역사의 현장이며, 1919년 3월에는 한 달 내내 만세운동이 활발하게 벌어졌던 곳이기도 했다.

버스는 험준한 고개를 넘어 30여 분 후에 하로하(下露河) 조선족향에 도착하였다.

하로하는 관전현에서 우리 민족이 가장 많이 거주했던 곳으로 독립운동이 활발하게 전개되었던 지역이다. 1919년 3·1만세운동을 시작으로 농민동맹군, 대한독립단, 대한통의부, 참의부, 정의부, 조선혁명군 등이 활발하게 항일무장투쟁을 전개했고, 특히 대한독립단은 하로하에 200여 개의 서당과 야학을 세워 문맹타파와 봉건구습 철폐, 남녀평등과 미신타파 등을 가르쳤다. 그러므로 하로하 일대는 자연스럽게 거대한 한인사회가 형성되기에 이르렀고, 독립군 자녀들을 중심으로 2,000여 명의 학생들이 신학문과 전통교육을 받는 교육의 중심지가 되었다. 하로하는 유하현 삼원포, 환인현, 신빈현과 함께 민족교육과 항일투쟁이 활발하게 전개되었던 고장이었다.

하로하에서 8km 떨어진 연강 사도구(連江四道溝)는 조선혁명군이 활동했던 지역으로 양기하 장군이 순국한 곳이다. 13km 거리의 초황구(草荒溝)는 혼강과 압록강이 만나는 지점에 위치한 지리적 이점 때문에

참의부, 정의부, 조선혁명군 활동유적지 하로하 조선족향

혼강대교와 초황구

혼강대교

국내진격작전의 교두보 역할을 하던 곳으로 현재까지도 독립군 진지가 남아 있었다.

하로하는 조선족향의 명맥은 유지하고 있지만, 안타깝게도 대부분의 조선족이 도회지나 한국으로 떠나 지금은 중국 한족들이 더 많이 사는 마을로 변했다고 한다.

단동을 떠난 지 네 시간이 지날 무렵, 버스는 요녕성과 길림성 경계에 있는 혼강대교를 건넜다. 눈이 시리도록 푸른 빛깔의 혼강(渾江)이 압록강을 향해 유유히 흘러가고 있었다.

집안시 고마령촌

혼강은 이천여 년 전에 고구려 시조 동명성왕(東明聖王 : 朱蒙)이 영토 확장을 위해 말을 달리며 고구려의 위세를 떨쳤던 곳이며, 대조영이 건국한 발해의 기상이 서려 있는 비류수(沸流水)였다. 조선시대 이후부터 1920년대 독립군들이 얼어붙은 강 위에서 군사회의를 개최하던 시기에는 파저강(婆猪江)으로 불리었고, 만주로 이주한 한인들이 중국인의 냉대와 차별 속에서 서로를 의지하며 강변에 모여 살았던 시절에는 한민족의 한(恨)과 눈물이 서려 있는 강이었다.

혼강대교를 지나 산길로 접어든 버스가 20여 분 정도 달렸을 때 고마령(古馬嶺) 터널이 나타났다.

고마령은 1925년 참의부 간부 회의가 열렸던 곳으로, 압록강을 넘어온 일본 경찰대와 치열한 전투가 벌이다가 참의부 간부 29명이 전사했던 전투 유적지이기도 하다.

오후 2시가 지날 무렵에야 집안버스터미널에 도착했다. 단동을 떠난 지 5시간 30분만이었다. 나는 터미널 옆 고구려 공원이 바라보이는 작은 빈관(賓館: 여관)에 여장을 풀고 압록강변으로 걸어갔다. 집안시에서 바라보는 압록강 건너편은 북한의 평안북도(현재 자강도) 만포시(滿浦市)였다.

집안시 압록강 나루터 / 북한의 자강도 만포시 모습

초대 참의장
백광운의 유적을 찾아서

다음날 아침 집안시(集安市)에서 조선족 택시를 대절하여 참의부 본부 유적지로 알려진 유수림자(楡樹林子, 현재 유림진)로 향했다.

1923년 초대 참의장 백광운을 중심으로 최석순, 박응백 등이 참의부를 창설한 뒤에, 환인현 마권자에서 부대를 이동하여 진지를 구축했던 곳이 유수림자였다. 집안시내에서 유림진까지의 거리는 약 30km이며, 택시로 30분 정도 시간이 걸렸다.

참의부는 항일투쟁에서 많은 업적을 남긴 독립군 단체였지만, 참의부가 활동했던 유림 지역 항일유적에 대한 기록이나 답사자료, 참의부

참의부 본부가 있었던 집안시 유림진

본부의 정확한 위치, 유적의 발굴을 기록한 문헌은 별로 없었다.

해방 후 친일사학자들이 주축이 되었던 사학계에서 항일무장투쟁에 대한 연구가 활발하지 못했던 것이 그 원인 중에 하나였고, 친일파들이 사회 각계에서 활동하던 시기에 근대사 연구, 특히 독립운동사 연구를 회피했던 역사학계의 흐름과도 무관하지 않을 것이다.

유림진에 도착하여 조선족과 한족 주민들에게 참의부 본부가 있던 유적지를 탐문하고 다녔지만, 참의부라는 단체는 물론 유림에서 항일투쟁이 전개되었다는 사실을 아는 사람조차 만나기가 힘들었다.

유림진 향양촌

나는 조선족 택시기사를 앞세운 채, 유림에서 오랫동안 살고 있는 주민들, 독립군의 활동을 조금이라도 알고 있는 사람을 만나기 위해 열심히 돌아다녔다.

그러다가 만난 사람이 소선족 동포 이복남(李福男: 조선족·57세) 이었다. 유림에 조선족 교회를 설립한 이복남은 어렸을 때 아버지를 따라 두도구(頭道溝: 참의부 본부가 주둔했던 곳) 골짜기로 땔나무를 하러 자주 갔었는데,

유림진 복흥촌

아버지가 그곳에서 활동했던 독립군 이야기를 들려주곤 했었다는 것이다. 나는 너무나 기쁘고 반가워서 그에게 두도구로 함께 동행해 줄 것을 정중하게 부탁했다.

나는 이복남과 동행하여 두도구를 향해 출발했다.

유림에서 향양(向陽)을 지나 복흥촌(復興村) 삼거리에서 노령(老嶺) 방향으로 2km정도 가면 오른쪽으로 깊은 골짜기가 나타났다. 두도구(頭道溝) 입구였다. 우리는 택시를 탄 채 산길로 접어들었다. 30분쯤 골짜기 안으로 들어가니, 길이 없어지고 산등성이가 앞을 가로막았다. 더 이상 차가 들어갈 수가 없었다.

우리는 택시에서 내려 좁은 산길로 들어섰다. 30분 정도 산길을 올라가 산중턱의 평탄한 지역에 도착하자, 이복남이 독립군이 주둔했던 장소라고 말했다. 나는 그 근처를 샅샅이 뒤지며 독립군이 주둔했던 흔적을 찾아내려고 돌아다녔다. 두 시간 이상을 골짜기 일대를 오르내리며 유적을 찾아보았지만, 집터 몇 개를 발견했을 뿐 참의부 본부의 근거나 흔적을 발견할 수가 없었다.

첫술에 배부를 수 없듯이 첫 번째 답사에서 유적을 찾지 못할 수 있다고 생각은 했지만 왠지 아쉽고 서운했다. 그렇지만 독립운동사에 참의부 활동지로 기록된 두도구를 찾았고, 독립군이 활동했다는 증언을 들었던 것만으로도 커다란 수확이라고 위안을 삼을 수 있었다. 지금은 폐허처럼 버려진 땅, 그 어떤 역사적 표식도 없는, 잊혀 가버린 역사의 현장, 두도구였다.

나는 오후 3시가 넘어서 집안에 도착한 뒤 시내에 있는 국내성, 장군총, 광개토태왕비 등을 돌아본 뒤에 시상빈관(時常賓館)으로 돌아와 휴

참의부 본부가 주둔했던 두도구 전경

식을 취했다.

참의부 항일투쟁사를 소개한 문헌에 유수림자, 고마령, 화전자 등에 참의부 본부가 있었다는 기록이 있기에, 어떻게든 참의부 본부의 정확한 위치를 찾아내고, 그곳에서 당시의 유적을 발굴하고 싶은 마음이 간절했다.

아침 식사를 마친 후 집안시 조선족학교를 찾아가 참의부 유적에 대해 알고 있는 사람을 찾아보았으나, 시큰둥한 반응이 돌아왔을 뿐 정확한 위치를 알고 있는 사람을 만날 수가 없었다.

고구려 국내성

장군총   광개토태왕비

태왕릉   고구려고분

초대 참의장 백광운 장군

백광운(白狂雲 본명 채찬)은 충북 제천시 덕산면에서 태어났다.

1905년 이강년(李康年) 의병장을 따라 경상북도 문경(聞慶)에서 의병에 참가하여 의병투쟁을 전개하였다. 1910년 한일강제병합에 울분을 느꼈던 백광운은 남만지역으로 망명하여 신흥무관학교에 입학하였다.

백광운은 신흥무관학교 졸업생들이 결성한 단체 신흥학우단에 참가하여 유하현 소북차(小北岔) 산골에 김동삼과 함께 백서농장(白西農庄)을 세우고 둔전제(屯田制)를 통해 독립군을 양성하였다.

1919년 3·1독립운동 이후에는 서로군정서(西路軍政署)에 참가하여 모험대를 조직하고 국내진격작전을 전개하여 적의 기관을 파괴하고 친일밀정을 처단하는 데 주력하였다.

1922년 대한통의부에 가담하여 제1중대장으로서 무장투쟁을 전개하던 중, 전덕원(全德元) 등과 의견 마찰로 통의부(統義府)가 분열되자 최석

충북제천 백광운 기념비와 백광운 탄생지 제천군 덕산면

순, 박응백 등과 함께 임시정부 직할의 주만참의부(參議府)를 설립하게 되었으며, 참의장(參議長) 겸 제1중대장으로 임명되어 항일투쟁을 계속 전개하였다.

1924년 5월에는 장창헌, 한권웅, 김창균(金昌均)에게 국경을 순시하던 재등실(齋藤實) 총독을 저격하도록 지시하여 조선총독부 관리들에 대한 응징의 포문을 열었고, 수십 차례 국내진격작전을 전개하여 압록강 국경지대 왜경들에게는 두려움의 대상이었다.

백광운은 무장투쟁의 선봉에 서서 참의부를 이끌어가던 중 통의부에서 이탈한 것에 불만을 품었던 통의부 문학빈의 부하 백병준과 백세우에게 1924년 피살당하는 비극을 맞이했다.

대한민국 정부에서는 백광운의 업적을 기려 1962년 건국훈장 국민장을 추서하였다.

고마령 전투(古馬嶺戰鬪) 유적을 찾아가다
:

2008년 10월. 고마령촌을 찾아가서 주민들을 상대로 고마령 전투에 대해 탐문하던 중 전투가 벌어졌던 위치를 정확하게 알고 있다는 후전림(候殿林: 한족 83세) 노인을 만나게 되었다. 그러나 후 노인은 고령에다 와병 중이었기에 고마령 전투 유적지를 안내해 줄 수가 없었다. 1925년에 참의부 2중대 활동지였던 대양차, 외차구 등을 답사한 뒤에도 후 노인의 병세는 호전되지 않아 그의 아들에게 연락처를 남겨둔 채 고마령 전투 유적답사를 포기하고 한국으로 돌아왔었다.

고마령 전투 유적 입구 모습

그로부터 1년쯤 되었을 때 후 노인의 병세가 호전되어 유적지를 안내해 줄 수 있다는 연락을 받고 또다시 고마령으로 향했다.

집안시 항일유적을 안내하고 통역을 해줬던 최경도(崔京道: 조선족)로부터 혼강대교에서 기다리겠다는 전화연락까지 받은 터라, 지난번 답사 때보다 기분이 좋고 마음도 가벼웠다.

버스가 혼강대교에 도착하니 최경도가 기다리고 있었다. 나는 그의 차를 타고 곧바로 고마령으로 향했다.

혼강 대교를 출발하여 산길로 접어든 지 5분 정도 자나자 고마령촌 이정표가 서 있는 고갯길이 나타났다.

고마령 고갯길을 올라가다가 터널을 지나기 직전에 있는 고마령 2촌(대로진 고마령촌 2소조)에 도착한 나는 곧바로 후 노인의 집을 찾아갔다. 후 노인이 멀리서 오느라 수고했다며 환한 얼굴로 맞아주었다. 그는 오랫동안 투병했던 모습을 거의 찾아볼 수 없을 정도로 건강한 모습이었

고마령

고마령촌

고마령전투 유적지 가는 길

다. 나는 후 노인에게 정중하게 인사를 드리고 고마령 전투 유적지로 출발했다.

나는 유적지 입구를 들어서며 참의부 통신원 김명준의 집터가 있던 자리를 물끄러미 바라보았다. 1925년 새벽, 일본경찰대가 갑자기 들이닥쳐 김명준을 고문한 끝에 참의부 회의 장소를 알아냈던 곳이다.

'만약에 김명준이 끝내 입을 열지 않았더라면……'

나는 머리를 흔들어 부질없는 생각을 털어버렸다. 지금은 옥수수밭으로 변해 있는 비극의 현장을 떠나 고마령촌으로 발걸음을 옮겼다.

고마령촌을 지나 산골짜기로 들어서며 나는 후 노인에게 몇 번이나 부축해 드리겠다고 말했지만, 후 노인은 손사래를 치며 팔순 노인답지 않게 앞장서 산길을 걸어갔다.

한국에서 찾아간 필자를 위해 팔순을 넘긴 고령의 노인이 깊은 산중에 있는 고마령 유적지를 직접 안내해주는 친절함과 배려가 너무나도 고마웠다. 지팡이를 짚고 다리를 절뚝거리며 앞서 가는 후 노인의 모습을 보며 나는 눈시울이 뜨거워지고 콧등이 시큰해 왔다. 그동안 고마령을 여러 번 찾아왔지만, 고마령 유적의 정확한 위치를 찾지 못하여 마

필자와 후전림 노인

고마령전투 유적지 가는 길

음고생이 심했던 터라, 이방인에게 베푸는 후 노인의 친절이 더욱 고맙고 감격스러웠기 때문이다.

후 노인은 험한 골짜기를 올라가야 하기에 지팡이를 짚기는 했으나 경사진 산길을 씩씩하게 걸어 올라갔다. 가끔 나를 쳐다보며 힘들지 않느냐고 묻는 여유를 보여주기도 했다.

1920년대 남만주 항일독립전쟁 당시 독립군의 요충지였으며, 대한독립단, 서로군정서, 대한통의부, 의군부 등의 항일무장단체가 국내진격작전을 수행했던 군사기지로서, 일본 경찰대와 치열한 전투가 수차례 벌어졌던 역사의 현장이 고마령이었다. 또한 1925년 3월 참의장 최석순과 참의부 간부들이 왜경과의 전투에서 순국한 비극의 현장이기도 했다.

나는 후 노인과 함께 고마령 전투 유적지로 올라가며 마냥 즐겁고 행복했다. 그동안 역사의 기록으로만 남아 있고, 정확한 위치가 알려지지 않았던 고마령전투 유적을 직접 확인하는 기쁨은 그 무엇과도 바꿀 수 없는 답사자의 희열이었다. 앞으로 고마령 전투에서 순국하신 선열들을 추모하는 기념식을 열 수도 있을 것이고, 그동안 잊히고 버려진 유적을 세상 사람들에게 알릴 수 있게 된 것이다.

고마령촌은 동포들이 많이 살았던 동네였는데, 지금은 조선족이 한 집뿐이고 한족들이 들어와 살고 있다고 후 노인이 말했다.

마을을 지나 산길로 30여 분을 올라가자, 여러 갈래로 갈라진 골짜기들이 나타났다. 그중에 가장 길고 험한 계곡이 대서구(大西溝)인데 그곳이 바로 1925년 일본경찰대의 습격을 받아 전투가 벌어졌던 곳이라고 했다.

옥수수 추수가 끝난 밭을 지나 계곡으로 1시간 정도 더 올라가니 두 갈래 길이 나타났다. 나는 후 노인이 지팡이로 가리키는 왼쪽 계곡길로 접어들었다. 그리고 울창하게 우거진 숲 사잇길을 따라 30분쯤 올라가자 눈앞이 탁 트이며 넓고 평평한 공터가 나타났다.

순간, 차갑고 서늘한 기운이 몰려왔다. 나는 흐르는 땀을 닦을 겨를도 없이 유적을 찾기 위해 공터를 돌아다녔다.

경사가 가파르고 높은 산봉우리로 둘러싸인 골짜기 한쪽편 산기슭에 작은 돌로 쌓은 벽과 담이 남아 있는 집터가 보였다. 살짝 건드리기만 해도 금방 무너져 내릴 것만 같은 모습이었다.

집터 아래로 커다란 바위들이 여기저기 놓여 있었고, 그 옆으로 텃밭을 일궜던 평시에는 긴 세월을 견뎌온 고목들이 하늘을 향해 솟아있었다.

고마령 전투 유적지를 찾은 감격으로 나는 두팔을 활짝 벌리고 하늘을 향해 목청껏 소리치고 싶은 마음을 억누르며 조심스럽게 집터 안으로 들어갔다.

순간, 계곡의 물소리, 바람소리조차 귀에 들어오지 않았다. 온 천지가 갑자기 멈춰버린 것처럼 고요했다. 집터를 돌아보고 있을 때였다.

고마령 전투 유적지

고마령 전투 장면들이 눈에 들어와 박히듯 펼쳐지고 있었다.

  내가 유적지를 돌아보고 있을 때 가쁜 숨을 몰아쉬면서 뒤늦게 도착한 후 노인은 백나호와 차관순의 집터를 가리키며 독립군이 회의를 했던 장소라고 말했다.

  1925년 3월 16일 새벽, 일본경찰대의 습격을 받고, 왜경들과 치열한 전투를 벌이다 29명의 독립군 간부들이 희생되었던 사건이 고마령 전투였다. 나는 역사의 현장에서 조용히 눈을 감고 묵념을 올렸다.

  그리고 집터 앞에 미리 준비해간 막걸리를 술잔에 가득 따라 정중하게 올려놓고, 존경과 추모의 마음으로 순국선열들에게 큰절을 올렸다.

멀고 먼 길을 돌아
이제야 찾아왔습니다.

참의부 유적을 찾아서,
고마령 전투의 유적지를 찾아서
골짜기를 헤매고 능선을 오르내렸습니다.

아무도 이곳을 기억하지 못했습니다.
그러나 선열의 음덕으로
이곳을 찾아왔습니다.
아버지를 따라 압록강을 건너
눈보라 치는 골짜기를 오르내리며
조국광복을 염원했던
항일투사들의 한맺힌 이야기들.

봄이 오는 소리를 들으면
가슴 저리게 다가오는 골짜기
슬픈 역사를 전설처럼 들려주는 골짜기에서
어찌 가슴이 뜨겁지 않겠습니까.
어찌 눈물이 흐르지 않겠습니까.

1925년 3월 16일 새벽
섬나라 오랑캐들의 총칼이 번뜩이던 고마령
스물아홉 분의 영전에
오랜 세월 부끄러운 압록강에서
통곡의 가슴을 쥐어뜯으며 빚은 술 올리니
섬나라 현혹에서 벗어나지 못한 마음들
외세로 분단된 강토를 부디 굽어 살피소서

고마령전투 유적지 전경

고마령촌 우씨(한족·57세)의 증언에 따르면 고마령 전투에서 순국한 독립군의 유해가 묻힌 것으로 추정되는 묘지가 산등성이에 여러 개 있다고 했다. 우씨는 고마령촌에 살면서 산삼과 약초를 캐고, 고마령 계곡을 수십 년간 오르내리던 사람이다.

나는 우씨와 함께 고마령 전투 유적지 뒤로 솟아있는 산등성이의 무명의 묘를 찾아가기로 했다. 오랫동안 사람이 다니지 않아 나무와 덤불이 뒤엉킨 사이로 가파른 산길을 20여 분 오르자 조그만 평지가 나타났다. 우씨가 낙엽을 걷어내며 낙엽 속에 묘지가 있다고 말했다. 나도 낙엽을 조심스럽게 거둬냈다. 얼마 동안 낙엽과 쓰러진 나무들을 걷어내자 무덤 앞에 놓였던 제석(祭石)이 발견되었다. 넓고 평평한 제석이 무덤 앞에 놓여 있는 것으로 미루어 우리 동포의 무덤이 틀림없었다. 중국인들은 우리 민족과는 달리 묘지 앞에 두 개의 돌을 받치고 그 위에 돌을 올려놓는 풍습이 있다. 우씨와 함께 주위의 낙엽을 더 걷어내니 또 하나의 무덤이 나타났다.

고마령전투 무명용사 묘지

나는 낙엽에 덮인 묘지 가운데서 나무들이 자라고 있는 초라한 무덤 앞에 털썩 주저앉고 말았다. 오랜 세월 아무도 돌보지 않았던 무덤, 낙엽에 묻혀버린 제석, 수십 년의 세월을 먹고 굵게 자란 나무들의 모습이 너무나 충격적이었다.

우씨는 약초를 캐러 산을 오르내리다가 이 무덤들을 발견했는데, 중국인들의 묘지석과 다른 모양의 제석을 보고 조선사람 묘지라는 걸 알았다는 것이다. 중국인들은 집에서 가까운 밭이나 야산에 매장하기 때문에 깊은 산중에 묘를 만드는 경우는 있을 수 없다고 했다. 그리고 고마령 전투 현장에서 불과 200m 정도 떨어진 산등성이에 있는 것으로 보아 고마령 전투와 관련이 있는 무덤이 분명하다고 말했다. 고마령촌에서 오십여 년을 사는 동안 이 무덤을 찾아온 사람은 아무도 없었다고 했다.

나는 고마령 전투에 대한 자료를 수집하고, 직접 유적지를 답사할 때마다 품었던 의문이 있었다. 4대 참의장 김승학이 집필한 《한국독립사》에 보면 고마령 전투에서 참의부 간부 29명의 전사했다는 기록이 있는데(일본경찰 기록에는 사망자 42명이라고 기록), 전사자 명단은 최석순을 비롯해서 11명만 기록되어 있었다.

그렇다면 나머지 17명의 참의부 대원은 누구였을까. 한국독립사나 회고록에서는 왜 그들의 이름을 기록하지 않았던 것일까.

앞으로 고마령 전투에 대한 연구가 좀더 심도있게 진행되어, 고마령 전투에서 장렬하게 산화하신 모든 선열들의 이름이 항일투쟁사에 정확하게 기록되기를 기대해 본다.

고마령 전투 유적지를 내려오며 이곳에서 순국한 선열들의 영혼을 위해 위령제를 올리고, 위령탑과 기념비를 세우겠다는 결심을 했다. 고마령을 지날 때마다 유적지를 찾았지만, 아직도 위령제를 올리지 못하고 위령탑도 기념비도 세우지 못했다. 그러나 한중간의 관계가 더욱 좋아지고 시대상황이 바뀌게 되면, 나의 꿈, 나의 소망은 반드시 이뤄질 것이라 굳게 믿고 있다.

최석순 참의장의 발자취를 따라

2009년 겨울. 고마령 일대 항일투쟁유적을 답사하면서 만났던 집안시 대로진 대양차촌 주민들로부터 대양차(大陽岔) 5소조(小組: 촌단위)에 최석순 참의장의 묘지가 있다는 증언들을 듣고, 그의 묘지를 확인하기 위해 집안시 대양차로 향했다.

대양차촌에서 고마령 터널을 향해 2km 정도 가면 오른쪽으로 작은 마을을 만나게 되는데, 그 마을 뒷산에 최석순 장군의 묘지가 있다고 했다.

나는 대양차촌에 살고 있는 통의부 조태빈 장군의 손자 조명원, 대양차에 사는 최경도의 안내로 계곡을 1시간 정도 올라갔다. 계곡에는 입구부터 발목이 빠질 정도로 많은 눈이 쌓여 있었고, 가시나무들이 엉킨 산길을 헤치고 가느라 많은 시간이 걸렸다.

최석순 참의장 묘지 입구

대양차 주민들이 증언하는 최석순 장군 묘지의 모습

거친 숨을 몰아쉬며 겨우 도착한 최석순 참의장의 무덤 앞에서 나는 할 말을 잃었다. 묘지의 형태는 거의 알아볼 수 없을 정도로 무너져 평지가 돼 버렸고 무덤 가운데로 굵은 나무가 솟아 있었다. 대한민국임시정부 육군주만참의부 2대 참의장 최석순의 묘라는 사실이 도저히 믿겨지지 않았다.

앞으로 최석순의 후손과 역사학자, 정부의 관련기관에서 정밀한 조사가 있어야 하겠지만, 만약 대양차 주민들의 증언대로 최석순 참의장의 묘지가 맞는다면 이토록 초라한 모습으로 산골짜기에 방치해 둘 수는 없는 일이다.

나는 무덤 위에 쌓인 눈과 낙엽들을 걷어냈다. 그리고 고인을 추모하는 마음으로 묵념을 올렸다. 하루 빨리 이 무덤이 최석순 참의장 묘지란 사실이 밝혀져서 후손들이 찾아와 참배할 수 있었으면 좋겠고, 중국 정부와 협의하여 국립묘지 항일지사 묘역으로 이장될 수 있기를 간절하게 기원했다

이 묘지는 이십 여 년 전까지 최석순의 친척이 대양차에 살면서 무덤을 관리했는데, 그들이 영구시(營口市)로 이주한 후 수십 년 동안 아무도 돌보지 않아 이렇게 변했다고 했다.

나는 초라한 무덤 앞에 다시 한번 머리 숙여 묵념을 올리고 다음에 이곳을 찾을 때는 최석순 참의장의 묘비를 세울 수 있게 되기를 염원하며 산길을 내려왔다.

집안시 참의부 유적을 찾아서

2010년 여름에 백두산을 답사하고 독립유적지가 있는 무송현, 장백현을 거쳐 집안시에 들렀을 때, 집안시에서 사업을 하고 있는 최경도로부터 전화가 걸려왔다. 대양차에서 독립군이 주둔했던 유적으로 추정되는 집터들을 발견했다는 것이었다.

나는 신흥무관학교 유적 답사를 잠시 미루고 대양차로 향했다. 대양차에서 최경도와 조명원을 만나 독립군 주둔지가 있다는 골짜기로 갔다. 지난 겨울에 방문했던 최석순 참의장 묘지로 추정되는 곳에서 얼마 떨어지지 않은 곳이었다.

우리 일행이 계곡 입구에 차를 세워놓고 풀숲과 나무숲을 헤치고 1시간 정도 계곡을 따라 올라가니 여러 채의 집터가 보였다. 돌과 흙으로

참의부 본무 유림진 전경

참의부전투 유적지

쌓아올린 벽체가 비바람을 맞아 몹시 퇴락한 모습으로 서 있었다. 기둥을 세웠던 나무들은 이미 다 썩어버려 흔적을 찾을 수 없었지만, 우리나라 사람들이 거주하던 집터의 특징인 온돌을 여러 곳에서 확인할 수 있었다. 함께 동행했던 조명원의 증언에 의하면, 어렸을 때 동네 노인들로부터 이곳에 독립군이 주둔하고 있었다는 얘기를 많이 들었고, 이곳에서 온돌을 가져다가 자신의 집에 온돌방을 만들었다고 했다. 이곳이 독립군들이 주둔했던 장소였다는 기록이나 증거를 찾을 수는 없지만, 앞으로 전문가들과 함께 면밀하게 검토하고 연구해볼 가치가 있는 곳이라는 생각이 들었다.

대양차 집터를 보고 산에서 내려와 대양차에서 가까운 대로진(大路鎭)으로 향했다. 몇 번이나 답사를 별렀던 참의부 통신본부 유적지 대로진 입자구(砬子溝)를 가보고 싶었기 때문이다.

대양차에서 4km 떨어진 곳에 위치한 입자구는 좁은 골짜기가 10km 정도 이어지는 오지마을이었다. 입자구 마을 안으로 30분 정도 들어가면 면동차라는 계곡이 있는데 그곳에서 산등성이를 넘으면 고마령 전투 유적지였다.

참의부 본부 고마령에서 환인현 대경구, 협피구 등 참의부 중대가 주둔했던 곳에서 가깝고, 산등성이로 이어져 있어서 모든 부대의 통신연락 업무를 담당하던 통신원들이 활동하기 적합했던 곳이었다.

입자구를 답사한 뒤 자신이 최석순의 처조카라고 주장한다는 김창팔 노인을 만나기 위해 대양차에서 10km 정도 떨어져 있는 해관촌(海關村)

참의부 통신본부가 있었던 대로진 입자구 　　대한통의부 부대장 조태빈 장군 묘(대로진 정의촌)

으로 향했다. 대로진(大路鎭)을 거쳐 해관촌으로 향하는 길 양쪽으로 때 이른 코스모스가 한창 피어 있었다.

해관촌으로 가는 길에 1920년 대한독립단의 총지단이 있었던 외차구(外岔溝)를 지나갔다. 외차구는 고구려 내성인 자안성이 있고, 수풍댐이 건설되기 전까지 집안현의 행정중심지였다. 외차고에서 압록강 너머를 바라보면 평안북도 초산군이며 강을 따라 남쪽으로 조금만 내려가면

해관촌 모습

오씨부인 후손들과 함께

고마령 전투에 투입되었던 일본경찰대가 주둔했던 연담(蓮潭)이다.

해관촌에 도착하여 곧바로 김창팔(金昌八: 조선족·78세) 노인을 만났다. 그는 고마령 전투에 대해서는 잘 모르고 있었지만 최석순 참의장과 함께 참의부에서 활동했던 오씨부인에 대한 이야기를 들을 수가 있었다.

오씨부인은 고마령에서 최석순 중대장을 보필하고 있었는데 그가 고마령 전투에서 순국하자 이곳 해관으로 피신하여 지내다가 김일용(조선족·사망)과 결혼하여 3남을 낳았고, 40세가 되는 해에 병으로 사망했다는 것이었다.

오씨는 독립군과 지냈던 사실이 남들에게 알려지는 것을 꺼려했고, 그녀의 남편 역시 그 사실을 누구에게도 얘기하지 않았다고 했다. 김일용씨가 숨을 거두기 전에서야 오씨부인이 참의부에서 최석순과 함께 활동했었다는 사실을 비로소 아들에게 말했다고 한다.

오씨부인이 살았던 집을 방문했을 때 김일용의 며느리 김 할머니는 오씨부인이 사망한 후 시집을 와서 최석순 장군의 이야기는 직접 듣지 못했지만 시어머니가 고마령에서 독립군들과 활동했었다는 사실은 분

집안시 대로진 대양차촌 참의부 활동지

명히 들었다고 증언했다.

  80여 년 전 나라를 위해 목숨을 바쳤던 항일투사들의 이야기는 여기 사람들에게 한낱 전설 같은 이야기일 뿐이었다. 그동안 중국땅에서 이민족으로 살아가면서 독립군과 관련된 사실이 자신들의 삶에 전혀 도움이 되지 않았고, 오히려 해가 되는 일들이 많았기에 입을 다물고 살 수밖에 없었다고 했다.

  1965년 중국 전역에 광풍처럼 몰아쳤던 문화혁명(文化革命) 기간에 독립운동가들은 조선의 특무(特務: 간첩)로 매도되어 어린 홍위병들에게 개처럼 끌려나니며 매를 맞았고, 견디기 힘든 혹독한 고문을 당하고 죽임까지 당했다. 거기다가 독립투사 후손이라는 사실이 알려지거나 관련된 책과 문건을 보관하고 있는 것만으로도 홍위병들에게 타도의 대상이 되었다는 것이다. 그래서 후손들은 가지고 있던 자료나 사진들을 땅에 묻거나 소각했고, 독립군 후손이란 사실조차 발설하기를 꺼렸다고 한다. 이런 중국의 정치상황과 시대배경으로 인해 조선족 사이에서 독립군이란 말을 입에 담으려는 사람은 있을 수가 없었다.

나는 해관촌을 답사한 후 대양차 고려구에 있는 최경도의 집에 숙소를 정하고 대양차 일대 독립군 유적 답사를 계속했다.

대양차 사람들이 독립군 훈련지였다고 증언하는 평판노리, 일본경찰대와 전투를 벌였던 대동구(大東溝), 참의부 장창헌, 이의준 등이 압록강에서 조선총독 재등실을 저격했던 팔합목(八合目)으로 추정되는 상동구(上東溝), 일본 경찰이 주둔하며 독립군을 처형했다는 외차구 절벽바위 등을 답사했다. 그리고 압록강 일대 국내진격작전이 전개되었던 장소들도 돌아보며 당시 독립군이 얼마나 조국 광복을 염원했으며, 독립투쟁이 얼마나 많은 고초와 시련을 겪는 가운데 전개되었는가를 느낄 수

재등실 총독 저격 장소. 집안시 압록강 팔합목

일본군이 독립군을 처형했던 절벽 바위

참의부 주둔지 대양차 고려구 전경

고려구 최경도와 함께

있었다. 그들의 애국애족의 삶과 자취들을 가슴에 깊이 새길 수 있었던 답삿길이었다.

밤하늘의 별들이 유난히 빛나고, 맑고 깨끗한 시냇물이 흘러가는 고려구 조선족 촌에서 며칠을 보내며 오랜만에 여유로운 시간을 지낼 수 있었다. 그리고 집안시 일대 항일독립투사들의 유적지를 돌아보면서 그들의 숭고한 삶을 가슴 깊이 새길 수 있었던 소중한 날들이었다.

참의부 본부 화전자가는 길
:

고마령에서 많은 간부들이 순국한 후 3대 참의장에 임명된 윤세복이 참의부 재건에 심혈을 기울였던 화전자진을 답사하기 위해 아침 일찍 고려구를 출발했다. 고려구에서 참의부 활동지였던 양수천자(凉水泉子) 조선족향을 지나 유림에 도착한 시각은 오전 8시였다.

유림에서 화전자까지는 51km 거리였다. 화전자로 가는 길은 험준한 노일령을 넘어야 하기에, 예상보다 더 많은 시간이 걸린다고 최경도씨가 귀띔해줬다.

유림에서 두도구를 거쳐 노일령(해발 1,080m)을 넘어가니 광복군 총영에서 활동했던 최석준 투사의 항일운동지 쌍차(雙岔)를 지났다. 쌍차에서 한 시간 이상을 더 달려 화전자진에 도착했다.

화전자진은 윤세용 3대 참의장이 참의부를 이끌던 곳이며, 1926년도

참의부 독립군 주둔지 양수천자

집안현 서부지역 독립운동의 중심지였다. 화전자에서 만주령을 넘어가면, 이상룡, 이회영, 김대락 등이 활동했던 환인현 횡도촌이 있고, 1시간 정도 더 서쪽으로 가면 김승학의 참의부 본부가 주둔했던 이붕전자진이 있었다.

화전자에 사는 조선족 중에서 최고령인 송 노인(83세)에게 참의부 독립운동에 대해 들어보려 했지만, 그는 유하현에 살다가 50년 전에 이곳으로 이주하였기에 참의부에 대해서 잘 모른다며 조선족 서영호(79세) 노인을 소개해줬다.

서 노인은 화전자에 참의부 본부가 있었던 사실은 들은 적이 없었고, 다만 독립군들이 이곳에서 활동했다는 얘기를 돌아가신 아버지로부터 들었다고 증언했다. 예고도 없이 찾아온 한국인에게 경계심을 풀지 않던 서 노인이 차츰 마음을 열고 들려준 이야기는 독립운동가 독고혁이었다.

1945년 일본이 물러간 후 만주지역은 국내해방전쟁을 겪었고, 1965년 문화혁명의 소용돌이 속에 빠지게 되었는데, 화전자에 살고 있던 독립운동가 독고혁이 문화혁명 때 조선첩자라는 이름표를 달고 홍위병들에게 끌려 다니며 매 맞는 장면을 직접 목격했다고 증언했다.

홍위병들에게 갖은 고초를 겪고 가족들로부터 외면까지 당한 독고혁은 가족들과 뿔뿔이 헤어져 다른 지방으로 떠난 뒤 소식이 끊어졌다고 했다. 그리고 환인으로 넘어가는 만주령 골짜기에 독립군 기지가 있었다는 얘길 어른들에게 들었지만 그곳에 가본 적은 없다고 했다.

나는 만주령으로 가서 험준한 산을 나 뒤셔가며 유석을 찾을 시간이 없었고, 그렇다고 화전자까지 와서 아무런 소득도 없이 빈손으로 돌아갈 수도 없는 노릇이었다.

나는 참의부가 독립군 부상자 치료를 하기 위해 설립했던 병원 유적지, 참의부 본부가 주둔했던 흔적이

화전자진 가는 길과 화전자진

라도 찾으려고 백방으로 노력했지만 그 누구에게도 그와 관련된 이야기를 들을 수가 없었다. 항일유적을 찾는 일이 힘들고 어렵다는 것은 그동안 여러 번 느꼈지만 이토록 철저하게 잊혀버린 유적지는 없었다. 화전자는 역사 속에 기록으로만 남아 있는, 사람들의 기억에서 완전히 사라진 항일유적지였다.

세월이 너무 많이 흘러가서 참의부 유적지를 찾는 것이 쉽지는 않으리라 짐작은 하고 왔지만, 이토록 철저하게 사라져버린 줄은 상상도 못했었다.

참의부 유적을 발굴하고 보존하라
:

한국인들이 매년 집안시로 고구려 유적과 유물들을 보러 많이 오지만, 집안시 항일투쟁유적에 관심을 갖고 오는 여행객들을 거의 없었다. 아는 만큼 보인다는 말처럼 집안시에 항일유적이 있다는 사실을 몰라서 답사계획을 세우지 못하는 경우가 있겠고, 집안시에 고구려 유적처럼 사람들에게 널리 알려진 항일유적이 없어 흥미를 느끼지 못하는 경우, 유적이 훼손되거나 소실되어 볼 것이 없는 경우 등이 그 원인이라 할 수 있다.

고구려는 광대한 국토를 호령했고, 한민족의 위용을 만천하에 알리고 민족의 자긍심과 우월감을 안겨주었던 위대한 역사임을 인정한다. 그러나 오천 년 역사에서 가장 치욕적이고 암울했던 시대, 섬나라 오랑캐들에게 철저하게 유린당했던 삼천리 강토, 일제의 폭압 아래 신음하

참의부본부 유적지 비내리는 유림진

던 망국민의 설움, 잃어버린 나라를 찾고자 만주로 망명하여 총칼을 들고 일제와 싸웠던 항일투쟁의 역사 또한 우리 민족의 귀중한 역사가 아닐까.

아침 일찍 고려구에서 유림으로 향했다. 하늘은 구름이 끼고 잔뜩 찌푸러 있었다. 고려구를 출발하여 외차구를 지날 무렵부터 가을을 재촉하는 비가 내리고 바람도 거세게 불었다. 이번 유림지역 답사에서는 참의부의 주둔지를 꼭 찾아내겠다는 결심으로 신발끈을 단단히 동여맸다.

외차구(外岔溝) 압록강이 온통 우연(雨煙)에 덮여 있어 산수화처럼 아름답고 신비스런 풍광을 지어내고 있었다. 통천(通天)을 거쳐 수루내 고개(조선사람이 붙인 이름이라고 한다)를 넘었다.

해관촌(海關村)을 거쳐 이 근처 유일한 조선족향인 양수천자(凉水泉子)

를 지나자 제법 높고 험한 고개가 나타난다. 독립군들이 고마령을 오갈 때마다 넘었던 누루고개(중국인들은 東嶺이라고 부른다)였다. 대전자(大甸子)와 주선촌(朱仙村)을 거쳐 유림에 도착했다.

최석순 참의장의 고마령에서 초대참의장 백광운의 부대본부가 있었던 유림진까지의 거리는 60km였다. 내가 집안시 유적 답사를 다니면서 수도 없이 오갔던 가장 낯익은 길이었다.

나는 독립군 주둔지로 추정되는 집터자리들이 있다는 노황지(老荒地: 현재 복흥촌(復興村))에 가서 주둔지를 먼저 찾아보기로 하고 향양(向陽)을 지나 복흥촌으로 달려갔다.

복흥촌에 도착한 뒤 이곳에서 오랫동안 살고 있던 조선족 노인 찾았다. 촌장의 소개로 우리가 제일 먼저 찾아간 집은 60여 년 전 평양에 살다가 압록강을 건너 이곳으로 온 유영희(조선족 · 76세) 할머니였다.

유 할머니는 시아버지와 남편이 살았을 때 들었던 독립군 이야기를 거의 다 잊어버렸지만, 노황지(복흥촌의 옛지명)에 조선인들이 많이 살았기 때문에 독립군 자금을 모금하러 오는 독립군들이 많았다는 것은 기억하고 있다고 했다. 그리고 문화혁명 때 조선첩자로 몰려서 홍위병에게 끌려다니던 사람, 곧 독립군이 유림에 많다고 했다.

복흥촌에서 치안촌까지 조선족 노인을 찾아다니며 참의부 유적에 관련된 이야기들을 탐문하고 다니던

유영희 할머니

중에 유림 일대 깊은 산을 돌아다니며 산삼과 약초를 캐는 한족을 만나게 되었다.

그는 치안촌에 사는 리 상전(厘相全: 한족·57세)으로 그의 부모가 살았던 상도구(上掉溝) 산골에 독립군 주둔지로 추정되는 집터가 많이 있다고 했다.

나는 그와 함께 집터를 답사하기 위해 상도구로 출발했다. 상도구로 가는 길옆으로 작은 시내가 흐르고 있고, 계곡 입구에는 천연동굴인 유리동굴(琉璃洞窟)이 있었다. 유리동굴 입구를 지나 남쪽 산골짜기를 향해 2시간 정도 산길을 올라가면 북곡(北谷)과 남곡으로 갈라지는데 독립군 주둔지는 북곡에 있다고 했다.

우리는 가파른 산길을 한참 동안 더 올라갔다. 턱밑까지 차오른 숨을 고르며 가파른 산길을 오른 지 1시간쯤 지났을 때였다. 그는 갑자기 길도 없는 골짜기로 들어가 칡덩굴과 나무들이 뒤엉켜 있는 곳으로 가며 나에게 따라오라는 손짓을 하였다. 나는 덤불을 헤치느라 나뭇가지에

유림진 치안촌 가는 길

유림진 치안촌 노평타 독립군 주둔지 유적

얼굴까지 긁혀가며 그를 따라 골짜기를 올라갔다.

　해발 700m쯤 되는 산등성이에 이르자 평탄한 지형이 나타났다. 앞서 가던 리상전이 발길을 멈추고 이곳저곳에 어지럽게 놓여있는 돌무더기를 손가락으로 가리키며 조선토비(朝鮮土匪: 중국인이 독립군을 지칭하던 말)들이 살던 집터라고 말했다.

　순간 화가 치밀었다. 무너진 돌담과 집터 자리 몇 개 보려고 몇 시간을 올라왔다는 사실이 너무나 화가 나고 실망스러웠다. 이곳까지 올라오는 동안 산길이 너무 험하고 가팔라 몇 번이나 주저앉고 싶은 걸 참으며 올라온 결과치고는 너무 초라하다는 생각이 들었다.

　나는 산공기를 깊이 들이마시며 마음을 가라앉힌 다음에 주위를 바라보았다. 높게 솟은 두 개의 산봉우리 사이에 넓은 평지가 눈앞에 펼쳐지고 있었다. 리상전의 말에 의하면 치안촌(治安村) 사람들은 이곳을 노평타(老平駝 낙타등이란 의미)라고 불렀고, 1920년경에 조선인들이 들어와 일궜던 화전(火田)이 있었던 자리라고 했다

　나는 그가 가리키는 곳을 따라다니며 집터 자리를 확인했다. 생각보다 많은 집터 자리가 있었다. 집터는 두세 평 정도였으며 흙과 돌로 쌓았던 벽들이 무너져 내린 흔적이 곳곳에 보였다. 리상전이 어렸을 때 아버지와 산삼, 약초를 캐러 이곳에 올 때마다 이곳이 조선토비들이 살던 곳이라 중국인들이 함부로 접근할 수도 없었다는 말을 여러 번 들었다고 했다.

　산을 내려오던 중 노평타로 올라가는 산중턱에 위치한 리상전의 부모가 살았던 집터를 보았다. 그의 부모는 이곳에 오랫동안 살다가 해방 후에 평지로 내려왔다고 했다. 아버지 리화성은 독립군들이 식량을 짊어지고 노평타로 올라가는 것을 여러 번 목격했고, 버섯이나 산나물을

유림진 치안촌 독립군 주둔지

온돌과 굴뚝 자리

치안촌 노평타 집터 자리

캐러다니다가 그들과 종종 마주치기도 했다는 것이었다.

상도구 계곡과 노평타의 집터는 앞으로 전문가들과 함께 답사한 뒤에 그 역사적 가치를 판단해야 할 문제지만, 리상전 부친의 말과 집터, 온돌 등을 종합해 보면 이곳이 독립군이 주둔했던 장소라는 개연성은 충분했다.

노평타를 답사하고 유림으로 돌아와 조선족 식당에서 늦은 식사를 하던 중에 식당 주인으로부터 참의부 본부 유적지를 알고 있다는 김 선생을 소개받았다. 나는 유적답사를 다니는 동안 조선족 식당에서 식사를 하는 경우가 많았고, 그곳을 통해 항일투쟁에 대한 지식이 있는 사람들이나 유적지를 아는 사람을 소개받곤 했다.

식사를 마친 뒤 식당주인의 안내로 김 선생을 만나러 갔다. 그러나 그는 동네 어른들로부터 독립군이 주둔했던 곳이라는 말을 듣기는 했지만, 자신은 한 번도 가본 적이 없다고 말하며 유림진 향양 뒷산을 손가락으로 가리키고 있었다. 그는 나에게 더 확실한 장소를 알고 싶으면 영수촌으로 송국화 교장을 찾아가보라고 했다.

나는 김 선생에게 소개받은 송국화 교장(90세)을 만나기 위해 영수촌(迎水村)으로 향했다. 영수촌에서 만난 조선족 송 교장으로부터 고마령 전투에 대한 많은 이야기를 들을 수 있었다. 그는 고마령 회의 장소가 일본군 습격을 받게 된 것은 독고춘이란 동포의 밀고가 있었기 때문이라고 했다. 독고춘의 삼촌이 독립군에게 잡혀가 고초를 겪은 것에 앙심을 품고 외차구 일본 헌병대에 밀고를 했으며 헌병대가 초산군 경찰대에 연락을 해서 고마령을 습격하게 된 것이란 새로운 증언을 들을 수 있었다.

항일유적 증언 유림진 김철 선생

고마령전투 유적지

대한독립단 총본부 집안시 외차구 전경

참의부 독립군 주둔 과팔영

대한통의부 부대장 조태빈 장군 묘소

9장

항일투쟁의 도시 단동에서 광복절 기념식과 항일유적 사진 전시회를 열다

단동시내 전경

단동시와 신의주

단둥시와 신의주를 잇는 압록강 철교

중국 요녕성 단동시는 경치가 빼어난 금강산(錦江山)과 완보산(完?山)을 배경으로, 맑고 깨끗한 압록강이 유유하게 흘러가는 배산임수(背山臨水)의 도시로, 동북지방에서 가장 유명한 국경도시이며 관광도시이다.

북한의 신의주시와 압록강을 마주하고 있어 북중(北中) 국경무역이 가장 활발하게 이뤄지는 곳이며, 북쪽으로 봉황산과 오룡산, 서쪽으로 서해바다, 동쪽으로 혼강, 남쪽으로 압록강이 흘러가는 천혜의 절경을 가진 도시로, 한족, 조선족, 만주족, 북한과 남한 사람들이 어울려 살

단동 압록강 부두

완보산 공원

신의주 전경

단동역 전경

단동 은행나무 거리

단동시 겨울풍경

금강산공원 금강정

단동시 동강 부두

단동 월량도

아가는 인구 2백만 명의 조용하고 아름다운 도시이다.

  내가 압록강 일대의 항일유적 답사를 하는 동안 가장 많은 시간을 머물면서 항일투쟁 관련 자료를 수집하고, 유적지의 위치와 교통정보를 수집하고, 차량과 안내자를 섭외하고, 답사 내용을 정리하는 등 답사를 준비하고 정리하던 곳이 단동시였다.
  또한 단동한국교민들의 격려와 지원으로 항일유적 답사를 계속 할 수 있었고, 단동한국문화원, 단동교육문화원, 단동한인교회, 단동한인회, 단농한인상회 등의 단체와 주식회사 유니코 연성환 사장을 비롯한 단동페리 윤재복 상무이사, 단동의 사업가 이창영, 박만평, 김종선, 백종범, 김석철, 지영흠 사장 등 많은 분들의 후원으로 광복절 기념식 및 항일유적 사진 전시회를 개최할 수 있었다.

항일유적전시회

항일유적전시 제1관

항일유적전시 제2관

항일유적전시 제3관

전시회 준비

항일유적 강연

항일유적 동영상 상영

항일유적전시회 참석자들과 함께

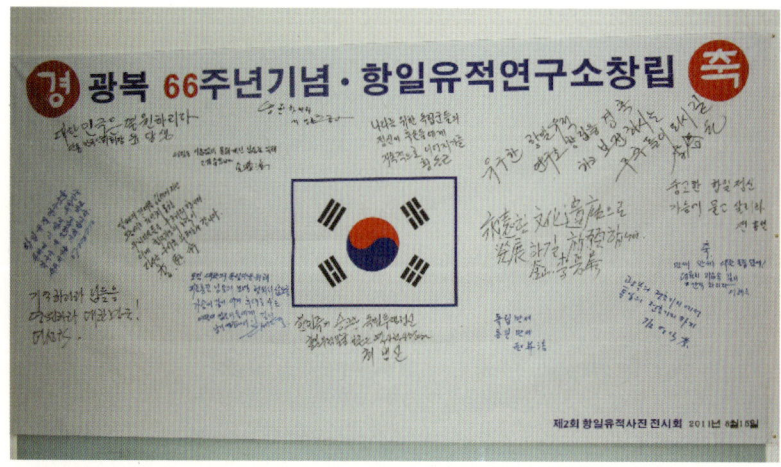

항일유적연구소 창립

항일유적전시회 참석 내외귀빈

제2회 항일유적 사진 전시회

항일유적 강연

2010년은 한일강제병합 100년이 되는 해이며, 동시에 항일독립운동 100주년을 맞는 해였다. 또한 조국광복 65주년, 대한민국임시정부 수립 91주년, 봉오동 전투와 청산리 대첩 90주년, 신흥무관학교 창설 99주년, 안중근 의사 순국 100주년을 맞는 해이기도 했다.

100년이나 되는 세월의 마디를 그냥 넘기기 안타까웠던 나는 단동한국문화원 김영현 원장과 단동한인교회 황석주 집사와 함께 만나 1920년대 독립투쟁의 중심지였던 단동시에서 광복절 기념식과 항일유적 사진전을 개최하기로 의견을 모았다. 김 원장과 황 집사는 단동에서 처음으로 개최되는 광복절 기념식을 단동한인들의 뜻깊은 행사로 만들기 위해 심혈을 기울였고, 한국교민들의 참여와 후원을 이끌어내기 위해 열성적으로 활동하기 시작했다.

압록강의 달

8월 1일 광복절 기념식과 사진 전시회를 개최하기 위한 본격적인 준비에 착수했다. 단동한인교회가 설립한 교육문화원이 장소를 무상으로 제공하기로 했고, 한국교민들이 후원한 성금으로 유적사진 판넬, 동영상 제작, 안내 포스터 등을 제작하였다.

단동의 사업가인 조승호, 황석주, 지영흠 사장, 황재진 교육문화원장 등 많은 분들이 전시물 설치와 전시회장 준비를 도왔고, 단동한인교회 백상욱 목사, 중국인 사업가 모전중, 유춘옥 사장 등 많은 분들이 찾아와 격려와 지원을 아끼지 않았다.

중국 만주지역을 답사하며 촬영한 항일유적사진, 독립투사 및 독립운동 역사 자료는 내가 제공하기로 하고, 단동시의 한국교민들이 성금을 모아 후원함으로써 중국지역 최초로 단동시에서 제1회 항일역사문화 사진전이 개최를 앞두고 있었다.

압록강과 단동시

단동시 봉황산 모습

압록강 산책로

2010년 8월 15일, 오전 10시 드디어 많은 단동한국교민들 참석한 가운데 광복절 기념식이 열렸다.

'나는 자랑스런 태극기 앞에 조국과 민족의 무궁한 발전을 위하여 몸과 마음을 바쳐 충성을 다할 것을 굳게 다짐합니다.'

국기에 대한 경례에 이어서 애국가를 부르는 교민들의 표정에는 기쁨과 감격에 찬 모습이었다. 교육문화원 2층 교육실이 모자라 복도까지 서서 기념식에 참석한 교민들의 모습을 보며 나는 광복절 기념식을 준비한 사람으로서 너무나 감사하고 가슴이 벅찼다.
　동영상 상영이 끝나고 나는 '중국 만주지역의 항일유적' 이란 제목으로 강연을 했다. 그동안 항일유적지 답사를 다니면서 내가 보고 듣고 느꼈던 것들을 자료사진을 바탕으로 최선을 다해 설명했다. 1시간에 걸쳐 강연이 끝난 뒤 참석자들의 박수를 받으며 그동안 겪었던 고초와 시련들이 씻은 듯 사라졌고, 참석자들의 격려와 감사에 한없는 감동을 느꼈다.
　기념식이 끝나고 간단한 다과회를 열었을 때 참석자들로부터 항일유적에 대한 많은 질문을 받았다. 참석자들은 한결같이 단동시 일대에 그렇게 많은 항일유적이 있는 줄 몰랐다고 놀라움을 표시했고, 중국에 오래 살면서 처음으로 광복절 기념식에 참석하니 애국자가 된 기분이라며, 중국에 유학 온 아이들의 역사교육을 위해서, 한국교민들이 항일투쟁 역사를 다시 가슴에 새길 수 있는 좋은 기회였다고 말했다.
　항일유적 전시회는 관람객들의 요청으로 18일까지 3일간 연장이 되었고, 유치원 어린이, 초 중등 유학생, 조선족 동포, 한국어를 전공하는 중국 대학생 등 400여 명이 관람하였다. 백두산 관광을 왔던 관광객들도 전시회장을 찾아와 항일유적 사진전을 관람하고 돌아갔다.
 단동시 한인사회에 역사교육의 새로운 장을 제시하며 항일유적 사진전시회는 성황리에 마치게 되었다.

단동 기차역

단동철교와 신의주

그해의 광복절은 남만주 항일유적답사를 하면서 가장 기쁘고 보람을 느꼈던 날이었다. 1910년 나라를 잃고 압록강과 두만강을 건너 만주로 망명한 독립투사들이 조국광복을 위해 목숨을 걸고 항일독립투쟁을 전개하였던 도시 단동(丹東). 일제의 억압과 착취, 친일 앞잡이들의 수탈과 횡포에 분노한 망국민들이 눈물로 건넜던 압록강.

독립투쟁의 역사가 살아있는 중국 만주 땅에서 광복65주년을 맞아 단동한인들이 모여 단상에 태극기를 게양하고, 애국가와 독립군가 부르며 대한민국의 존엄함과 한국인의 자긍심을 가슴에 새겼던 광복절 기념식과 항일유적 사진전의 감격을 나는 영원히 잊을 수 없을 것이다.

2011년 8월 15일 제2회 항일유적 사진전시회는 항일유적연구소가 주최하고 한국교육문화원이 주관하고 단동한인회가 후원하는 광복절 66주년과 신흥무관학교 100주년을 축하하는 항일유적 사진전시회로 성대하게 개최되었다.

항일유적연구소 창설기념 세미나

전시회를 마치고 압록강변에서

항일유적 전시회에서

항일유적 전시회를 열고

제2회 항일유적전시회는 항일유적의 발굴과 보존, 항일투사 후손 지원활동, 한중역사문화 교류 등을 위해 설립된 항일유적연구소 창립을 축하하는 자리로 많은 한국교민들이 참석하여 자리를 빛내주었고, 압록강 행진곡을 함께 부르며 만주지역 항일투쟁의 뜻과 의미를 가슴에 새겼던 감동적인 자리였다.

단동교육문화원 황재진 원장의 사회로 진행된 기념식은 한인회 윤달생 회장의 축사에 이어 '항일투쟁과 애국애족정신'을 주제로 이번에도 내가 강연을 하게 되었다.

유니코 연성환 사장, 단동한인회의 이희행 수석부회장, 김영식 사무국장, 온누리 여행사 황현미 사장, 지영흠 한의사 등 많은 교민들이 참석하여 단동지역 항일유적 발굴과 보존, 유적에 대한 지속적인 연구 사업에 필요성을 함께 인식하고, 단동한인사회가 한중문화교류와 한글교육, 유학생들의 역사교육을 위해 힘을 모아나가기로 했다.

단동시에서 개최되었던 광복절 기념식과 역사문화 사진전은 단동 한인들의 참여와 관심 속에 더욱 발전해 나갈 것이며, 단동지역 한인들의 민족적 자긍심을 고취하고 한국과 중국의 역사문화 교류에도 크게 기여할 것이다.

중국 동북삼성지역의 항일역사 유적 사진전

청산리 대첩 기념비

봉오동 전투 기념비

청산리 전투 유적지

윤동주 시인 생가

북로군정서 창설 유적지 왕청 십리평

독립투사 나철, 김교헌, 서일 묘

화룡 어랑촌 전투 유적지

용정 일송정

용정 3·13 항일투사 묘역

용정15만원 탈취 의거 기념비

왕청현 항일유적지

훈춘 안중근 의사 유적지

백두산 천지

항일투사 이홍광 기념비(길림성 이통현)

용정 용두레우물

봉오동전투 유적지에서 바라본 두만강

연길 부르하통하

겨울 백두산

압록강 아리랑
최범산의 항일 유적 답사기

초판 1쇄 인쇄 2012년 7월 5일
초판 1쇄 발행 2012년 7월 16일

지은이 최범산
디자인 김윤남디자인
찍은곳 한빛인쇄

펴낸이 은보람
펴낸곳 도서출판 달과소
출판등록 2010년 6월 21일 제2010-000054호
주소 우)140-902 서울시 용산구 후암동 403-15
전화 02-752-1895 | **팩시밀리** 02-752-1896
전자우편 book@dalgwaso.com
홈페이지 www.dalgwaso.com

ISBN 978-89-91223-46-2 [03910]

*이 책은 달과소가 저자와의 계약에 따라 발행한 것이므로 무단 전재와 무단 복제를 금합니다.
*책값은 뒤표지에 적혀 있습니다.
*잘못된 책은 구입하신 곳에서 바꾸어 드립니다.

참고문헌

국사편찬위원회, 〈한국독립운동사〉
애국동지원호회, 〈한국독립운동사〉
박은식, 〈한국독립운동지혈사〉
김승학, 〈한국독립사〉
채근식, 〈무장독립운동비사〉
박영석, 〈한민족 독립운동사 연구〉
이덕일, 〈아나키스트 이회영과 젊은 그들〉
김운룡, 〈항일봉화〉
허은, 〈아직도 내귀에 서간도 바람소리가〉
이은숙, 〈서간도 始終記〉
강룡권, 〈동북항일운동유적답사기〉
강룡권, 〈홍범도 장군〉
이윤기, 〈잊혀진 간도와 연해주〉
조문기, 〈조선혁명군 총사령관 양세봉〉
김양, 〈여성의병장 윤희순〉
장세윤, 〈재만(在滿) 조선혁명당의 성립과 주요구성원의 성격〉
장세윤, 〈조선혁명군 정부 연구〉
김병기, 〈참의부 연구〉
김희곤, 〈만주벌 호랑이 김동삼〉
신용하, 〈한국 민족독립운동사 연구〉
독립기념관, 〈독립운동가 공훈록〉
요녕민족출판사, 〈항일투쟁 반세기〉
연변인민출판사, 〈조선족 백년사〉